Klaus Lunau

Warnen, Tarnen, Täuschen

Klaus Lunau

Warnen, Tarnen, Täuschen

Mimikry und andere Überlebensstrategien
in der Natur

Wissenschaftliche Buchgesellschaft
Darmstadt

Einbandgestaltung: Schreiber VIS, Seeheim

Die Deutsche Bibliothek – CIP-Einheitsaufnahme
Ein Titeldatensatz für diese Publikation ist bei
Der Deutschen Bibliothek erhältlich.

Das Werk ist in allen seinen Teilen urheberrechtlich geschützt.
Jede Verwertung ist ohne Zustimmung des Verlages unzulässig.
Das gilt insbesondere für Vervielfältigungen, Übersetzungen, Mikroverfilmungen
und die Einspeicherung in und Verarbeitung durch elektronische Systeme.

© 2002 by Wissenschaftliche Buchgesellschaft, Darmstadt
Gedruckt auf säurefreiem und alterungsbeständigem Papier
Prepress: Lasertype GmbH, Darmstadt
Printed in Germany

Besuchen Sie uns im Internet: www.wbg-darmstadt.de

ISBN 3-534-14633-6

Inhalt

Einführung 7

Was ist Mimikry? 11

    Die klassischen Mimikryfälle 11
    Bates'sche Mimikry 14
    Müller'sche Mimikry 16
    Peckham'sche Mimikry 18
    Mimetische Signalentstehung und Automimikry:
    Modellfall maulbrütende Buntbarsche 20

Informationsfluss und Kommunikationssysteme 25

    Wie kommt die Ente in die Zeitung? 25
    Das Auge des Betrachters 26
    Formen der Ähnlichkeit 27
    Die Flucht aus dem Informationskanal 32
    Schlicht oder auffällig? 36
    Die Erfolgsgeschichte des Roggens 38

Schutzmimikry 41

    Klassischer Fall: Wespenharnisch 41
    Wie die Wüstenheuschrecke zu ihren Streifen kommt 45
    Ein wunderschöner Schmetterling – zum Kotzen 46
    Netz der Täuschung 49
    Volucella: aggressive oder protektive Mimikry 56
    Verwechslung am Sternenhimmel 60
    Satyrmimikry oder warum perfekt nicht immer am günstigsten ist 62
    Augenblick 64
    Schau mir in die Augen, Kleines 66
    Spuren im Blatt 71
    Mertens'sche Mimikry 74
    Mimikryweltrekord 76

Lockmimikry 81

    Zum Kuckuck – ein klassischer Fall neu aufgerollt 81
    Dienstleistungsgesellschaft im Indopazifik 85
    Sind Orchideen die besseren Schauspieler? 87
    Das Treffpunktprinzip 91
    Pseudokopulation 94

	Imitation eines dunklen Loches?	97
	Tödliche Pilze	98
	Die fremdgesteuerte Schnecke	100
	Blütenmimikry einmal anders: Rostpilz narrt Blütenbesucher	101
	Geborgte Beweglichkeit	103
	Täuschblumen	104
	Der Frauenschuh	105

6 Imitation ohne Mimikry ... 109

Mate Copy	109
Lernen durch Nachahmung	111
Die polyglotte Spottdrossel	112
Tarnung im Industriezeitalter	115
Blattmimese und Blattmimikry	116
Der Ameisengast mit der Kotpresse	119
Das Prokrustes-Dilemma	120

7 Automimikry ... 123

Täuschen ohne zu enttäuschen	123
Hummeln fliegen auf Pollen	130
Sexuelle Mimikry	132
Weibchenmimikry bei Bedarf	134
Pseudopenis der Tüpfelhyänenweibchen	138
Der Bluff mit dem Hammer	139
Sehen und gesehen werden: Stielaugenfliegen	140
Winzig kleine große Kerle	142

8 Signalentstehung und sensorische Fallen ... 145

Mit Argusaugen	145
Ehrliche Signale: gefälscht!	150
Warum ist der Pfau so stolz?	152
Schleiertanz	156
Gefälschte Signale im Wettstreit	159

9 Ausblick ... 163

Mimikryforschung	163
Mimikryfallstudien	164

Literatur ... 171

Register ... 179

Abbildungsnachweis ... 184

Einführung

Abb. 1: Schwebfliege beim Besuch einer Vergissmeinnichtblüte.

Der Austausch von Nachrichten in der Kommunikation zwischen Organismen erfordert einen Sender und einen Empfänger von Signalen. Die übermittelten Botschaften sind allen Organismen zugänglich, die entsprechend empfindliche Sinnesrezeptoren besitzen und den Code, in dem die Nachrichten verschlüsselt sind, verstehen. Die lebenswichtige und permanente Bedeutung von Signalen ist leicht verständlich: Auffällige Warnsignale zeigen Raubfeinden die Ungenießbarkeit oder Giftigkeit des „Senders" an. Fehlende Aussendung von Signalen ermöglicht dagegen ein erfolgreiches Verbergen vor Raubfeinden und Konkurrenten. Signale können auch als Auslöser bestimmter Verhaltensweisen das Zusammenleben mit Artgenossen strukturieren. Zudem gibt es Tiere oder Pflanzen (Sender), die Signale imitieren, wodurch der Kreis der Signalsender erweitert wird. Es entstehen komplexe Signalsysteme, die als Mimikry bezeichnet werden. Mimikry bedeutet – kurz und prägnant – Signalfälschung: Ein Signalsender dient als Vorbild für den Nachahmer; für den Nachahmer und Fälscher entstehen Vorteile durch die Täuschung des Signalempfängers.

Mimikry begegnet uns in zwei Formen, einerseits als Schutzmimikry durch Imitation abschreckender Vorbilder, andererseits als Lockmimikry durch Nachahmung attraktiver Signale. Dieser Unterschied wird in der Abbildung 1 mit der Schwebfliege *Episyrphus balteatus* auf der Vergißmeinnichtblüte (*Myosotis palustris*) deutlich. Harmlose Schwebfliegen sind mit die bekanntesten Beispiele für Wespenmimikry als eine Form der Schutzmimikry. Auch für das Vogelauge, das hier getäuscht werden soll, besteht im Experiment eine große Ähnlichkeit zwischen einer Wespe und der wespenimitierenden Schwebfliege *Episyrphus balteatus* auf Grund des übereinstimmenden schwarz-gelben Zeichnungsmusters. Die eine Wespe vortäuschende Schwebfliege wird hier auch selbst getäuscht. Sie ist gerade dabei den gelb gefärbten Pollen von der Vergißmeinnichtblüte aufzunehmen, könnte man meinen. Doch hier liegt ein Fall von Lockmimikry vor. Die leuchtend gelb gefärbte Innenkrone der Vergißmeinnichtblüte stellt eine Imitation dar. In diesem Fall sind es die Staubbeutel, die als

Locksignale für pollenfressende Schwebfliegen imitiert werden. Die echten Staubbeutel befinden sich geschützt in der engen Blütenröhre.

Mimikrysysteme als faszinierende komplexe Form der Biokommunikation eignen sich in besonderem Maße für einen Einblick in die Dynamik evolutiver Prozesse. Bereits Charles Darwin erkannte, dass – einmalig in der Natur – in Mimikrysystemen für den Nachahmer ein evolutionäres Entwicklungsziel vorgegeben ist: die vollkommene Imitation der Signalstrukturen des Vorbildes. Nachahmer profitieren nämlich von der Imitation eines Vorbildes sehr stark; je besser sie ihr Vorbild imitieren, desto höher ist ihr Fortpflanzungserfolg. Nachahmer, die durch eine Mutation oder Neukombination von Erbmaterial ihrem Vorbild ähnlicher werden, haben mehr Nachkommen als ihre Artgenossen ohne diese Eigenschaften. Entscheidende Faktoren sind dabei das Vorbild und die Selektion des Nachahmers durch einen Signalempfänger, der erfolgreich durch die Imitation getäuscht wird. Vorbild, Nachahmer und Signalempfänger in Mimikrysystemen stehen in so engen Wechselbeziehungen zueinander, dass Vorhersagen für evolutionsbiologische Vorgänge abgeleitet werden können.

Mimikry ist deshalb so faszinierend, weil immer wieder neuartige Mimikrybeispiele entdeckt werden. Sie werden zunächst nur beschrieben („Das-ist-so"-Geschichten) und sind meist nicht viel mehr als plausible Hypothesen über ein Mimikrysystem. Wenn daraus Vorhersagen abgeleitet und experimentell im Labor oder im Feld überprüft werden können, kann man schließlich Mechanismen nachweisen, die zur Entstehung und Aufrechterhaltung von Mimikrysystemen führen.

Die Faszination von Mimikrysystemen als evolutionsbiologische Fallstudien ist ungebrochen. Viele Hypothesen wurden erfolgreich getestet, die Interaktion der beteiligten Partner quantitativ belegt und mit statistischen Prüfverfahren gesichert, so dass viele Mimikryfälle heute zu den am sorgfältigsten und am umfassendsten analysierten Kommunikationssystemen zählen. Es soll jedoch auch über neu entdeckte und noch nicht aufgeklärte Mimikryfälle berichtet werden.

Was wir mit eigenen Augen gesehen haben, halten wir gemeinhin für wahr. Die fesselnde Realität von Bildern – als Fotos, Kinofilm oder Fernsehfilm – ist für uns Menschen überwältigend. Auch wenn ein Sachverhalt nur schwarz auf weiß gedruckt zu sehen ist – wie in Dokumenten, Verträgen, Akten, Zeitungsberichten oder Büchern –, wirkt er doch echter als dieselbe Information durch ein akustisches Medium.

Wir verstehen daher auch visuelle Mimikry besonders gut. Doch viele Tiere kommunizieren und orientieren sich auch mit akustischen, chemischen, taktilen oder gar elektrischen Signalen. Es kann daher nicht verwundern, dass es auch auf allen Sinneskanälen zu Täuschungen kommt. Selbst wir Menschen sind anfällig für Mimikrytäuschungen in verschiedenen Sinnesmodalitäten. Auch wenn uns sofort nichts einfällt: Mimikry ist uns schon in der Märchenwelt begegnet: der Wolf, der mit Mehl die Pfote weiß färbt, um den sieben Geißlein ihre eigene Mutter vorzutäuschen, und der schließlich Kreide frisst, um die helle Stimme einer Geiß zu imitieren oder Hänsel, der der Hexe einen Knochen vorhält, um vorzutäuschen, er sei noch ganz mager. Täuschen auf mehreren Sinneskanälen findet auch im alltäglichen Leben statt. Wattierte Schultern täuschen einen athletischen Körper vor. Parfüms statten uns mit täuschenden verführerischen Düften aus.

Bei den hier behandelten Mimikryfällen steht die zahlenmäßig häufigste visuelle Mimikry im Vordergrund, chemische, akustische und taktile Mimikry werden aber auch vorgestellt.

Mimikry ist auch ein Element bei der Kommunikation zwischen Artgenossen. Besonderes Aufsehen erregte in neuerer Zeit die Entdeckung, dass Mimikry nicht nur in Räuber-Beute-Systemen eine Rolle spielt, sondern nachahmende (mimetische) Signalfälschungen auch häufig in innerartlichen Kommunikationssystemen auftreten. Dabei wird die vorhersagbare Reaktion eines Signalempfängers auf ein bekanntes Signal ausgenutzt, indem eine Signalkopie in einem anderen Kontext präsentiert wird. Spektakuläre Beispiele stellen die Eiimitationen dar, die die Männchen maulbrütender Buntbarsche bei der Balz einsetzen, der Pseudopenis der Tüpfelhyänenweibchen, der dafür sorgt, dass Menschen Weibchen und Männchen der Tüpfelhyäne nur schwer unterscheiden können und die Weibchenmimikry, die bei Männchen von Insekten, Krebsen, Fischen, Schlangen und Vögeln auftritt und den Nachahmern einen Vorteil bei der Paarung verschafft. Auch in der Kommunikation unter Menschen sind Signale auf diesem Wege entstanden.

Interdisziplinäre Ansätze, die Methoden und experimentelle Ergebnisse aus Morphologie, Verhaltensbiologie, Genetik, Sinnesphysiologie, Ökologie und Evolutionsbiologie kombinieren, haben entscheidend zu einer besseren Bewertung von Mimikryphänomenen beigetragen. Entsprechende fächerübergreifende Lehrbücher wie die über Verhaltensökologie (Krebs und Davies 1993), Sinnesökologie (Dusenbery 1992), Soziobiologie (Alcock 1999), Evolutionsökologie (Cockburn 1995) oder über die Biologie des Verhaltens (McFarland 1999) sind voll von Mimikrybeispielen. Es entwickelt sich ein zunehmend besseres Verständnis der Entstehung von Signalen und von Mimikryphänomenen. In diesem Zusammenhang sind auch Phänomene wie Tarnung und Mimese, die Nachahmung von Objekten ohne Signalwert, interessant. Damit werden Antworten auf Fragen, die die Biologie seit Charles Darwin begleitet haben, und zugleich weitergehende Fragestellungen möglich.

Bei der Vielzahl von bekannten Mimikrybeispielen ist eine Auswahl unerlässlich. Bei der Auswahl habe ich Schwerpunkte auf gut dokumentierte Mimikryfälle wie beispielsweise die klassischen Mimikrybeispiele und Mimikryfälle aus Mitteleuropa gelegt. Einige bislang in Monographien und Lehrbüchern wenig oder nicht berücksichtigte Beispiele wie Staubgefäßimitationen von Blütenpflanzen und Futterkornimitationen bei den Fasanenartigen habe ich ausführlich behandelt. Aspekten der Evolution von mimetischen Signalen räume ich einen breiten Raum ein. Bei zahlreichen der vorgestellten Mimikryfälle habe ich nur eine einzelne zusammenfassende Übersichtsarbeit zitiert oder eine experimentelle, spätere Arbeit von den betreffenden Autoren ausgewählt; zusätzliche Aspekte, die in weiteren Arbeiten berichtet werden, habe ich nicht mit eigenen Zitaten belegt. Über das Literaturverzeichnis der zitierten Arbeiten sind diese Zitate jedoch meist zu erschließen. Auf meiner homepage unter http://www.uni-duesseldorf.de/MathNat/Zoologie/zoodidak.htm ist zudem ein ausführlicheres Literaturverzeichnis abrufbar.

Dank

Viele Personen haben mir bei der Entstehung dieses Buches geholfen; ihnen allen möchte ich an dieser Stelle herzlich dafür danken. Zahlreiche Kollegen und Studenten haben mir durch Diskussionen über Mimikryfragen geholfen. Die Bildautoren George Beccaloni, Dietrich Burkhardt, Lincoln Brower, Günter Gerlach, Frances Irish, Andreas Hofer, James Mallet, Ingrid de la Motte, Peter Mullen, Georg Pohland, Bitty Roy, Leo Rupp, Toshio Sekimura und Kim Steiner haben viel Mühe investiert, um gut sichtbare Spuren in diesem Buch zu hinterlassen. Einige Zeichnungen haben Marita Lessens und Barbara Lentes eigens für dieses Buch angefertigt. Monika Haardt und Ellen Poggel haben die Rohfassung des Manuskripts bearbeitet. Meine Frau, Cornelia Böker-Lunau, und Andreas Gumbert haben frühere Versionen des Manuskriptes kritisch durchgearbeitet. Christian Geinitz hat als Lektor der Wissenschaftlichen Buchgesellschaft mit vielen Tipps und Ratschlägen geholfen.

Was ist Mimikry? 2

Abb. 2: Der giftige Falter *Danaus chrysippus* (links) ist das Vorbild für den Nachahmer *Hypolimnas misippus* (rechts). (Originalphoto: G. Pohland, Essen-Kettwig)

Die klassischen Mimikryfälle

Nachdem Bates im Jahre 1862 den Begriff „Mimikry" geprägt hatte für das von ihm beobachtete Phänomen, dass für manche Tiere schmackhafte Schmetterlinge als Nachahmer des Flügelfarbmusters von ungenießbaren Schmetterlingen auftreten, wurden in den folgenden Jahrzehnten immer mehr Phänomene von Tarnung, Nachahmung, Täuschung und Betrug im Tier- und Pflanzenreich mit dem Begriff Mimikry belegt. Die klassischen Mimikryfälle, die jeweils nach ihren Entdeckern benannt sind, werfen auch heute noch hochaktuelle Fragestellungen auf. Es scheint, als ob ihre Entdecker zunächst nur einen Zipfel eines komplexeren Zusammenhangs greifen konnten.

In der Entdeckungsgeschichte vieler Mimikrysysteme ging man vom Nachahmer aus, denn natürlich kann erst durch den Nachahmer eines mimetischen Signals auf das Vorbild geschlossen werden. Der Entdecker eines Nachahmers ist also zugleich ein Kenner des Vorbildes. Es wundert daher nicht, dass die ersten Beschreibungen von Mimikrysystemen oft nur Nachahmer und Vorbild und allenfalls einen hypothetischen Signalempfänger nennen. Die Suche nach dem Signalempfänger ist meist der schwierigste und langwierigste Teil bei der Aufdeckung von Mimikrysystemen und noch längst nicht immer abgeschlossen. Begriffe wie Verbergetracht, Scheinwarntracht, Schrecktracht, Ungewollttracht und Locktracht stellen den Nachahmer in den Mittelpunkt. Lediglich der Begriff Warntracht bezieht sich auf ein potentielles Vorbild, gilt jedoch auch außerhalb von Mimikrysystemen. Noch im Jahre 1954 waren so wenig Mimikryfälle eindeutig experimentell belegt, dass Franz Heikertinger in seinem Werk ›Das Rätsel der Mimikry und seine Lösung‹ im Untertitel eine Widerlegung der Tiertrachthypothesen als Zielsetzung nennt.

Dank der grundlegenden Arbeit des Direktors des Max-Planck-Institutes für Verhaltensforschung in Seewiesen, Wolfgang Wickler, wurde ein in sich geschlossenes Mimikrykonzept geschaffen, dass den Begriff Mimikry gegenüber anderen Phänomenen der Imitation und Nachahmung eindeutig abgrenzt. Wolfgang Wickler (1968, 1971) hat Mimikrysysteme aus dem natürlichen Blickwinkel des Signalempfängers analysiert und damit eine konsequente und verblüffend einfache Ordnung geschaffen. Sein überzeugendes Mimikrykonzept berücksichtigt Nachahmer und Vorbild als beteiligte Signalsender und den Signalempfänger; es beruht auf der Analyse von Mimikrysystemen als Kommunikation zwischen Sendern und Empfängern von Signalreizen, wobei Signalempfänger auf das „ursprüngliche" Signal und seine Nachahmung in gleicher Weise reagieren. Nur wenn ein Signalempfänger durch nachgeahmte Signale getäuscht wird, sprechen wir von Mimikry. Damit es zur Täuschung eines Signalempfängers kommen kann, sind zwei Signalsender nötig, ein Vorbild und ein Nachahmer. Die Täuschung eines Signalempfängers besteht in einer ungenügenden oder fehlenden Unterscheidung zwischen Vorbild und Nachahmer.

Spontan sind wir geneigt, Vorteile beim Nachahmer und Nachteile bei den beiden anderen Beteiligten eines Mimikrysystems zu vermuten. Sicher ist, dass der Nachahmer einen Vorteil haben muss, sonst würde das nachgemachte Signal gar nicht herausselektiert werden. Für das Vorbild besteht jedoch nicht notwendigerweise eine negative Rückkopplung durch das Auftreten des Nachahmers. Selbst der getäuschte Signalempfänger muss keineswegs enttäuscht sein, wie später noch zu zeigen sein wird (S. 123).

Zur Beschreibung von Mimikrysystemen hat sich eine historisch gewachsene Terminologie entwickelt. In der folgenden Übersicht werden die wichtigsten Begriffe erläutert:

Mimikry	Signalfälschung
Mimikrysystem	besteht aus zwei Signalsendern und einem Signalempfänger
Vorbild	1. Signalsender eines Mimikrysystems
Nachahmer (Mimet)	2. Signalsender eines Mimikrysystems (hat Vorteile von der Nachahmung des Vorbildes)
Signalempfänger	reagiert in gleicher Weise auf Vorbild und Nachahmer
Mimikryring	großes Mimikrysystem mit mehreren Vorbildern
Mimikrykomplex	großes Mimikrysystem mit mehreren Mimikryringen
Peckham'sche Mimikry (aggressive Mimikry, Lockmimikry)	Nachahmer imitiert Locksignale des Vorbildes, auf die der Signalempfänger anspricht
Bates'sche Mimikry (Schutzmimikry)	Nachahmer imitiert Warnsignale des Vorbildes, die der Signalempfänger meidet
Automimikry (innerartliche Mimikry)	Vorbild und Nachahmer gehören derselben Art an
Müller'sche Mimikry (Signalnormierung)	mehrere Signalsender besitzen dasselbe Warnsignal; keine Mimikry
Kryptische Färbung	Sender imitiert Hintergrund ohne Signalcharakter
Mimese	Nachahmer imitiert Objekte ohne Signalcharakter; keine Mimikry
Aposematische Färbung	Warnfärbung eines Signalsenders

Die Perspektive und das Verhalten des Signalempfängers bilden jedoch die Grundlage für die Unterscheidung verschiedener Mimikryformen.
- Die Reaktion des Signalempfängers kann aus einer Hinwendung zum Sender bestehen. Diese Form wird als *Lockmimikry*, aggressive Mimikry oder *Peckham'sche Mimikry* bezeichnet nach Elizabeth G. Peckham (1889), die diese Mimikryform für ameisenimitierende Spinnen beschrieb (Kap. 2, S. 18). Ein bekanntes Beispiel für Lockmimikry stellen die Eier des Kuckucks dar, die in der Färbung den Eiern des Wirtsvogels gleichen, in dessen Nest das Kuckucksweibchen die Eier gelegt hat. Die Wirtseimimikry sorgt dafür, dass der getäuschte Wirtsvogel das Kuckucksei ausbrütet.
- Die Reaktion des Signalempfängers kann auch aus einer Abwendung oder Vermeidung bestehen. Das ist die typische Form der *Schutzmimikry*, die nach ihrem Entdecker auch *Bates'sche Mimikry* genannt wird (s. S. 14). Wespenimitierende Schwebfliegen sind ein Beispiel von Schutzmimikry (s. Abb. 1). In diesem Fall vermeidet ein erfahrener Insekten fressender Vogel die auffällig gezeichneten giftstachelbewehrten Wespen ebenso wie die harmlosen Nachahmer.

Weisen mehrere ungenießbare Arten dasselbe Warnsignal auf, spricht man von *Müller'scher Mimikry*. Ein typisches Beispiel bilden ähnlich aussehende wehrhafte Wespenarten, die dasselbe Warnsignal senden, jedoch dem Signalempfänger nicht eine Wehrhaftigkeit vortäuschen. Man sollte hier von Signalnormierung sprechen.

In der wissenschaftlichen Fachliteratur finden sich zahlreiche weitere Mimikrybezeichnungen, meist in Verbindung mit dem Namen ihres Entdeckers (Pasteur 1982). Es handelt sich jedoch fast ausnahmslos um Spezialfälle, bei denen Vorbild, Nachahmer und/oder Signalempfänger derselben Art angehören. Diese Spezialfälle lassen sich jedoch ohne weiteres den genannten Grundtypen von Mimikrysystemen zuordnen.

Die Beschreibung von Mimikrysystemen lebt vom Verhalten der beteiligten Lebewesen und ihrer Einordnung in das Evolutionsgeschehen. Zur kurzen und prägnanten Formulierung ist manchmal eine interpretative Sprache besser geeignet, die aber nicht suggerieren soll, dass die Evolution nach einem Plan abliefe. Strategie und Taktik, Gewinnstreben und Kostenvermeidung dienen als Metaphern, die komplizierte Evolutionsereignisse beschreiben, die stets nach dem gleichen Muster ablaufen: Individuen mit vorteilhaften erblichen Eigenschaften haben einen größeren Fortpflanzungserfolg gegenüber Artgenossen ohne diese Eigenschaften.

Vorbild, Nachahmer und Signalempfänger von Mimikrysystemen können wir in aller Regel jeweils einer Art zuordnen. Die klassischen Mimikrysysteme umfassen auch gerade drei Arten. Mimikrysysteme können jedoch auch weit mehr als drei Species umfassen, wenn mehrere Vorbilder, Nachahmer oder Signalempfänger beteiligt sind. Wir sprechen von *Automimikry*, wenn Vorbild und Nachahmer derselben Art angehören. Im Extremfall kann eine einzige Art zugleich Vorbild, Nachahmer und Signalempfänger sein, wie beispielsweise bei der Eimimikry der Buntbarschweibchen (siehe Kap. 2, S. 20).

In wenigen Mimikryfällen gelingt es nicht, eine Species für das Vorbild zu benennen. In diesen Fällen existieren virtuelle Vorbilder. Beispielsweise gibt es Blüten mit Staubgefäßimitationen, die weder den eigenen noch Staubgefäßen anderer Blütenpflanzen genau ähnlich sind (siehe Kap. 7, S. 125). Manche Formen der Wespenmimikry lassen keine Imitation einer bestimmten Wespenart erkennen (siehe Kap. 4, S. 63). Ebenso können für viele Augenimitationen auf Schmetterlingsflügeln keine konkreten Vorbilder genannt werden (siehe Kap. 4, S. 64).

Bates'sche Mimikry

Täuschend ähnliche Schmetterlinge nicht nah verwandter Arten: Als der englische Naturforscher Henry W. Bates im Jahre 1860 von einer 11-jährigen Forschungsreise aus den tropischen Regenwäldern Brasiliens heimkehrte, trug er Brisantes in seinem Gepäck. Er entdeckte zusammen mit seinem Reisegefährten Wallace nicht weniger als 14000 neue Pflanzenarten und 8000 neue Insektenarten für die Wissenschaft. Zu seiner gesammelten Ausbeute zählten auch 94 Schmetterlingsarten, die er der Familie Heliconidae zurechnete. Bates ordnete das Material so wie die meisten Sammler. Er steckte gleich aussehende Exemplare zusammen und entdeckte Merkwürdiges. Unter vielen Exemplaren aus der Gattung *Ithomia* fand er auch einzelne Weißlinge (*Pieridae*) der Gattung *Leptalis*, die nur bei genauem Hinsehen als Weißlinge zu erkennen waren. Vor allem aber besaßen die *Leptalis*-Schmetterlinge ein den *Ithomia*-Faltern zum Verwechseln ähnliches Flügelzeichnungsmuster. Dieser Fall fand sich aber nicht nur einmal, sondern wiederholt in seiner Sammlung. Andere *Leptalis*-Arten glichen weiteren *Ithomia*-Arten. Stets stammten äußerlich ähnliche Formen aus demselben Gebiet. Außer *Leptalis* fand Bates gelegentlich weitere täuschend ähnliche Schmetterlinge aus ganz anderen Familien. An diesen Beispielen hat Bates (1862) nicht nur das Phänomen Mimikry erkannt und erstmals beschrieben, er hat der Forscherwelt zugleich eines der kompliziertesten Mimikrysysteme erschlossen, das bis heute nicht vollständig aufgeklärt ist. Charles Darwin berichtete bereits 1859 in seinem epochalen Werk ›On the Origin of Species by Means of Natural Selection‹ (Die Entstehung der Arten durch natürliche Zuchtwahl) von den Aufsehen erregenden Ergebnissen Bates' mit folgenden Worten:

„Es gibt noch andere merkwürdige Fälle, in denen große äußere Ähnlichkeit nicht durch Anpassung an ähnliche Lebensverhältnisse, sondern vorwiegend aus Schutzgründen entstanden ist. Ich meine die wunderbare, zuerst von Bates geschilderte Art und Weise, in der gewisse Schmetterlinge andere vollkommen verschiedene Arten nachahmen. Dieser vortreffliche Beobachter zeigte nämlich, daß in einigen Gegenden Südamerikas, wo sich z. B. in großen Schwärmen eine *Ithomia* tummelt, häufig ein anderer Schmetterling (*Leptalis*) mitten unter diesen Schwärmen vorkommt; und dieser ähnelt in jeder Schattierung, in jedem Streifen der Zeichnung, sogar in der Flügelform der *Ithomia* derart auffallend, daß Bates sich trotz seines durch elfjährige Sammeltätigkeit geschärften Blicks mehrfach täuschte. Wenn man die gefangenen Nachahmer und Vorbilder vergleicht, so zeigt sich, daß sie im Körperbau wesentlich in manchen Punkten abweichen und nicht nur verschiedenen Gattungen, sondern oft auch verschiedenen Familien angehören. Wäre diese Mimikry nur ein oder zweimal vorgekommen, so hätte man darüber wie über ein seltsames Zusammentreffen hinwegsehen können. Allein wenn wir weiter Umschau halten, so finden wir in derselben Gegend eine andere nachahmende und eine andere nachgeahmte Art, die gleichfalls den erwähnten beiden Gattungen angehören und gleichfalls einander sehr ähnlich sind. Im Ganzen wurden nicht weniger als zehn Gattungen bekannt, die andere Schmetterlinge nachahmen, und zwar bewohnten in allen Fällen die Nachahmer und Nachgeahmten das gleiche Gebiet; nie fand man einen Nachahmer entfernt von seinem Vorbilde leben. Die Nachahmer sind fast immer selten, während die Vorbilder fast immer in Schwärmen auftreten. In demselben Bezirk, in dem eine *Leptalis* eine *Ithomia* nachahmt, finden sich zuweilen sogar noch andere Schmetterlinge, die dieselbe *Ithomia* nachahmen, so daß man an demselben Fleck drei Gattungen von Tagschmetterlingen und sogar einen Nachtfalter finden kann, die alle einem Schmetterling ähneln, der einer vierten Gattung angehört. Besonders merkwürdig ist, daß viele der Nachahmer von *Leptalis* und viele der nachgeahmten Arten durch verschiedene Übergangsformen als bloße Varietäten festgestellt werden können, während andere zweifellos verschiedene Arten sind. Warum bezeichnet man aber gerade die eine Form als Vorbild und die andere als Nachahmer? Bates antwortet darauf befriedigend durch den Hinweis, daß die nachgeahmte Form das gewöhnliche Kleid ihrer Gruppe trage, während die Nachahmer ihr Kleid verändern und ihren nächsten Verwandten unähnlich sind…

Es drängte sich nun zunächst die Frage auf, warum bestimmte Tag- und Nachtschmetterlinge so oft das Kleid einer ganz anderen Form anlegten, und warum die Natur sich zum großen Erstaunen der Naturforscher überhaupt zu einer derartigen Komödie herbeiließ. Bates fand auch dafür zweifellos eine richtige Erklärung. Die nachgeahmten Formen, die immer sehr zahlreich auftreten, wissen gewöhnlich irgendeiner sie ständig bedrohenden Vernichtung zu entgehen (sonst könnten sie ja nicht so zahlreich vorhanden sein), und es sind tatsächlich viele Beweise dafür gesammelt worden, daß sie Vögeln und anderen Insekten fressenden Tieren widerwärtig sind. Die in demselben Bezirk lebenden Nachahmer dagegen sind verhältnismäßig selten und gehören auch seltenen Gruppen an; sie müssen also wohl von gewissen Gefahren bedroht und dezimiert worden sein, weil sie sich andernfalls (nach der Zahl der Eier zu urteilen, die alle Schmetterlinge legen) in drei oder vier Generationen über das ganze Gebiet ausbreiten würden. Wenn nun ein Mitglied dieser verfolgten und seltenen Gruppen derart das Gewand einer gut geschützten Art anzulegen weiß, daß es regelmäßig das geübte Auge eines Entomologen täuscht, so wird es häufig auch feindselige Vögel und Insekten zu täuschen vermögen und dadurch oft der Vernichtung entgehen. Man kann fast sagen, daß Bates tatsächlich den Prozess verfolgt hat, durch den die Nachahmer den Nachgeahmten so ähnlich werden, denn er entdeckte, daß einige der so viele andere Schmetterlinge nachahmenden *Leptalis*-Arten außerordentlich stark variieren. In einer Gegend fand er verschiedene Varietäten, von denen nur eine in gewissem Grade der gemeinen *Ithomia* desselben Bezirkes glich. In einer anderen Gegend gab es zwei oder drei Varietäten, von denen eine häufiger vorkam als die andere, und diese ahmte eine andere Form von *Ithomia* täuschend nach. Aus alledem schloss Bates, daß die *Leptalis* zuerst nur variierte und daß eine Varietät, die zufällig einem denselben Bezirk bewohnenden häufigen Schmetterling ähnlich wurde, infolgedessen besser gedieh und weniger gefährdet war; sie hatte also mehr Aussicht, den feindlichen Vögeln und Insekten zu entgehen und wurde häufiger erhalten als andere. Die weniger vollkommenen Ähnlichkeitsgrade wurden in jeder Generation wieder ausgemerzt, und nur die anderen blieben zur Fortpflanzung zurück."

„Wir haben also hier ein vorzügliches Beispiel von natürlicher Zuchtwahl" kommentierte Darwin die Ergebnisse von Henry Bates. Mimikry musste als geradezu ideales Prüffeld der Darwin'schen Evolutionstheorie angesehen werden. Aus der natürlichen Variabilität in der Nachahmerart war unter dem Selektionsdruck der Nachahmung von visuellen Signalen regional verschiedener Vorbilder ein Farbpolymorphismus großen Ausmaßes entstanden. Unter Polymorphismus versteht man das Auftreten von Morphen einer Art, die sich in ihrem genetisch determinierten, also erblichen Farbmuster unterscheiden. (Morphen = verschiedene Erscheinungsformen einer Art; am häufigsten sind die Geschlechtsmorphen „Männchen" und „Weibchen", häufig sind Farbmorphen, Größenmorphen, usw.) Im Gegensatz zur Variabilität, die die natürliche, kontinuierliche Verteilung der Merkmalsausbildung unter den Individuen einer Art beschreibt, bezeichnen wir mit Polymorphismus das Vorkommen von mehreren eindeutig unterscheidbaren, distinkten Formen von Individuen einer Art, die nicht über Zwischenformen verbunden sind. Zu den von Bates gefundenen Farbmorphen sind bis heute noch weitere hinzugekommen. Das Eingängige an diesen von Bates geschilderten Mimikryfällen ist, dass die Evolutionsrichtung vorgegeben ist – zu immer größerer Ähnlichkeit mit den Vorbildern –, was sonst in der Evolution nicht vorkommt. Manche Nachahmer haben sich so weit entwickelt, dass sie vom Signalempfänger regelmäßig mit dem Vorbild verwechselt werden. Trotzdem kommt es nicht zum Stillstand der Evolution des Nachahmers. Dadurch dass das Vorbild sich während der Evolution weiter verändert, kommt die Anpassung des Nachahmers an das mimetische Vorbild nicht zum Erliegen. Kaum zu unterscheidende Vorbilder und Nachahmer einer Bates'schen Mimikry können uns überall begegnen. Ein herausragendes Beispiel für die detailgenaue Ähnlichkeit zwischen Vorbild und Nachahmer eines Bates'schen Mimikrysystems bilden der in Afrika, Indien und im indoaustralischen Raum beheimatete, giftige Falter *Danaus chrysippus* (Danaidae), den ungiftige *Hypolimnas misippus*-Falterweibchen (Nymphalidae) nachahmen (s. Abb. 2). Vorbild und Nachahmer stammen aus verschiedenen Familien. *Hypolimnas misippus*-Männchen und weitere, andere Danaiden imitierende Weibchenmorphen sehen ganz anders aus.

In vielen Fällen finden wir eine häufigkeitsabhängige Selektion: Der Nachahmer in einem Bates'schen Mimikrysystem profitiert umso stärker, je häufiger sein Vorbild ist. In individuenreichen Populationen von Nachahmern kann das Auftreten eines Polymorphismus erwartet werden, bei dem einzelne Morphen verschiedene Vorbilder imitieren.

Müller'sche Mimikry

Kennzeichen Müller'scher Mimikrysysteme sind mehrere ungenießbare Arten, die dasselbe Warnsignal nutzen. Sie erfüllen damit nicht das Kriterium der Signalfälschung, wie schon ihr Entdecker Fritz Müller ebenfalls an neotropischen Schmetterlingen (1879) erkannte, und sind daher besser als Signalnormierung denn als Mimikry zu bezeichnen. Es kann leicht der Eindruck entstehen, Müller'sche Mimikrysysteme kennen nur Gewinner: Die ungenießbaren Arten, die ein gemeinsames Warnsignal nutzen, profitieren gegenseitig von ihrer Schutzwirkung und einem Räuber bleiben dadurch viele unangenehme Erfahrungen erspart. Doch theoretische Überlegungen von Speed (1993) kommen zu einem anderen Ergebnis. Nur selten werden die beiden mit ähnlichem Warnsignal ausgestatteten Beutearten für Prädatoren (Räuber) ganz genau gleich ungenießbar sein. Selbst wenn sie sich nur wenig in ihrer Ungenießbarkeit unterscheiden, sollte ein Räuber zumindest in Notzeiten die eher genießbare Beute vorziehen, wenn er sie nur unterscheiden könnte. Wenn giftige Inhaltsstoffe zweier ähnlicher Arten nicht additive, sondern synergistische Wirkung entfalten, profitiert der Räuber, wenn er sich auf eine Beuteart beschränkt, selbst wenn beide Arten für sich gleichermaßen ungenießbar sind. Unter diesen besonderen Umständen werden beide giftigen und mit Warnfarben ausgestatteten Arten gleichermaßen zu Vorbild und Nachahmer.

Müller'sche Mimikrysysteme können äußerst komplex werden wie Untersuchungen von Beccaloni (1997) im Regenwald des Napo-Gebietes in Ecuador zeigten. Auf eng begrenztem Gebiet fand er mehrere Müller'sche Mimikrykomplexe, die sich vor allem in der Flughöhe der beteiligten ungenießbaren Falter der Ithomiinae unterschieden. Wie vielfältig diese Mimikrykomplexe sind, kann an den kleinen Ausschnitten, die in Abb. 3 dargestellt sind, vorgestellt werden. Die vier in der oberen Reihe abgebildeten Paare zählen zu den

Mimikrykomplexen, die in höheren Strata, die vier in der unteren Reihe abgebildeten Paare zu den Mimikrykomplexen, die in tieferen Strata des Urwaldes flugaktiv sind. Jedes abgebildete Artenpaar besteht aus einer ungenießbaren Art der Ithomiinae sowie einem genießbaren Nachahmer. Die ungenießbaren Falter der Ithomiinae gehören zusammen mit anderen Arten Müller'schen Mimikrysystemen an, während die genießbaren Falter Nachahmer eines Bates'schen Mimikrysystems darstellen, für die der Müller'sche Mimikryring als Vorbild dient. Gleichzeitig wird der Polymorphismus zweier genießbarer Arten, *Heliconius numata* (Nymphalidae) und *Dismorphia theucharila* (Pieridae), dokumentiert. Ungiftige Nachahmer der giftigen Ithomiinae-Arten vervollständigen diese Signalsysteme. Im Einzelnen sind Beispiele aus folgenden Mimikrykomplexen dargestellt: Vier Mimikrykomplexe (MK) (Tiger-MK, Gelber-Streifen-Tiger-MK, Orange-und-Schwarz-Tiger-MK, Großer-Gelber-Transparenter-MK) in Jatun Sacha, Ecuador, waren durch große Flughöhen im Kronenbereich der Bäume charakterisiert, vier andere durch geringe Flughöhen in Bodennähe

Abb. 3: Mimikrykomplexe in Jatun Sacha, Ecuador. Die Abbildung zeigt Artenpaare aus acht Mimikrykomplexen dieses tropischen Regenwaldgebietes stellvertretend für die zahlreichen Arten, die diese von Faltern der Ithomiinae (Nymphalidae) dominierten Mimikrykomplexe aufbauen. Von links, obere Reihe von Paaren: Tiger-Mimikrykomplex mit *Melinaea maelus maeonis* (oben, Ithomiinae, Vorbild) und *Heliconius numata* f. *laura* (unten, Nymphalidae, Nachahmer); Gelber-Streifen-Tiger-Mimikrykomplex mit *Hypothyris anastasia honesta* (oben, Ithomiinae Vorbild) und *Heliconius numata* f. *euphrasius* (unten, Nymphalidae, Nachahmer); Orange-und-Schwarz-Tiger-Mimikrykomplex mit *Melinaea marsaeus mothone* (oben, Ithomiinae, Vorbild) und *Heliconius numata* f. *bicoloratus* (unten, Nymphalidae, Nachahmer); Großer-Gelber-Transparenter-Mimikrykomplex mit *Methona curvifascia curvifascia* (oben, Ithomiinae, Vorbild) und *Patia orise denigrata* (unten, Pieridae, Nachahmer); von links, untere Reihe von Paaren: Kleiner-Dunkler-Transparenter-Mimikrykomplex mit *Hyposcada illinissa ida* (oben, Ithomiinae, Vorbild) und *Dismorphia theucharila* f. *leuconoe* (unten, Pieridae, Nachahmer); Orange-Spitzenfleck-Mimikrykomplex mit *Napeogenes sylphis caucayaensis* (oben, Ithomiinae, Vorbild) und *Dismorphia theucharila* f. *erythroe* (unten, Pieridae, Nachahmer); Durchsichtiger-Flügel-Mimikrykomplex mit *Pseudoscada timna timna* (oben, Ithomiinae, Vorbild) und *Xynias christalla christalla* (unten, Riodinidae, Nachahmer); Kleiner-Gelber-Transparenter-Mimikrykomplex mit *Aeria eurimedea negricola* (oben, Ithomiinae, Vorbild) und *Itaballia pisonis pisonis* (unten, Pieridae, Nachahmer). (Originalphoto: G. Beccaloni, London, England)

(Kleiner-Dunkler-Transparenter-MK, Orange-Spitzenfleck-MK, Durchsichtiger-Flügel-MK, Kleiner-Gelber-Transparenter-MK). Unterschiede im Flugverhalten, in der Ruhehaltung und in den täglichen Aktivitätszeiten könnten zu einer weiteren Untergliederung der sympatrischen (im gleichen Verbreitungsgebiet vorkommenden) Mimikrykomplexe beitragen. Insgesamt beobachtete Beccaloni 124 verschiedene Arten in den acht Mimikrykomplexen, darunter 55 vermutlich allesamt ungenießbare Ithomiinae und 34 andere Tagfalter-, 34 Nachtfalterarten sowie eine Libelle, die sowohl genießbare Nachahmer Bates'scher Mimikrysysteme als auch ungenießbare Mimeten (Nachahmer) Müller'scher Mimikrysysteme sein können. Zudem sind einige polymorphe Arten wie *Heliconius numata* und *Dismorphia theucharila* in mehreren Mimikrykomplexen vertreten; beide Arten sind schwach giftig.

Der erste experimentelle Feldnachweis dieses Musterbeispieles von evolutiver Anpassung gelang erst im Jahre 2001. Durrell Kapan (2001) nutzte den ungewöhnlichen Polymorphismus des ungenießbaren Schmetterlings *Heliconius cydno* (Nymphalidae), um im Freiland eine höhere Überlebensrate derjenigen Morphen nachzuweisen, die einem lokal häufigen Vorbild anderer giftiger Schmetterlingsarten ähnelten. Er fing weiße und gelbe Morphen von *Heliconius cydno alithea* (H. c. a.) und ließ beide Morphen in Gebieten frei, in denen entweder *Heliconius sapho candidus* (H. s. c.) oder *Heliconius eleuchia eleusinus* (H. e. e.), aber keine der beiden Morphen von H. c. a. vorkamen. Alle 4 Formen sind ungenießbar. H. s. c. ähnelt der weißen Morphe und H. e. e. ähnelt der gelben Morphe von H. c. a. Nach dem Freilassen der Falter versuchte Durrell Kapan an mehreren Tagen, die freigelassenen Tiere wieder zu finden. Er konnte über jeweils mehrere Tage Falter derjenigen Morphe von H. c. a. dort häufiger wieder finden, wo bereits ein ähnlich aussehender giftiger Falter vorkam. Im Einzelnen konnte er über mehrere Tage Falter der weißen Morphe von H. c. a. in dem Verbreitungsgebiet vom ähnlichen H. s. c. häufiger wieder finden, und Falter der gelben Morphe von H. c. a. häufiger in dem Verbreitungsgebiet vom ähnlichen H. e. e. Dieser Feldnachweis des Schutzes durch ein weiteres Vorbild, ein sogenanntes Co-Vorbild, konnte gleichzeitig zeigen, dass verschiedene Co-Vorbilder einen geographisch unterschiedlichen Selektionsdruck ausüben, der die Existenz von Polymorphismus bei ungenießbaren Arten mit Warnfärbung, so genannten aposematisch gefärbten Arten, erklären kann.

Peckham'sche Mimikry

Reagiert ein Signalempfänger nicht mit Vermeidung, sondern mit Hinwendung auf einen Nachahmer, sprechen wir von Lockmimikry, aggressiver Mimikry oder Peckham'scher Mimikry. Die historischen Beispiele Peckham'scher Mimikry lassen sich mit dem heutigen Kenntnisstand nicht ganz klar in die obige Definition einordnen, weshalb der Begriff Peckham'sche Mimikry nur selten verwendet wird.

Bei Springspinnen (Salticidae) der Gattung *Myrmarachne* wurde schon lange Ameisenmimikry vermutet. Die Körperproportionen der Ameisenspringspinne *Myrmarachne formicaria* ähneln verblüffend einer Ameise (Abb. 4): Das Prosoma (Vorderkörper) der Spinne täuscht durch eine Einschnürung Kopf und Thorax (Brust) der Ameise vor. Die Spinne trägt beim Laufen das vordere Beinpaar erhoben wie eine Ameise ihre Fühler. Färbung und Haarlosigkeit komplettieren die täuschende Ähnlichkeit. Die ersten Beobachtungen aus dem Jahre 1889 gehen auf Elizabeth Peckham zurück. Andere Insekten ahmen wiederum Springspinnen nach. Bestimmte Fruchtfliegen sollen durch die Körper- und Flügelzeichnung Springspinnen imitieren. Lange war unbekannt, wer die Signalempfänger sind, die durch die Ameisenmimikry der Springspinnen und durch die Springspinnenmimikry der Fruchtfliegen getäuscht werden sollen. Man dachte zunächst an Vögel. Welcher Vogel, so waren Überlegungen, der Springspinnen fressen würde, verschmäht Ameisen? Und welcher Vogel würde sich durch die Imitation einer Springspinne vom Verzehr einer Fruchtfliege abhalten lassen? Der Widerspruch schien nicht aufzuklären zu sein. Freilandexperimente förderten schließlich unerwartete Signalempfänger zu Tage.

Malcolm Edmunds (1993) fand in Ghana eine überraschende Lösung bei der Untersuchung der Brutfürsorge der Spinnenwespe *Pison xanthopus*. Wie viele Wegwespen (Pompilidae) jagt auch diese Spinnenwespe Spinnen. Die per Stich gelähmte Beute schafft das Spinnenwespenweibchen als

Abb. 4: Die Ameisenspringspinne (*Myrmarachne formicaria*) imitiert in Aussehen und Verhalten eine Ameise. Die Spinne hält ihre Vorderbeine in einer Position, in der sie wie die Antennen einer Ameise aussehen und bewegt sie ständig wie eine Ameise ihre Antennen.

Lebendfuttervorrat in die Brutkammern seiner Larven. *Pison xanthopus* hat sich nahezu ganz auf Springspinnen als Larvenfutter festgelegt. Um die 10 Springspinnen muss ein *Pison*-Weibchen zur Verproviantierung einer einzigen Larve herbeischaffen. 872 Spinnen hat Edmunds aus den Nestzellen von 31 Wegwespen herausgeholt und bestimmt. Ein Potpourri von mehr als 17 Spinnenarten fand er in den Nestern. Einzelne Weibchen hatten sich offenbar im Sinne eines Suchbildes spezialisiert und fast oder ganz ausschließlich eine Spinnenart gejagt. Darunter waren auch einzelne Spinnenwespen, die ausschließlich die ameisenimitierenden Springspinnen der Gattung *Myrmarachne* jagten. Die dortigen *Myrmarachne*-Arten imitieren recht detailgenau Ameisen der Gattung *Oecophylla*.

Schließlich ging Edmunds selbst auf Spinnenjagd, auf Büschen, dort, wo auch die *Pison*-Weibchen ihre Beute suchen. Er wollte die Häufigkeit der verschiedenen Spinnenarten messen. Edmunds notierte alle Spinnen, die als Beute in Frage kamen. Als potentielle Beutetiere fand er weit mehr ameisenimitierende Spinnen als die Wegwespenweibchen tatsächlich gesammelt hatten. Er wertete dieses Ergebnis als einen Beleg dafür, dass Springspinnen der Gattung *Myrmarachne* durch die Imitation von Ameisen einen gewissen Schutz vor der Springspinnen jagenden Wegwespe *Pison xanthopus* genießen.

Ein anderes Beispiel stammt aus Südamerika, wo die ameisenimitierende Spinne *Aphantochilus rogersi* (Aphantochilidae) lebt, die sich auf die Ameisenjagd spezialisiert hat. Sie ernährt sich nahezu ausschließlich von den Ameisen der Art *Zacrytocerus pusillus* (Cephalotinae; Abb. 5). Die Spinne imitiert nicht nur die auffallende Körpersilhouette ihrer Beuteameise mit starken Dornen, sondern auch das schwarze, weiß behaarte Integument (Körperhülle), die abgeflachten Beine und den für Ameisen typischen gestielten Hinterleib. Selbst den charakteristischen Zick-Zack-Lauf der Ameise ahmt die Spinne nach. Dabei hält die Spinne ein Paar Laufbeine in der Position, in der Ameisen typischerweise ihre Fühler tragen.

Offenbar nutzt die Spinne ihr Aussehen, um Beutetiere zu jagen. Das ist kein einfaches Unterfangen für die Spinne. Der Angriff von hinten auf die ungiftigen, aber wehrhaften

Ameisen, ist die günstigste Jagdtechnik mit den besten Aussichten auf Erfolg und dem geringsten Verletzungsrisiko. Hat die Spinne eine Ameise erbeutet, hält sie bei dem Aussaugen des Beutetieres den leblosen Körper der Ameise über sich. Sie benutzt so den Ameisenkörper als Schutzschild gegen andere Ameisen, ahmt gewissermaßen eine Ameise nach, die einen toten Artgenossen abschleppt. Das ist eine perfekte Tarnung, um in aller Ruhe im Feindesland eine Ameise zu verzehren. Ist die Spinne ohne Beute, helfen ihr das ameisenähnliche Aussehen, um Kontakte mit Ameisen zu überstehen. Die auffälligen Dornen sollen jedoch wohl auch Vögel, die bereits Erfahrungen mit *Zacrytocerus pusillus* gemacht haben, von der Spinnenjagd abhalten. Nach der Meinung von Paulo Oliveira und Ivan Sazima (1984) liegt hier also eine kombinierte Peckham'sche und Bates'sche Mimikry vor.

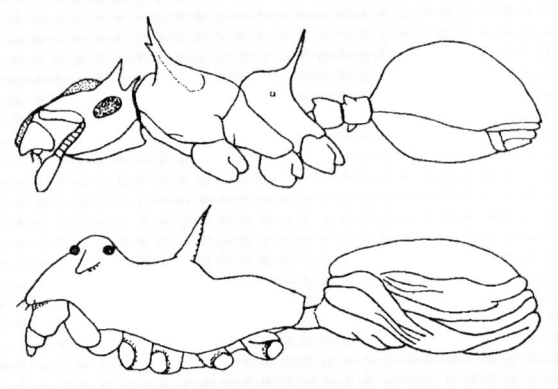

Abb. 5: Die Körpersilhouette der Spinne *Aphantochilus rogersi* (unten) gleicht der ihrer Hauptbeute, der Ameise *Zacrytocerus pusillus* (oben). Um die Körperformen besser vergleichen zu können, sind die Beine in der Zeichnung weggelassen bis auf die die Fühler der Ameise imitierenden Pedipalpen der Spinne. (Verändert nach Oliveira und Sazima 1984)

Mimetische Signalentstehung und Automimikry: Modellfall maulbrütende Buntbarsche

Signalentstehung im Tier- und Pflanzenreich ist in vielen Fällen durch Präsentation von bekannten Signalen in einem anderen Verhaltenskontext zu erklären, wobei sich der Signalsender die Reaktion des Signalempfängers aus dem ursprünglichen Verhaltenskontext zu Nutze macht. Zunächst reagiert ein Signalempfänger auf ein bestimmtes Signal mit einer spezifischen Verhaltensantwort. Meist reichen auch eine oder wenige Komponenten, um das komplette Verhalten auszulösen. Ein neues Signal kann sehr einfach dadurch entstehen, dass zufällig durch Mutation eine Komponente eines solchen Signals gebildet wird. Nun wird wenigstens in seltenen Fällen ein Signalempfänger auch in einem anderen Verhaltenskontext darauf mit seiner spezifischen Verhaltensantwort reagieren. Hat der Sender dieses neuen Signals dadurch Erfolg werden, wird er mehr Nachkommen haben, die ebenfalls Träger dieser Signalstruktur sind. Weitere Mutationen können in der Evolution dazu führen, dass der Signalsender zusätzliche Komponenten des als Vorbild dienenden Signals nachahmt und so das entsprechende Verhalten häufiger auslöst.

Diese Form der Signalentstehung über eine mimetische Phase hat Wolfgang Wickler im Jahre 1965 beschrieben. Die Idee hat in den letzten Jahren durch Michael Ryan und Stanley Rand (1993) eine Renaissance erlebt unter dem Namen sensorische Falle (sensory trap). Unter einer sensorischen Falle werden die im Zusammenhang mit sexueller Selektion und Partnerwahl bei Männchen evolvierten Signale verstanden, auf die die Weibchen durch eine entsprechende Prädisposition und bestehende Präferenz so positiv reagieren, dass die Männchen einen Vorteil im Paarungserfolg haben. Ein Beispiel soll das verdeutlichen.

Die Augenflecken auf der Analflosse der Männchen einiger Buntbarsche in den afrikanischen Grabenbruchseen haben Wickler (1965) zur Formulierung seiner Theorie geführt und können auch als Beispiel für eine sensorische Falle angesehen werden. Durch experimentelle Manipulation konnte nachgewiesen werden, dass die Ausbildung der Augenflecken tatsächlich positiv mit dem Paarungserfolg der Männchen korreliert. Um zu verstehen, warum Buntbarschweibchen so positiv auf dieses Signal reagieren, müssen einige Details aus der aufregenden Fortpflanzungsbiologie der Buntbarsche genannt werden (Abb. 6, 7). Männchen locken zunächst Weibchen in eine fertig gestellte Laichgrube. Dort laicht das Weibchen ab und nimmt die gerade abgelegten Eier ins Maul auf. Buntbarsche sind Maulbrüter, die ihre Eier bis zum Schlupf der Jungen im Maul vor Feinden verbergen. Nachdem ein Weibchen nach der Eiablage in Gegenwart des Männchens die noch unbesamten Eier ins Maul aufgenommen hat (Abb. 6), erfolgt die Besamung der Eier im Maul des Weibchens. Dazu wendet sich das Weibchen in einer bestimmten Phase der Balz der Genitalöffnung des Männchens zu, worauf dieses die Spermien abgibt (Abb. 7). Die Analflosse der Männchen unmittelbar vor der Genitalöffnung ist bei einigen Buntbarscharten mit Zeichnungsmustern, schwarz eingefassten, orangefarbenen Flecken, versehen, die in der Färbung und Größe den Eiern ähneln. Diese Eiimitationen auf der Analflosse präsentiert das Männchen dem Weibchen, wenn es das Weibchen in seine Laichgrube lockt und nachdem das Weibchen die Eier ins Maul aufgenommen hat.

Abb. 6: Balz beim Buntbarsch *Haplochromis burtoni*. Nach der Eiablage nimmt das Weibchen ihre gerade abgelaichten Eier in ihr Maul auf. (Verändert nach Wickler 1971)

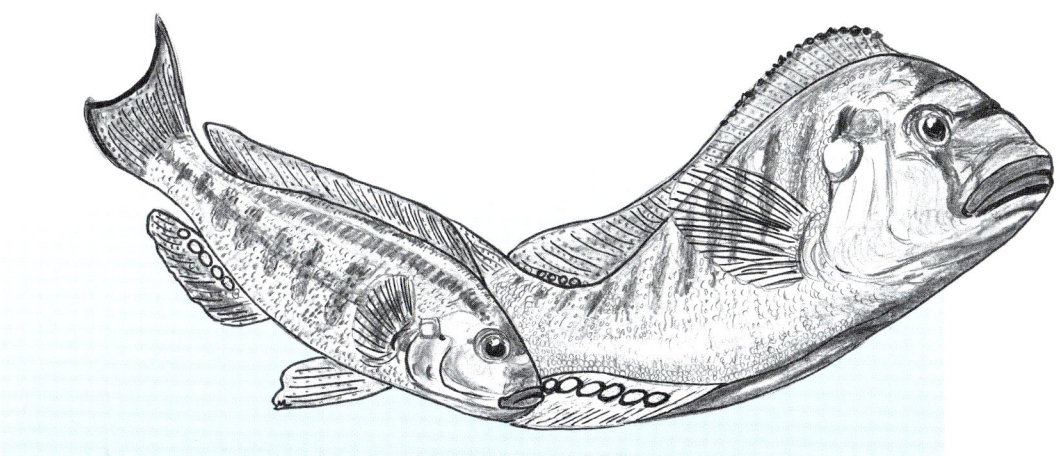

Abb. 7: Balz beim Buntbarsch *Haplochromis burtoni*. Während der Präsentation der Analflosse mit den Eiimitationen erfolgt die Spermienabgabe des Männchens sowie Aufnahme der Spermien und Besamung der Eier im Maul des Weibchens. (Verändert nach Wickler 1971)

Das Weibchen, das eben noch nach seinen Eiern geschnappt hat, um diese ins Maul aufzunehmen, kommt beim Schnappen nach den Eiimitationen auf der Analflosse eines Männchens in die Nähe der Genitalöffnung, aus der das Männchen die Spermien abgibt. Beim Schnappen nach den Eiimitationen saugt sie die Spermien ins Maul ein. Es kommt zur Besamung der Eier.

Die besondere Situation, dass maulbrütende Buntbarschweibchen ihre abgelegten Eier in das Maul aufnehmen, bildete die Prädisposition für die Entwicklung von Eiimitationen bei Männchen. Das Ähnlichwerden von ursprünglich auf der Analflosse der Männchen vorhandenen Punktmustern mit den arteigenen Eiern lässt sich an einer Modellreihe von Buntbarscharten nachvollziehen (Abb. 8). Dabei handelt es sich um Zeichnungsmuster auf der Analflosse rezenter Buntbarsche. In einer bestimmten Reihenfolge repräsentieren sie die hypothetischen Evolutionsschritte vom einfachen Fleckenmuster bis zur detailgenauen Eiimitation.

Aus dem Verhalten lässt sich die Hypothese ableiten, dass Weibchen, die auf die Eiimitationen der Analflosse von Männchen mit Schnappbewegungen reagieren, einen höheren Besamungserfolg ihrer bereits in das Maul aufgenommen Eier erzielen könnten. Hert (1989) konnte jedoch solch einen Effekt nicht finden: Auch Buntbarsch-Männchen der Art *Astato-*

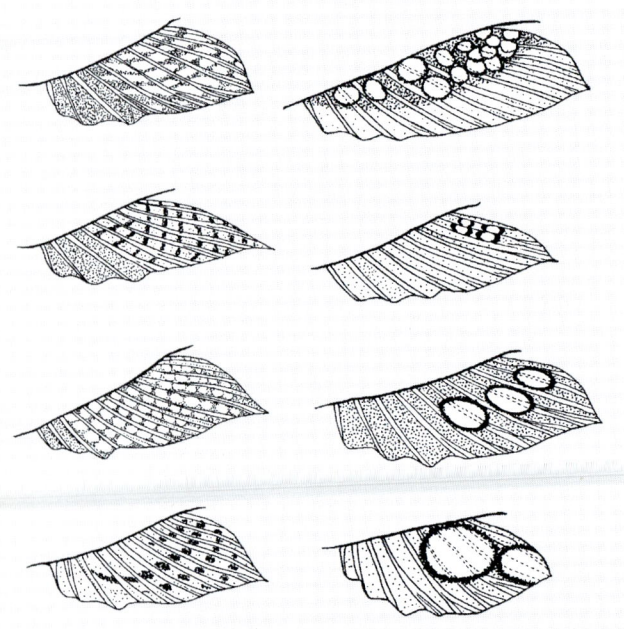

Abb. 8: Modellreihe rezenter Arten zur Entwicklung der Eiimitationen auf der Analflosse der Männchen bei Buntbarschen (Cichlidae). Von oben, linke Spalte: Zwei häufige Zeichnungsmuster auf der Analflosse verschiedener Buntbarscharten, *Tilapia kafuensis, Tilapia sparrmani;* rechte Spalte „*Paratilapia" angusticeps, Haplochromis microdon, Haplochromis schubotzi, Schubotzia eduardiana.* (Ergänzt und verändert nach Wickler 1962)

Abb. 9: Konvergente Evolution von Eiimitationen bei Buntbarschmännchen. *Haplochromis burtoni* besitzt auf der Analflosse ein mehreren Eiern ähnliches Zeichnungsmuster (oben), *Tilapia rukwaensis* imitiert mit dem Auswuchs der Genitalpapille ein Eipaket (Mitte), *Ophthalmotilapia* ahmt mit einem verlängerten Strahl der Bauchflosse ein Ei nach (unten). (Ergänzt und verändert nach Helfman et al. 1997)

tilapia elegans, denen sie die Eiimitationen durch Gefrierätzung entfernt hatten, gelang es, nahezu alle Eier im Maul der getesteten Weibchen zu befruchten. Aber die Weibchen bevorzugten für die Paarung eindeutig Männchen mit Eiimitationen auf der Analflosse gegenüber solchen ohne oder mit wenigeren Eiimitationen; ein eminent wichtiger Vorteil solcher Männchen in der sexuellen Konkurrenz mit anderen Männchen. Außerdem konnte Hert finden, dass Männchen mit Eiimitationen die Weibchen zu signifikant schnellerer und höherer Eiproduktion anregen.

Im Falle der Buntbarsche sind sogar mehrfach unabhängig Eiimitationen entwickelt worden. Neben Ei imitierenden Zeichnungen auf der Analflosse, treten auch gefärbte Flossensäume der Analflosse, Auswüchse der Genitalpapille und Auswüchse der Bauchflosse als Eiimitationen in Erscheinung (Wickler 1962; Abb. 9). Bei *Tilapia rukwaensis* imitiert ein Auswuchs der Genitalpapille ein ganzes Eipaket. Bei *Ophthalmotilapia* spec. reicht ein verlängerter Strahl der Bauchflosse, der an seiner Spitze zwei gelbe Anschwellungen trägt, bis in die Nähe der Genitalöffnung. Bei diesen Parallelentwicklungen handelt es sich um Prinzipkonvergenzen, wobei auf völlig verschiedener morphologischer Grundlage eiähnliche Signalstrukturen in der Nähe der Genitalöffnung bei maulbrütenden Buntbarschmännchen entstehen. Sie bestätigen die Interpretation der Fleckenmuster auf den Analflossen als Eiimitationen und zeigen gleichzeitig den enormen Selektionsdruck für die Ausbildung dieser Muster.

3 Informationsfluss und Kommunikationssysteme

Abb. 10: Ein ausgewachsenes Schneehuhn ist durch seine konturauflösende Gefiederfärbung gut getarnt.

Wie kommt die Ente in die Zeitung?

Auch die Bedeutungen einzelner Wörter in unserer Sprache können sich analog wie Signale entwickeln, wie am Beispiel des Wortes *Ente* gezeigt werden soll, das eine besondere Entstehungsgeschichte hat. Als Ente bezeichnen wir seit jeher einen Schwimmvogel mit Seihschnabel und seit etwa dem Jahre 1850 auch die Falschmeldung in einer Zeitung. Wie eine Ente das Symbol einer fälschlichen Zeitungsnachricht werden konnte, ist eine amüsante und lehrreiche Geschichte aus der Zeit, in der Redakteure ihre Meldungen zur Überprüfung vorlegen mussten. Zeitungsredakteure kennzeichneten verbürgte Meldungen mit dem Vermerk „testatum", was so viel wie „bezeugt" bedeutet. Unverbürgte Meldungen versahen sie mit dem Vermerk „non testatum", was so viel heißt wie „nicht bezeugt". Als Kürzel für den lateinischen Ausdruck verwendeten die Redakteure „n.t." (sprich Ente). Aus dem Hinweis „Das ist eine n.t. Meldung" könnte durch Weglassen des Wortes „Meldung" die verwechselbare Kurzfassung entstanden sein. Für deutschsprachige Redaktionsmitglieder besteht die Prädisposition, das gesprochene Kürzel „n.t." ['aente] mit einem gleich lautenden einheimischen Schwimmvogel zu verwechseln. Wir können die Entstehung der Zeitungsente wie die Evolution eines Signals auffassen. Der Begriff *Ente* als Bezeichnung für einen Schwimmvogel ist für Zeitungsredakteure leicht zu verwechseln mit der ursprünglichen akustischen Information, der Abkürzung für den Begriff *non testatum*, „n.t." gesprochen ['aente]. Eine akustische Signalkopie bildet also die Grundlage für die Entstehung der Zeitungsente in der Bedeutung einer Falschmeldung.

Das Auge des Betrachters

Unerklärliche Ähnlichkeiten zwischen Organismen haben die Menschen seit jeher fasziniert. Wie fehlende Kenntnisse und Wünsche Vater eines Mimikrygedankens werden können, zeigt folgende Geschichte. Als Wintergäste waren die Bernikel- oder Ringelgänse (*Branta bernicla*) an der Nordseeküste früher wohl bekannt. Als Brutvogel hatte kaum jemand die an der nordskandinavischen Küste und auf Spitzbergen brütenden Ringelgänse kennen gelernt. Es gab die absonderlichsten Vermutungen über ihre Herkunft. So schrieb Leonhard Baldner in seinem Vogel-, Fisch- und Tierbuch: „Anno 1649, den 27. Februarri hab ich solcher Baumganss zwo gehabt. Dieser Vogel ist bey uns gar unbekannt, und wird daher ein Baumganss genennt, wie Herr Doctor Gesnerus schreibt, dass in Schottland Baum gibt, welche eine solche Frucht bringen; Gestalt wie ein Wurm, der sich in Blättern zusammenwickelt, und wann er in rechter Zeit ins Wasser fällt, so bekompt es das Leben im Meer und formiert sich endlich zu einem Gänsel, bekompt Federn und fliegt auch endlich davon."

An Treibholz angeheftet, findet man gelegentlich tatsächlich auf einem Stiel sitzende gänseeiergroße Gebilde mit einer Kalkschale. Im Wasser entfalten sich auch wie beschrieben die Kalkplatten und ein gefiederter, sich bewegender Anhang kommt heraus. Es ist jedoch kein Gössel. Es handelt sich um die Entenmuschel *Lepas anatifera* (Abb. 11). Der Artname *anatifera* weist auf diesen Zusammenhang hin: anas f., lat., die Ente. Das Wort *anatifera* bedeutet so viel wie Ententräger. Die Entenmuschel ist weder Ente noch Muschel. Sie ist in Wirklichkeit ein Krebs, ein großer Verwandter der Seepocken genannten Rankenfußkrebse, die mit ihren Kalkgehäusen als dichter Aufwuchs auf Holz und Steinen die Gezeitenzone der Nordsee bewohnen und auch in Häfen und auf Schiffsrümpfen siedeln. Die 6 Beinpaare, die als Rankenfüße zum Nahrungsstrudeln bewegt werden können, werden bei Störung und Trockenheit fest in der Kalkschale eingeschlossen. Mit viel Phantasie erinnert *Lepas anatifera* an ein Vogelei. Mit noch mehr Phantasie täuschen die Rankenfüße dem Beobach-

Abb. 11: Entenbaum und Metamorphose der Entenmuscheln in einer historischen Darstellung. (Verändert nach Lanners 1973). Links sind Entenmuscheln auf Treibholz abgebildet. Der Name Entenmuschel erinnert daran, dass diese den Seepocken verwandten Rankenfusskrebse der Art *Lepas anatifera* früher für Eier der Bernikelgans gehalten wurden.

ter Vogelfedern vor. Doch fortgeschwommen, wie eine alte Abbildung glauben machen soll, sind die Entenmuscheln oder metamorphisierten Enten nie (Abb. 11). Sehr gut vorstellbar ist wiederum, dass Mönche die merkwürdige Geschichte der Herkunft der Bernikelgans gerne erzählten. Denn nach Karneval (carne vale = fleischlos), während der Fastenzeit, durften sie zwar kein Fleisch essen, „Muscheln" (und alles, was aus ihnen hervorging) waren aber erlaubt. Inklusive Bernikelgänsebraten.

Formen der Ähnlichkeit

Mimikry ist nur eines von mehreren Phänomenen, dass zur Ähnlichkeit von Organismen führt. Um Mimikryphänomene zu verstehen, lohnt es sich, auch andere Formen der Ähnlichkeit und ihre Entstehung vorzustellen. In besonderer Weise tragen die verschiedenen Formen der Fortpflanzung zur Erzeugung von Nachkommen bei, die untereinander und mit ihren Eltern genetisch unähnlich, ähnlich oder gar identisch sind. Selbst nah verwandte Arten sind sich auf Grund genetischer Ähnlichkeit in der Regel ähnlicher als nicht nah verwandte Arten. Mimikry stellt eine Ausnahme dar, bei der auch nicht nah verwandte Arten eine sehr ähnliche Signalausstattung erwerben können. Diese und weitere Hintergründe sollen in diesem Kaptitel eingeführt werden und zu einem besseren Verständnis von Mimikryphänomenen beitragen helfen.

Biodiversität bezeichnet die Mannigfaltigkeit der Lebewesen in der Natur, die uns als ein System abgestufter Ähnlichkeit gegenübertritt. Die Evolutionstheorie ordnet alle rezenten Lebewesen einem einzigen Evolutionsprozess zu. Ähnlichkeit von Organismen besteht somit als Folge von Verwandtschaft. In vielen Fällen erkennen wir diese genealogische Verwandtschaft intuitiv richtig, beispielsweise, wenn wir annehmen, der Singschwan und der Höckerschwan seien näher miteinander verwandt als eine dieser Arten mit der Ringeltaube.

Alle Arten befinden sich in einem Prozess ständiger Anpassung an die Umweltbedingungen. Die natürliche Selektion bewirkt, dass die geeignetsten Individuen einer Art höheren Reproduktionserfolg haben als nicht so geeignete. In der Folgegeneration sind Individuen mit den von ihnen ererbten Eigenschaften daher häufiger vertreten. Auch ganz entfernt miteinander verwandte Arten können, wenn sie unter ähnlichen Umweltbedingungen leben, einander ähnlich werden. Ein Beispiel für eine solche konvergente Entwicklung stellen die nicht näher verwandten Tiere Kaiserpinguin, Delphin, Grauhai und Thunfisch dar. Sie alle haben als schnelle räuberische Schwimmer im Meer eine Torpedoform und ähnlich dimensionierte und positionierte Antriebsorgane entwickelt. Mit ihnen näher verwandte Arten wie Dompfaff, Watussirind, Mantarochen und Karpfen, die unter anderen Umweltbedingungen leben, sind einander überhaupt nicht ähnlich. Die nicht näher verwandten Gänsegeier und Kondore haben als Thermiksegler und Aasfresser eine erstaunliche Ähnlichkeit entwickelt, die auf eine konvergente Evolution zurückzuführen ist. Altweltgeier sind jedoch näher mit den Greifvögeln, Neuweltgeier näher mit den Störchen verwandt. Ein weiteres Beispiel dafür, dass Ähnlichkeit zwischen Organismen nicht notwendigerweise auf genetischer Verwandtschaft beruht, stellen die flugfähigen Wirbeltiere dar. Vögel, Fledermäuse und Flugsaurier haben unabhängig voneinander die Vorderextremitäten zu Flügeln umgewandelt. In diesem Fall ist die Konvergenz durch den unterschiedlichen Bau der Flügel leicht zu erkennen. Bei Vögeln reicht der 2. Finger, bei Fledermäusen der 3. Finger und bei Flugsauriern der 4. Finger bis an die Flügelspitze.

Ein Höchstmaß von Ähnlichkeit finden wir unter den Individuen eines Klons. Unter einem Klon verstehen wir die genetisch identische Nachkommenschaft eines Organismus. Ihr Verwandtschaftsgrad ist das Höchstmaß von 100%. Haben Sie schon einmal kloniert? Dazu benötigen Sie kein gentechnisches Labor. Wenn Sie Kartoffelknollen einer Mutterpflanze in die Erde setzen, Ausläufer einer Erdbeerpflanze durchtrennen und einpflanzen oder Barbarazweige der Gartenforsythie in die Vase stellen und Wurzeln treiben lassen, legen Sie einen Klon an. Klone entstehen auch ganz natürlich bei knollenbildenden Pflanzen wie der Kartoffel, ausläufertragenden Krautpflanzen wie den Erdbeeren und durch Stockaustrieb mancher Bäume und Sträucher. Beim Löwenzahn findet eine ungeschlechtliche Samenbildung statt; alle Samen eines Blütenstandes und einer Pflanze bilden einen Klon. Rekordhalter im Tierreich für diese Art von Vermehrung ist die kleine parasitische Erzwespe (Encyrtidae) *Litomastix truncatellus:* Das Weibchen legt ein einziges Ei in eine Raupe der Gammaeule (*Plusia gamma*), einem Nachtfalter, aus dem sich durch Polyembryonie über 2000 genetisch identische Mehrlinge entwickeln können. Selbst eineiige menschliche Zwillinge stellen einen Klon mit einem Verwandtschaftsgrad von 100% dar, während zweieiige Zwillinge und andere Geschwister untereinander einen Verwandtschaftsgrad von 50% aufweisen, so viel wie jeder Elternteil mit seinem Kind. Das weltberühmte Schaf Dolly, aus einer Zelle des Euters seiner Mutter kloniert, ist genetisch mit seiner Mutter identisch. Klonierungen eröffnen faszinierende Aussichten für die Züchtung von Leistungsmerkmalen bei Haustieren. Denn durch normale oder selbst durch gezielte künstliche Besamungen sind allenfalls ähnliche, jedoch untereinander niemals mit einem der Eltern genetisch identische Nachkommen zu züchten. Die sexuelle Fortpflanzung verhindert geradezu die Entstehung von genetisch identischen Nachkommen. Sie dient der Erzeugung von untereinander und von ihren Eltern genetisch verschiedenen Individuen.

Genetische Identität bedeutet nicht immer gleiches Aussehen, denn auch unter dem modifikatorischen Einfluss der Umwelt können sich Unterschiede entwickeln. Eineiige Zwillinge, die in unterschiedlicher Umgebung aufgewachsen sind, zeigen solche Unterschiede.

Sexuelle Fortpflanzung ist ein Mechanismus zur Erzeugung genetischer Vielfalt. Welche Vorgänge bei der sexuellen Fortpflanzung sorgen nun für die genetische Verschiedenheit der Nachkommen? In der Meiose erfolgt eine Durchmischung des väterlichen und mütterlichen Erbgutes (Rekombination) sowie eine Halbierung der Erbinformation (Reduktion) auf einen Chromosomensatz. Bei der Befruchtung werden die rekombinierten und reduzierten Erbinformationen je einer Geschlechtszelle von dem Vater und von der Mutter neu kombiniert. Sogar bei der Selbstbefruchtung führt das zum Auftreten von Eigenschaften bei den Nachkommen, die der „Elter" nicht hatte, die aber bei ihr rezessiv versteckt vorlagen und von der Wirkung dominanter Allele überdeckt waren. Allele sind die Varianten eines Gens, sie können in dominanter oder rezessiver Form vorliegen. Durch Fremdbefruchtung kann die Erbinformationen genutzt werden, die zwei verschiedene Individuen unabhängig voneinander erworben haben. In günstigen Fällen kann durch ihre Neukombination den Nachkommen eine bessere Nutzung von Umweltressourcen ermöglicht werden. Mutationen im Genom der Geschlechtszellen der Eltern wirken sich erst bei den Nachkommen aus: Mutanten besitzen völlig neue Eigenschaften. Da Mutationen zufällige Änderungen des Erbgutes darstellen, ist es verständlich, dass nur wenige Mutanten einen Vorteil aus den genetischen Veränderungen ziehen. Sexuelle Fortpflanzung führt also zu genetischen

Unterschieden zwischen Nachkommen und Eltern. Die Gesamtheit dieser Unterschiede bei den Individuen einer Art wird als ihre genetische Variabilität bezeichnet.

Die vegetative Fortpflanzung ist unter völlig konstanten Umweltbedingungen günstiger: Sie birgt nicht die mit der Partnerfindung verbundenen Risiken; zudem können alle Ressourcen durch Weibchen genutzt werden. Es entstehen jedoch fast ausschließlich genetisch identische Individuen. Ein Neuerwerb von Eigenschaften ist nur durch seltene somatische Mutationen möglich, eine Kombination von Eigenschaften verschiedener Individuen bleibt ausgeschlossen.

Die eingeschlechtliche Fortpflanzung durch Jungfernzeugung (Parthenogenese) bringt meist eine neue Generation mit genetisch untereinander und mit der Mutter identischen Nachkommen hervor. Die Serienproduktion von lebend geborenen Larven bei Blattläusen führt also zur Entstehung eines Klons. Evolution im Schleichtempo kann unter konstanten Umweltbedingungen günstig sein wie die in Australien in Massen den Gewässerschlamm besiedelnde Schnecke *Potamopyrgus antipodarum* zeigt. Die Schnecke pflanzt sich in parasitenfreien Gewässern ameiotisch (also ohne Meiose) parthenogenetisch, jedoch in Gewässern mit einem Schneckentrematoden als Parasiten bisexuell fort (Lively 1987).

Sich ändernde Umweltbedingungen wirken sich auf die Evolution aus. Unter solchen Bedingungen sind neuartige geeignete Anpassungen von großer Bedeutung, da sie die große Chance bergen, wenigstens mit einem oder wenigen Nachkommen denen anderer Individuen in der Konkurrenz um dichtebegrenzende Ressourcen überlegen zu sein. Solche konkurrenzüberlegenen Individuen besitzen eine größere Eignung, auch Fitness genannt. Vorteile bei der innerartlichen Konkurrenz führen zu unterschiedlichem Fortpflanzungserfolg. Dieser Prozess ist die natürliche Auslese.

Wir Menschen unterscheiden uns so deutlich und so regelmäßig voneinander, dass wir jedes Individuum, das wir kennen, von allen anderen fast 7 Milliarden Menschen auf dieser Welt mit großer Sicherheit unterscheiden können. Das gelingt uns aber nur mit Merkmalen des Gesichtes. Die Gesichtsmerkmale sind offenbar für die Unterscheidung vieler Personen durch unsere visuelle Wahrnehmung ausgelegt. Können wir bei Marienkäfern ähnliche Leistungen bei der individuellen Erkennung vollbringen? Sicher gelingt es nicht einmal, auch nur wenige Marienkäfer individuell zu erkennen, einfach weil sie keine dafür geeigneten Signale haben wie wir Menschen im Gesicht. Mit kriminalistischen Methoden jedoch, indem wir genetische Fingerabdrücke vergleichen, die auf einer chemischen Analyse der Bausteine der Erbsubstanz beruhn, gelänge es uns spielend, Marienkäfer individuell zu unterscheiden. Vaterschaftsnachweise sind auch bei Marienkäfern kein größeres Problem als beim Menschen. Aus welchem Grund unterscheiden sich Marienkäfer weniger deutlich untereinander als Menschen? Zunächst könnten wir vermuten, dass wir Menschen einfach nur weniger trainiert sind für die Unterscheidung von Marienkäfern. Mitteleuropäer benötigen tatsächlich einige Übung, um Schwarzafrikaner individuell zu erkennen. Und den Schwarzafrikanern geht es mit Mitteleuropäern ebenso. Mit einiger Übung erlernen wir jedoch die Merkmale, auf die es bei der individuellen Unterscheidung ankommt, kennen und entwickeln dann entsprechende Fähigkeiten. Aber selbst Marienkäferspezialisten unter den Käferkennern finden keine individuellen Merkmale, abgesehen von einigen wenigen auffälligen Individuen. Immerhin lassen sich bei Marien-

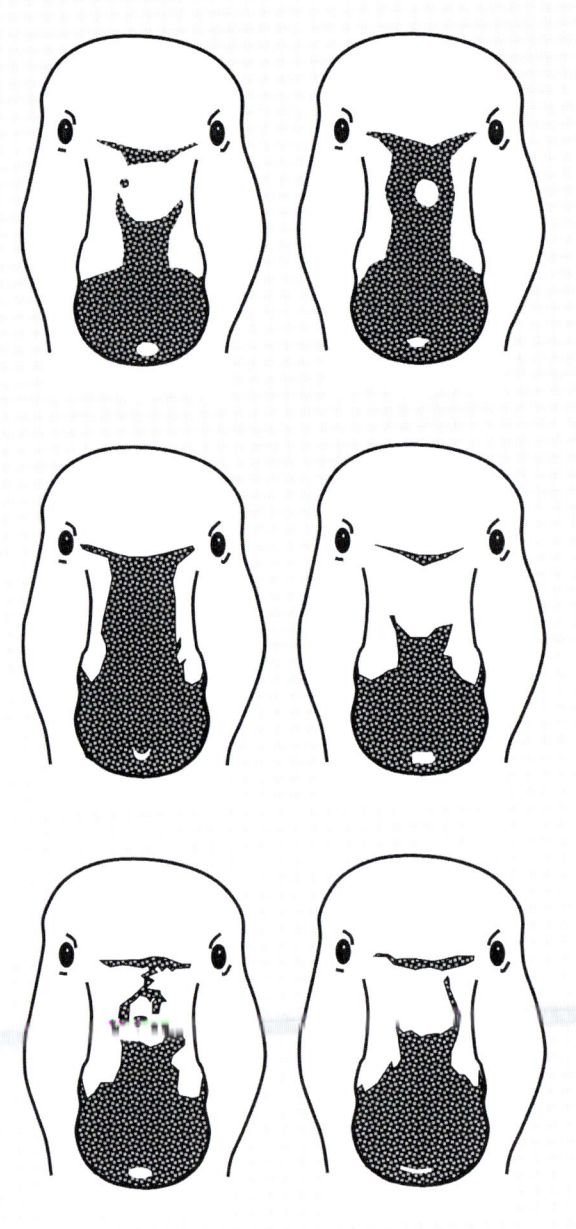

Abb. 12: Zwergschwäne (*Cygnus columbianus bewickii*) nutzen die individuell stark variierenden erblichen Schnabelzeichnungsmuster bei der Partnerwahl zur Inzestvermeidung. Die Schnabelzeichnungsmuster der monogamen Partner, hier drei Paare, unterscheiden sich daher stärker als auf Grund einer zufälligen Partnerwahl zu erwarten wäre. (Verändert nach Bateson et al. 1980)

käfern mit ein wenig Übung Männchen und Weibchen unter den Imagines unterscheiden, auch wenn nur die Geschlechtsorgane selbst zur Unterscheidung dienen können, nicht aber sexualdimorphe Strukturen.

Wahrscheinlich erkennen sich nicht einmal die Marienkäfer individuell. Die Vermutung, dass unter Marienkäfern die individuelle Erkennung keine Rolle spielt, bringt uns weiter. Denn tatsächlich besitzen Individuen jener Tierarten, bei denen das Erkennen von bestimmten Individuen eine biologische Funktion hat, oft auch individuelle Kennzeichen. Dauerhaft verpaarte Vögel erkennen sich an individuellen Varianten des Gesangs. Bei amerikanischen Trauerzeisigen (*Spinus spinus*) passen sich die Gesänge von Männchen und Weibchen einander an: Je länger sie als Paar miteinander leben, desto ähnlicher werden ihre Rufe. Manche Vögel wie die ostafrikanischen Würger (*Laniarius*) entwickeln sogar paarspezifische Wechselgesänge, die als Duettgesang bezeichnet werden. Zwergschwäne (*Cygnus columbianus bewickii*) nutzen die individuell stark variierenden erblichen Schnabelzeichnungsmuster bei der Partnerwahl zur Inzestvermeidung (Abb. 12). Dian Fossey zeichnete regelrechte Portraits ihrer in Ruanda untersuchten Berggorillas:

Digit, Bert, Puck, Beethoven u. a. So unterschiedlich wie ihre Namen sind ihre Gesichter. Aber manche Säugetiere, die in Gruppen leben, scheinen sich individuell weniger deutlich zu unterscheiden, Wölfe etwa oder Hyänen. Bei diesen Arten übernehmen häufig Duftsignale die individuelle Kennzeichnung (Kap. 7, S. 138). Für die Bedeutung von Signalen heißt dies, dass wir mehrere Ebenen unterscheiden können: individuelle Signale, geschlechts- und morphenspezifische Signale, artspezifische Signale sowie Signaleigenschaften, die von einem gemeinsamen Vorfahren von mehreren Arten übernommen wurden.

Der Umgang mit Ähnlichkeit, ja sogar täuschender Ähnlichkeit, gehört zu unseren alltäglichen Lebenserfahrungen. Kunstfälscher halten mit detailgenauen Fälschungen von Kunstwerken die Polizei auf Trab. Echter Schmuck ist mancher Dame zu wertvoll, als dass sie ihn in der Öffentlichkeit tragen würde, eine Imitation tut es auch. Selbst die Gewichtseinheit von Edelsteinen, das Karat, beruht auf der Ähnlichkeit biologischer Objekte. Die getrockneten Samen des Johannisbrotbaumes *Ceratonia siliqua* wurden früher zum Auswiegen als Gewichte genutzt. Der Begriff Karat erinnert an das griechische „Keration" = „kleines Horn". Die Samen des Johannisbrotbaumes, obwohl genetisch divers, haben alle ein ähnliches Gewicht von durchschnittlich etwa 197 mg, also ziemlich genau 0,2 g.

Falsche Zähne ersetzen nicht nur die Kaufunktion der echten Zähne; in den lachenden Mündern von Stars und Sternchen begegnen wir ihnen täglich bei der Lektüre oder auf Werbeplakaten. Placebos, Medikamente ohne Wirkstoffe, werden in der Medizin wegen ihrer psychologischen Wirkung bei der Aktivierung von Selbstheilungskräfte der Patienten zunehmend ernst genommen. Der geschauspielerte Gesichtsausdruck und Krokodilstränen sind falsche Signale von Menschen. Wattierte Schultern in der Kleidung sind Mogelpackungen. Die Früchte der Kapuzinerkresse werden zur Garnierung von Speisen als falsche Kapern eingesetzt; bei den echten Kapern handelt es sich um die Blütenknospen des Kapernstrauches (*Capparis spinosa*). Seeaal und Schillerlocke sind die Handelsnamen von Dornhaifleisch (*Squalus acanthias*), das unter dem echten Namen offenbar schlechter zu verkaufen ist. Die Reihe von Beispielen für Fälschungen, Imitationen und Mogeleien aus dem Alltag ist nahezu beliebig fortzusetzen: Toupet, Blumenschmuck aus Plastik, elektrische Weihnachtskerzen, Kunstpelz, Filmkulissen, potemkinsche Dörfer. Die potemkinschen Dörfer waren Scheindörfer, die anlässlich einer großen Reise der Zarin Katharina II. im Jahre 1787 auf der Krim aus Attrappen aufgebaut und zum Schein bevölkert wurden. Der Name geht auf einen Liebhaber Katharinas II., den Fürsten Grigori Potemkin (1739–1791) zurück, der als Oberbefehlshaber der Armee die Krim eroberte und den Bau dieser Dörfer veranlasste, um der Zarin einen blühenden Zustand des Landes vorzutäuschen.

Manchmal spielen imitierte Signale die entscheidende Rolle. Wie bei dem Schuster Wilhelm Voigt, der am 16. Oktober 1906 in Berlin-Köpenick in einer gestohlenen Hauptmannsuniform eine Reihe von Soldaten unter seinen Befehl brachte, den Bürgermeister festsetzte und den Inhalt des Stadttresors konfiszierte. Die Schulterstücke und das dazugehörige Verhalten hatten bei Soldaten und Bürgermeister vorhersehbare Reaktionen ausgelöst.

In begrenztem Umfang können Menschen die Nachahmung von Tiersignalen lernen und auf diese Weise den Nutzen des Nachahmers unmittelbar erleben, etwa wenn ein Jäger auf einem Lindenblatt das Fiepen einer Ricke imitiert, schwimmende Entenattrappen in einer Vogelkoje aufstellt oder mit einem übergestülptem Fell Wild beschleicht. Auch die häufig eingesetzten Pheromonfallen, die artspezifische Lockstoffe von Schmetterlingen, Borkenkäfern oder anderen Insekten emittieren, bedienen sich einer Signalfälschung.

Abb. 13: Durch Ästchenmimese der zu den Fangschrecken zählenden *Empusa pennata* (Mantidae) ist das reglos auf Beute lauernde Tier im trockenen Geäst eines Busches kaum zu entdecken.

Die Imitation von Signalen aus dem Pflanzen- oder Tierreich durch Tiere oder Pflanzen wird in seinen vielen Facetten in den folgenden Kapiteln zur Sprache kommen. Zunächst aber sollen die verschiedenen Mimikryfälle von dem Phänomen Mimese abgegrenzt werden. Die Ähnlichkeit der Körperfärbung eines Organismus mit dem Hintergrund oder mit der Umgebung führt zur Tarnung (Krypsis). Die Imitation von Objekten ohne Signalcharakter erfüllt denselben Zweck. Diese Form der Nachahmung wird als Mimese bezeichnet und von Mimikry abgegrenzt. Tiere und manchmal auch Pflanzen tarnen sich, indem sie möglichst kein Signal aussenden. Tarnung kann nicht nur durch eine kryptische, an den Untergrund angepasste Färbung, weiß im Schnee, grün im Blattwerk und braun auf dem Erdboden, erreicht werden. Gut getarnte Tiere können durchaus auch sehr auffällig sein, wenn sie Objekte ohne Signalcharakter imitieren. Eine Spannerraupe mit Stöckchenmimese oder ein Frosch mit Blattmimese können sehr gut sichtbar sein. Kein Beutegreifer jedoch interessiert sich für Ästchen oder welke Blätter. Das gilt auch für die mit der Gottesanbeterin verwandte Gattung *Empusa pennata*, die im trockenen Geäst hervorragend getarnt ist (Abb. 13).

Die Flucht aus dem Informationskanal

Jedes Lebewesen sendet Signale aus. Solche Signale können chemische, akustische oder optische Informationen enthalten. Ein optimales Signal sollte sich möglichst gut vom Hintergrund abheben und nicht mehrdeutig, sondern eindeutig sein. Intraspezifische Signale (also solche innerhalb einer Art), mit denen Artgenossen kommunizieren, werden natürlich so präsentiert, dass sie gut verstanden werden und eine Verhaltensantwort beim Artgenossen auslösen können. Dasselbe gilt für Warnsignale, die sich an Individuen anderer Arten richten. Ungenießbare Pflanzen warnen Pflanzenfresser, ungenießbare Tiere warnen Räuber vor dem Zugriff. Diese Kommunikation mit Warnsignalen nutzt gleichermaßen dem Signalsender wie dem Signalempfänger. Der Signalempfänger erspart sich viele Begegnungen der unangenehmen Art mit giftigen oder ungenießbaren Lebewesen, sobald er die Bedeutung eines Warnsignals gelernt hat. Der Signalsender schützt sich vor dem Zugriff erfahrener Pflanzenfresser oder erfahrener Räuber, die ihre Lektion gelernt haben, und vermeidet Verletzungen und Störungen.

Kommunikation muss jedoch nicht immer freiwillig erfolgen wie in den genannten Beispielen. Wir wissen aus eigener Erfahrung, dass wir manchmal gerne das Erröten im Gesicht unserem Gegenüber verbergen würden, der es ausgelöst hat und als Signal der

Verlegenheit interpretieren kann. Andererseits versuchen wir, während einer heftigen Auseinandersetzung keine Angst oder Fluchtgedanken zu zeigen, um den Streit zu unseren Gunsten zu entscheiden. Ähnliches gilt auch für zwischenartliche Signale.

Schmackhafte Beutetiere senden möglichst wenig Signale aus, die einen Räuber aufmerksam machen könnten. Der Räuber selbst ist ebenfalls gut beraten, beim Anschleichen an Beutetiere keine Signale auszusenden, die der potentiellen Beute eine rechtzeitige Flucht ermöglichen könnte. So sind im Schnee ein weißer Eisbär und ein weißes Sattelrobbenbaby füreinander nahezu unsichtbar. Die schneeweißen jungen Sattelrobben werden von ihren Müttern, während sie jagen, auf dem Eis zurückgelassen. Sie sind durch ihre Schutzfärbung im Schnee auf größere Entfernung nicht zu entdecken. Der Eisbär besitzt eine schwarze Haut, die günstige Eigenschaften zur Absorption von Wärme aufweist. Die darüber stehenden weißen Haare ermöglichen dem Räuber ein erfolgreiches Anschleichen in schneebedeckter offener Landschaft.

Viele Huftiere und Fische weisen eine Gegenschattierung auf dem Körper auf, die das durch die Sonneneinstrahlung von oben hervorgerufene Färbungsmuster kompensiert (Abb. 14).

Gut getarnte potentielle Beutetiere sind bei völlig regungslosem Verhalten visuell kaum zu orten. Auf einer Wanderung in den Graubündner Alpen machte ich eine beeindruckende Erfahrung mit einem Schneehuhn (*Lagopus mutus*), das zwei Küken führte. Sie liefen ein Stück und verharrten dann regungslos am Boden. Es gelang mir gerade noch, die Henne zu finden (s. Abb. 10), die im Sommerkleid durch seine konturauflösende Gefiederfärbung selbst auf einer Almwiese gut getarnt ist. Auch die Küken rührten sich nicht mehr von der Stelle und waren unauffindbar für mich. Als ich langsam weiterging, wuchs in mir die Sorge, ich könne ein Küken verletzen, indem ich auf es trete. Dann entdeckte ich eines erleichtert 15 Zentimeter neben meinem Schuh. Seine Bewegungslosigkeit trug zusammen mit der Körperfärbung zu einer nahezu perfekten Tarnung bei.

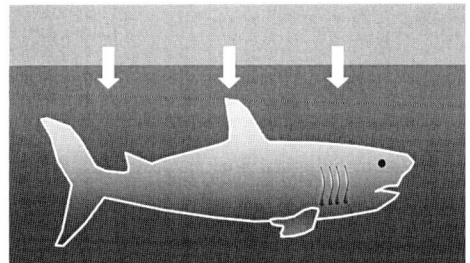
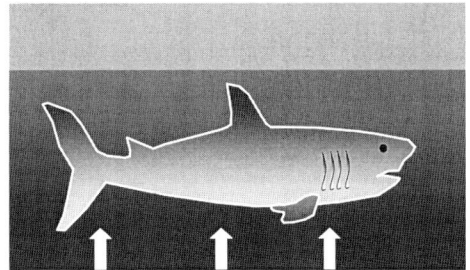
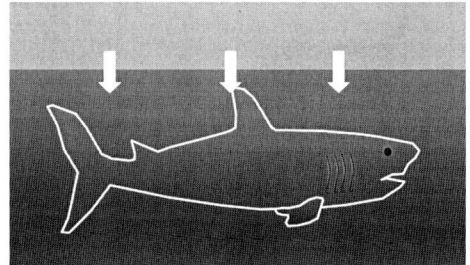

Abb. 14: Wirkung der Gegenschattierung bei natürlichem und künstlichem Lichteinfall bei einem Hai. Oben: Sichtbarkeit eines Hais ohne Gegenschattierung bei natürlichem Lichteinfall von oben. Mitte: Sichtbarkeit eines Hais ohne Gegenschattierung bei unnatürlichem Lichteinfall von unten. Unten: Sichtbarkeit eines Hais mit Gegenschattierung bei natürlichem Lichteinfall von oben.

Raubtiere, die eine Beute beschleichen, müssen sich bewegen. Dabei laufen sie Gefahr verräterische Signale auszusenden. Die Großkatzen Löwe, Tiger und Leopard verstehen es womöglich, ein Beutetier beim Anschleichen abzulenken. Die Spitze des langen Schwanzes ist auffällig dunkel gefärbt. Die Schwanzspitze wird beim Anschleichen hochgestellt und zuckt auffällig. Damit lenkt sie die Aufmerksamkeit eines Beutetieres auf eine Stelle, die der Räuber schon passiert hat. Allerdings sind die Überlegungen, dass Großkatzen diese Form der Desinformation gezielt betreiben, noch nicht erwiesen. Dafür müsste man etwa einen Zusammenhang zwischen Jagderfolg und diesem Verhalten nachweisen.

„**Der fischende Frosch besitzt ein Büschel feiner Fäden,** die vor seinen Augen emporragen: Sie sind lang und dünn wie Haare … und werden als Köder benutzt." Mit diesen Worten beschrieb Aristoteles im Jahre 344 v. Chr. einen Anglerfisch. Der gedrungene Körperbau mag den Betrachter tatsächlich an eine Kröte erinnern. Fühlerfische (Antennariidae) sind nah verwandt mit den dorschartigen Fischen. Durch ihr bizarres Aussehen, kombiniert mit perfekt tarnenden Farbmustern, verbergen sich Fühlerfische vor Räubern und Beutetieren. Auch Taucher entdecken die Fühlerfische nur selten. Sogar die Taxonomen haben sich täuschen lassen: Von den 165 beschriebenen Arten der Antennariidae sind gerade einmal 40 übrig geblieben. Variationen von Farben und Farbmustern innerhalb einer Art hatten für Verwirrung unter den Taxonomen gesorgt. Kennzeichnend für die Fühlerfische ist ein verlängerter Rückenflossenstrahl, dessen Ansatzstelle bis vor das Maul gewandert ist. Die Hauptteile dieses Rückenflossenstrahls sind die filamentöse Angelrute und ein auffälliges fleischiges Anhängsel an der Spitze als Köder. Theodore Pietsch und David Grobecker (1990) haben Anglerfische beobachtet und das Verhalten insbesondere des Commersons-Fühlerfisches (*Antennarius commersoni*) genau analysiert. Die perfekte Tarnung erreichen die Fühlerfische durch Farbwechsel, die sie nach dem Umsetzen in eine neue Umgebung vornehmen. Wenige Sekunden bis mehrere Tage dauert ein Farbwechsel, wobei ein Individuum zwischen zwei und mehr als vier Hauptfarbzuständen wechseln kann. Dann liegt der Anglerfisch völlig regungslos. Selbst Kiemendeckelbewegungen sind nicht auszumachen. Der obere Teil des Kiemendeckelspaltes ist verschlossen, der untere

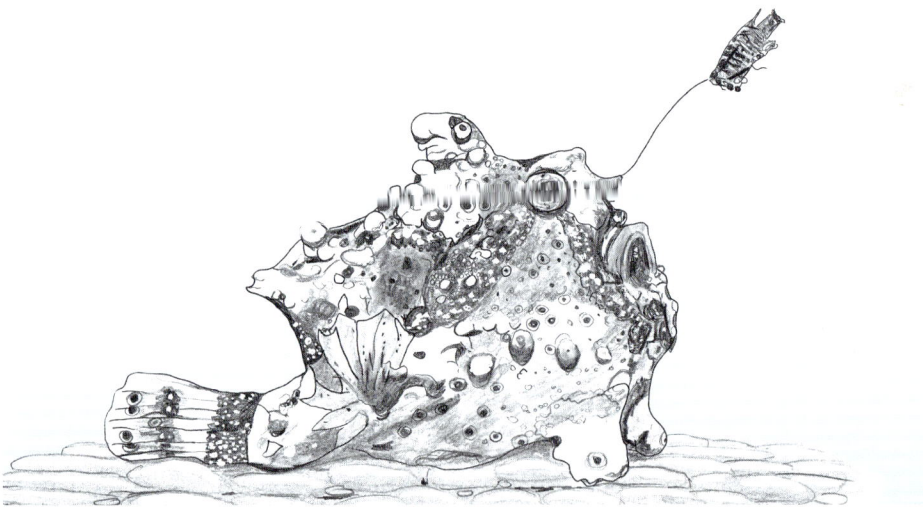

Abb. 15: Der Fühlerfisch *Antennarius multiocellatus* ist hervorragend in seiner Umgebung getarnt, in die er sich wie ein bewachsener Fels einpasst. Das einzig auffällige Signal ist eine Fischimitation, die aus dem ersten Rückenflossenstrahl gebildet wird und bei Annäherung einer potentiellen Beute lebhaft bewegt wird. (Nach einem Foto von Pietsch und Grobecker 1990)

Teil der Kiemendeckelöffnung weit nach hinten verlagert und düsenförmig. Nur mit den Augen verfolgt ein Anglerfisch entfernte geeignete Beutetiere. Kommt die Beute nicht näher, so läuft ihr der Anglerfisch auf seinen Flossen sehr langsam entgegen. Bei einem Abstand von seiner siebenfachen Körperlänge setzt er die Angel ein (Abb. 15). Der Warzige Fühlerfisch (Antennarius maculatus) bewegt seine Angel so geschickt, dass der fischförmige Köder tatsächlich die wellenförmigen Schwimmbewegungen eines Fisches nachahmt. Zu ihrer Überraschung stellten Pietsch und Grobecker fest, dass die Anlockung der Anglerfische recht unspezifisch ist. Ihre Hypothese, dass A. maculatus mit seinem fischähnlichen Köder hauptsächlich räuberische Fische, A. pictus, der Bemalte Fühlerfisch, mit dem wurmähnlichen Köder dagegen Fische, die sich von Ringelwürmern ernähren, fangen, widerlegten sie durch Untersuchungen des Mageninhalts. Alle untersuchten Fühlerfische spezialisierten sich nicht auf Beutetiere, die sie nach der Art des Köders vermutet hätten, sondern ähnelten sich in ihrem Beutespektrum. Ein Teil der gefressenen Beutetiere gelangte durch Zufall in die Nähe der Anglerfische. Andere Tiere, so vermuteten die Forscher, wurden vom Fischkörper angelockt, um in dem scheinbaren Korallenstock abzulaichen, zu fressen oder sich zu verstecken. Wieder andere Fische drohten den fischähnlichen Köder von A. maculatus an, als verteidigten sie ihr Territorium – und wurden prompt verschluckt. Einmal in Reichweite (zwei Drittel der Körperlänge) ist ein Anglerfisch eine Todesfalle. Innerhalb von sechs Millisekunden reißt er sein Maul auf. Das Volumen seines Mauls vergrößert sich dabei um 1200 % und saugt das umgebende Wasser samt Beute blitzschnell ein. Ein Ringmuskel am Speiseröhreneingang verhindert den Rückweg eines eingesaugten Beutetieres. Wie riesig das Saugmaul des Anglerfisches sich öffnen kann, zeigt der Befund, dass einige Beutetiere sogar größer waren als der Anglerfisch selbst. Ein Flussbarsch als typischer Raubfisch zum Vergleich braucht 40 Millisekunden für die Maulöffnung auf maximal 600 % des Ausgangsvolumens.

Die Geierschildkröte besitzt eine ähnliche Strategie als Lauerjäger. Mit geöffnetem Maul liegt sie regungslos am Boden, gut getarnt wie ein algenbewachsener Felsen. Lediglich die wurmförmige rote Zungenspitze bewegt sich zuckend und lockt nahrungssuchende Fische an (Abb. 16). Wenn diese in das geöffnete Maul schwimmen, um den imitierten Wurm zu fressen, schnappt die Falle zu.

Ungewöhnliche Probleme mit ihrer Tarnung haben farbenblinde Tintenfische. Der Tintenfisch Sepia officinalis versucht, sich mit Hilfe gelber, orangeroter und dunkelbrauner Chromatophoren zu tarnen. Er bewertet mit seinem einzigen, im Grünbereich bei 492 nm Wellenlänge maximal empfindlichen Rezeptortyp (den Stäbchen

Abb: 16: Die algenbewachsene, bis 90 kg schwere Geierschildkröte (Macroclemys temminckii) liegt regungslos mit geöffnetem Maul auf dem Gewässerboden. Hautlappen und Zeichnungsmuster tarnen Kopf und Rachen. Lediglich die rot gepunkteten wurmförmigen Zungenfortsätze zucken unentwegt. (Verändert nach Wickler 1971)

des Menschen ähnlich) ausschließlich Helligkeitskontraste des Untergrundes, auf dem er sich tarnen möchte (Marshall und Messenger 1996). Im Experiment lässt er sich durch einen Boden aus blauen, gelben und grünen Steinen, die ihm alle gleich hell erscheinen, täuschen und bildet eine uniforme Farbe aus. Bei den meisten natürlichen Untergründen reicht aber die Bewertung des Helligkeitsmusters aus, um einen erstaunlich guten Tarneffekt durch ein imitiertes Muster zu erzielen (siehe auch Kap. 6, S. 117).

Manche marine Nacktschnecken (Nudibranchia) weiden an Nesseltieren. Nesseltiere (Cnidaria) sind vor vielen räuberischen Tieren wegen ihrer Nesselkapseln geschützt, die bei Kontakt explosionsartig Kleb- oder Giftstoffe freisetzen oder mit hakenartigen Gebilden den Angreifer verletzen. Manchen Nacktschnecken gelingt es, Nesseltiere zu fressen, ohne dass die Nesselkapseln (Cniden) explodieren. Die Nesselkapseln werden sogar in Rückenanhänge der Schnecken befördert und dort in Zellen gespeichert. Nicht bei allen Arten explodieren sie dort bei Berührung. Aber nach dem mikroskopischen Bild scheinen sie noch funktionstüchtig zu sein. Ein Widerspruch, den Herdman und Clubb im Jahre 1890 durch einen heroischen Selbstversuch aufklären wollten. Ein Nacktschneckenforscher nahm eine lebende Nacktschnecke in den Mund – nichts passierte. Auch nach Kaubewegungen, die die Rückenanhänge verletzten, nichts als angenehmer Geschmack nach Austern. Glück gehabt; denn inzwischen ist gesichert, dass zumindest bei einigen Arten (*Glaucus atlanticus, Glaucilla marginata*) die „gestohlenen" Nesselkapseln (Kleptocniden) ihre explosive Wirkung entfalten und sogar Badende nesseln können.

Nacktschnecken der Gattungen *Tergipes, Aeolidia* und *Fiona* ähneln ihren Futtertieren oder anderen nesselnden Seeanemonen. Handelt es sich also um Mimikry oder um Mimese? Es liegt ein Mimesephänomen vor, wenn ein Fisch als potentieller Räuber sich nicht für Nesseltiere interessiert, diese also kein Signal für ihn darstellen. Er besitzt kein Suchbild für Nesseltiere. Dagegen wird ein Fisch, der die nesselnde Wirkung der Cnidaria fürchtet, die Nacktschnecken aktiv meiden, auch wenn die gar nicht oder nur schwach nesseln. Dann agiert der Fisch als Signalempfänger in einem Bates'schen Mimikrysystem. Muss der Fisch die Cniden der Nesseltiere ebenso fürchten wie die Kleptocniden (die geklauten Nesselkapseln) der Nacktschnecken, dann wird er durch die Nachahmung nicht getäuscht. In diesem Fall liegt eine Signalnormierung vor. Häufig als Müller'sche Mimikry bezeichnet, liegt eigentlich keine Signalfälschung vor, so dass es sich nicht um Mimikry handelt (Edmunds 1981).

Die Grüne Samtschnecke (*Elysia viridis*) erhält sogar die Chloroplasten ihrer Algennahrung über Wochen funktionstüchtig. Außer einer grünen Tarnfärbung bringt das eine Verlängerung der Algenmahlzeit, da die Chloroplasten weiterhin Photosynthese treiben und die Nacktschnecken die entstehenden Stoffwechselprodukte nutzen können.

Schlicht oder auffällig?

Die Vorstellung offensichtlich perfekt getarnter Tiere oder mit grellen Warnfarben und auffälligen Balzsignalen ausgestatteter Tiere erweckt den Eindruck, als gäbe es nur die Möglichkeiten, entweder eine schlichte oder eine auffällige Körperfärbung zu entwickeln. Ist der Weg Richtung Tarn- oder Schlichtfärbung und Warn- oder Prachtkleid einmal eingeschlagen, scheint die weitere Evolution darin zu bestehen, durch differentiellen Fortpflanzungserfolg diejenigen Genotypen zu selektionieren, die noch besser getarnt oder noch auffälliger gefärbt sind. Dass diese eingängige Darstellung falsch ist, zeigt uns das Beispiel der Guppies (*Poecilia reticulata*), die John Endler (1991) in jahrzehntelanger Arbeit untersucht hat.

Guppies sind als prächtig bunte Zierfische nicht nur Aquarianern bekannt. Frei lebende Guppies bewohnen klare Waldbäche im Nordosten Südamerikas. Kennzeichnend für die Männchen der Guppies ist ein genetischer Farbpolymorphismus. Es existiert eine Vielzahl von Farbmorphen, die sich in Größe, Anzahl und Farbton von Pigmentfarbflecken unterscheiden. Diese Farbflecken werden durch Carotinoidfarbstoffe erzeugt und variieren von gelb über orange bis rot. Zusätzlich bestehen mehrere Formen der Grundfärbung: Die durch schillernde Schuppen hervorgerufene Strukturfärbung kann grün, blau oder silbrig sein. Alle Anteile der Farbmuster sind genetisch verankert und erblich. Welche der vielen Farbmorphen die Männchen überwiegend ausbilden, ist regional verschieden und hängt von den Lichtbedingungen im Flusswasser sowie von der Art und Häufigkeit tagaktiver Fischräuber ab.

Die Guppyräuber, der Buntbarsch *Crenicichla alta,* der Zahnkarpfen *Rivulus hartii* sowie die Garnele *Macrobrachium crenulatum* sind nicht nur unterschiedlich gefährlich für die Guppies, sie greifen auch aus unterschiedlicher Distanz an und sie besitzen abweichende Farbsehsysteme. Außerdem kommen einzelne Räuber zusammen mit den Guppies in Gewässertypen vor, die sich in den spektralen Lichtbedingungen voneinander unterscheiden. John Endler ging von der Überlegung aus, dass zwei gegenläufige Selektionsdrucke auf die Männchen bei der Ausbildung ihrer Farben wirken: Große bunte Farbflecken lassen die Männchen sowohl für die arteigenen Weibchen als auch für Räuber auffälliger erscheinen. Unter hohem Räuberdruck erwartete Endler daher eher weniger auffällige Männchen, bei geringem Räuberdruck dagegen besonders auffällige. Diese Vermutung konnte John Endler durch Beobachtungen bestätigen. Darüber hinaus erbrachten seine Untersuchungsergebnisse neue und differenzierte Einsichten über den Anpassungswert einer Körperfärbung und die sie beeinflussenden Faktoren.

Je gefährlicher der Räuber, desto geringer ist der Anteil der Körperoberfläche mit Farbflecken bei den im gleichen Biotop lebenden Guppies. Guppies, die zusammen mit dem gefährlichen Buntbarsch im Gewässer leben, weisen auf insgesamt 7 % der Körperoberfläche kleine bunte Flecken auf, die der Buntbarsch aus seiner großen Angriffsdistanz nur schlecht wahrnehmen kann. Guppies, die in Gewässern zusammen mit dem weniger gefährlichen Zahnkarpfen leben, haben bereits auf 10 % ihrer Körperoberfläche bunte Flecken. Guppies, die in Flüssen mit der relativ wenig gefährlichen und rotblinden Garnele leben, haben 22 % der Körperoberfläche von großen bunten Flecken bedeckt. Rote Farbflecken sind besonders häufig bei Guppymännchen, die geringem Räuberdruck durch die Garnele ausgesetzt sind. Auch Guppymännchen, die mit dem räuberischen Buntbarsch zusammen vorkommen, besitzen bevorzugt rote Farbflecke, denn der Buntbarsch ist nur wenig empfindlich für rote Farben. Stets sind in lokalen Populationen solche Farben bei Guppymännchen häufiger, die für die Räuber weniger gut, für die arteigenen Weibchen aber besonders gut gesehen werden können. Darüber hinaus konnte Endler beobachten, dass Guppymännchen bevorzugt während der Morgen- oder Abenddämmerung balzen. Berechnungen zeigten, dass im roten Dämmerlicht die jeweiligen Farbmuster der Guppymännchen für ihre Weibchen besser, für die jeweiligen Räuber dagegen schlechter sichtbar waren. Die Farbmuster wirken also intraspezifisch (innerhalb einer Art) als besonders gutes Signal und besitzen gleichzeitig interspezifisch (zwischen verschiedenen Arten) eine geringe Signalwirkung.

Das Partnerwahlverhalten der Weibchen ist besonders erstaunlich. Die Präferenz der Weibchen für kräftig rot- und orangefarbene Männchen ist viel stärker in Gewässern ohne gefährliche Räuber als in Gewässern, in denen ein kräftig orangefarbenes Balzkleid eine erhebliche Gefahr für das Männchen darstellen würde. Es handelt sich natürlich keineswegs um großzügige Rücksichtnahme der Weibchen. Da die Färbung der Männchen vererbt wird, kommt das Wahlverhalten der Weibchen den eigenen Söhnen zugute, die als schlichtere Varianten weniger häufig gefressen werden. Den höchsten Fortpflanzungserfolg haben diejenigen Männchen, die bei hoher Attraktivität für Weibchen eine möglichst geringe Auffälligkeit für optisch jagende Räuber besitzen.

Eine aposematische Färbung (Warnfärbung) kennzeichnet viele giftige Tiere, doch sind nicht alle giftigen Tiere auffällig gefärbt. Daher stellt sich die Frage: Was nutzt die Warnfärbung seinem giftigen Träger? Die Warnfärbung wurde ursprünglich als ein Mittel gesehen, durch das ungenießbare Tiere sich besser vor Prädatoren schützen, indem sie ihre giftigen Eigenschaften betonen. Generell wurde angenommen, dass jeder Räuber erst individuell lernen muss, aposematisch gefärbte potentielle Beutetiere zu meiden und dass jeder Umgang eines lernenden Prädatoren mit einem Beutetier für das Beutetier tödlich ist. So würde der Vorteil einer aposematischen Färbung nicht direkt seinem Träger zukommen. Vielmehr läge ein indirekter Vorteil für den Träger einer Warnfärbung darin, dass er durch sein Opfer seine Verwandten schützt oder einer seiner Verwandten durch sein Opfer ihn schützt. Nicht Individualselektion, sondern Verwandtenselektion wäre hier im Spiele. Die schwedischen Forscher Christer Wiklund und Birgitta Sillén-Tullberg (1985) fanden andererseits heraus, dass viele ungenießbare Schmetterlinge einen Vogelangriff durchaus überleben (vgl. Kap. 4, S. 67). Sie stellten die Frage, warum giftige Schmetterlinge als Raupe und Imago aposematisch, als Puppe dagegen unscheinbar gefärbt sind. Ihre Experimente mit Zwergwachteln (*Coturnix coturnix*) und Schwalbenschwänzen (*Papilio machaon*) oder Monarchfaltern (*Danaus plexippus*) gaben Aufschluss. Raupen hatten eine mindestens 50%-ige Chance, einen Vogelangriff zu überleben. Imagines überlebten sogar regelmäßig den Angriff einer Wachtel. Für Puppen lag dagegen die Überlebenswahrscheinlichkeit unter 5%, wenn ein Vogel sie in den Schnabel genommen hatte. Obwohl alle Stadien – Larve, Puppe, Imago – giftig sind, weisen nur die Raupen und die Falter eine aposematische Färbung auf, während die Puppen unauffällig gefärbt sind. Möglicherweise spielt die Kombination von Warnfärbung mit Mobilität bei diesen Tieren eine Rolle dabei, einen Angriff zu überleben. Das unbewegliche Puppenstadium kann nicht wie Raupe oder Schmetterling entkommen. Das Risiko nach einer Verletzung ist auch unterschiedlich für die Stadien: Die harte, bruchige Puppencuticula ist verletzungsempfindlicher für Schnabelhiebe als die weiche Cuticula der Raupen und Falter.

Kommunikation nutzt alle Sinnessysteme. Auch eine akustische Warnung funktioniert. Fauchen und Zischen sind Warnlaute von Katzen. Klapperschlangen können mit Schwanzrasseln ähnliche Geräusche hervorbringen. Aber auch ein Schmetterling wie unser Tagpfauenauge zischt abschreckend, indem er seine Flügel gegeneinander reibt. Gänse warnen uns unüberhörbar mit einem Zischlaut, wenn wir ihnen zu nahe kommen.

Die Erfolgsgeschichte des Roggens

Veränderungen von Arten sind schwer zu beobachten wegen der sehr geringen Umwandlungsgeschwindigkeit. Es handelt sich ja um einen Evolutionsvorgang, der auf dem oft nur geringfügig unterschiedlichen Fortpflanzungserfolg sich genetisch unterscheidender Individuen beruht. Das gilt in besonderem Maße für mimetische Anpassungen. Für den

Nachahmer in einem Mimikrysystem ist die Imitation eines Vorbilds nur eine zusätzliche Komponente zu anderen lebensentscheidenden Anpassungen, etwa im Stoffwechsel, bei der Fortbewegung oder Fortpflanzung. Nur unter drastischen Selektionsbedingungen geht es ausnahmsweise schneller. Die mimetische Ähnlichkeit der Diasporen (Verbreitungseinheiten wie Samen, Früchte, Getreidekörner) von Unkräutern und Kulturpflanzen liefert ein hervorragendes Beispiel. Die Auswahl des Saatgutes über Siebeinrichtungen hat drastischere Selektionsbedingungen geschaffen, vergleichbar den Sinnesleistungen eines Signalempfängers.

Die 7000 Jahre dauernde Erfolgsgeschichte des Roggens ist der Wandel von einem Ackerunkraut der Jungsteinzeit zu einem Brotgetreide (Körber-Grohne 1987). Ackerbauern haben wesentliche Kapitel dieser Erfolgsstory mitgestaltet. Nach Funden am Euphrat in Nordsyrien und bei Can Hasan in der Südtürkei fanden sich kleine Körner des wilden Bergroggen (*Secale montanum*) zusammen mit anderen Getreidearten. In den Emmer-, Gerste- und Weizenfeldern trat der wilde Bergroggen zunächst als Unkraut auf. Er besaß relativ kleine Körner, die bei geringerem Materialaufwand genauso gut keimten wie größere Körner. Lockere Ährenspindeln sorgten für eine natürliche Aussaat.

Der Mensch schuf bei der Getreidezüchtung künstliche Selektionsbedingungen, die große Körner und feste Ährenspindeln begünstigte. Auch der Unkrautroggen unterlag diesen künstlichen Selektionsbedingungen. Die neolithischen Weizenbauern waren an großen Körnern und an festen Ährenspindeln interessiert. Große Körner steigern den Ertrag. Feste Ährenspindeln brechen nicht beim Heimtransport in die Scheune und verringern auf diese Weise Ernteverluste. Auch festere Ährenspindeln des Unkrautroggens gelangten sicherer in die Obhut des Menschen. Große Körner kamen wahrscheinlicher zur Aussaat, da sie von der Weizensaat durch Sieben nicht abzutrennen waren. Weizen ist, wie alle Getreidearten, eine einjährige Pflanze. Der ausdauernde Wildroggen wurde durch die jährliche intensive Bodenbearbeitung der Äcker regelmäßig vernichtet. Selten traten einjährige Formen des Wildroggens auf. Diese wurden aber unbeabsichtigt durch die jährliche Bodenbearbeitung gefördert. Wildroggen wurde als Ackerunkraut in Weizenfeldern mitgeerntet und dabei unbeabsichtigt nach denselben Gesichtspunkten ausgelesen wie der Kulturweizen. So entstand aus dem ausdauernden, in der Ähre brüchigen und kleinkörnigen Wildroggen der einjährige, zähspindelige und großkörnige Unkrautroggen.

Mit der Ausweitung des Weizenanbaus vom Vorderen Orient nach Westen gelangte auch der Unkrautroggen im Saatgut nach Europa. Wegen seiner Anspruchslosigkeit konnte er sich gegenüber dem angebauten Getreide in ungünstigen Lagen durchsetzen. Die mit der Wende von Bronze- zu Eisenzeit einsetzende Klimaverschlechterung führte zu einer starken Zunahme des Roggens als Unkraut. Durch die Selektionsbedingungen hatte Roggen bereits die Entwicklungsstufe eines Kulturgetreides erreicht und wurde nun gezielt angebaut. Kulturroggen wurde Hauptbrotgetreide in Deutschland und blieb es bis 1970.

Der Hafer hat eine ähnliche Geschichte vom Flughafer über den Unkrauthafer zum Saathafer (*Avena sativa*) hinter sich. Und die Liste der Pflanzen, die sich zunächst mimetisch als Unkräuter unter Kulturpflanzen mischten, mitgepflegt wurden und schließlich selbst Kulturpflanzen wurden, ließe sich verlängern: Saatwicke (*Vicia sativa*), Ölrauke (*Eruca sativa*), Tartarenbuchweizen (*Fagopyrum tataricum*), Koriander (*Coriandrum sativum*).

Dem Roggen selbst macht nun ein Pilzparasit zu schaffen, *Claviceps purpurea*. Das Pilzmycel zehrt den Fruchtknoten auf, die Pilzhyphen verwachsen schließlich zu einem harten Sklerotium, dem Mutterkorn, das toxische Mutterkornalkaloide enthält. Das schwarzviolette Mutterkorn kann mit vier Zentimeter die mehrfache Länge eines Roggenkorns erreichen, zerfällt aber in Teile, die so groß und schwer wie ein einzelnes Roggenkorn sind. In Reinigungsprozessen sind diese Teile nur schwer vom Saatgut abzutrennen und gelangen auf diese Weise mit ihm auf die Felder, wo sie zu einem Fruchtkörper auskeimen können.

Schutzmimikry 4

Abb. 17: Vorbild Honigbiene (*Apis mellifera*) (rechts) und Nachahmer Schwebfliege (*Eristalis tenax*) (links) zusammen auf einer Blütendolde des Efeus.

Klassischer Fall: Wespenharnisch

Wespen besitzen ein ungemein auffälliges Design. Der Hinterleib ist über einen dünnen Stiel gelenkartig mit der Brust verbunden, so dass eine sehr bewegliche Wespentaille entsteht, mit der die Hinterleibsspitze an nahezu alle Raumpunkte in der nächsten Umgebung einer Wespe geführt werden kann. Das ist entscheidend wichtig für den Einsatz des Giftstachels, der aus seiner Ruheposition im Hinterleib zur Verteidigung hervorschnellt. So kann eine Wespe ihren Giftstachel optimal positionieren, um die dicke Cuticula eines angreifenden Insekts zu durchstoßen oder in die elastische Haut eines Wirbeltieres einzudringen. Die Assoziation zwischen dem schmerzhaften Stachelgift und der schwarz-gelben Körperringelung machen Wespe und Wespenstich zu einem untrennbaren und unvergesslichen Ereignis für viele potentielle Raubfeinde (Tafel I).

Durch eine meist nur einmalige Erfahrung lernen bereits Kröten, Eidechsen, Vögel und manche Säugetiere, Beutetiere mit schwarz-gelber Ringelung zu meiden. Von diesem Effekt profitieren mehrere, schwer unterscheidbare Arten der sozialen Faltenwespen (Vespidae) wie die Gemeine Wespe (*Paravespula vulgaris*) und die Deutsche Wespe (*Paravespula germanica*) und auch Langkopfwespen- (*Dolichovespula*-) und Feldwespen- (*Polistes*-)Arten. Selbst viele Grabwespen (Sphecidae) wie der Bienenwolf (*Philanthus triangulum*) und manche

4 Schutzmimikry

Bienen wie die Wollbienen der Gattung *Anthidium* beteiligen sich an diesem einheitlichen Signalsystem (Tafel I). Wer da wen nachahmt, ist nicht zu entscheiden und getäuscht wird auch niemand, denn die Weibchen aller genannten Arten sind durch einen Giftstachel wehrhaft und signalisieren die Wehrhaftigkeit mit einer gelb-schwarz geringelten Warntracht. Da weder die Rolle des Vorbildes noch die des Nachahmers eindeutig zugeteilt ist und auch kein Signalempfänger getäuscht wird, liegt auch keine Mimikry vor. Es handelt

Tafel I: Eine schwarzgelbe Ringelung des Körpers ist charakteristisch für mehrere wehrhafte Insektenarten. Oben links: Deutsche Wespe (*Paravespula germanica*); oben rechts: Gallische Feldwespe (*Polistes dominulus*); Mitte links: Wollbiene (*Anthidium manicatum*). Harmlose Insektenarten imitieren das verbreitete gelbschwarze Zeichnungsmuster. Mitte rechts: Echter Widderbock (*Clytus arietis*); unten links: Gebänderte Waldschwebfliege (*Volucella inanis*); unten rechts: Dickkopffliege (*Conops flavipes*).

sich vielmehr wieder um eine Signalnormierung. Alle Teilnehmer der Interessengemeinschaft „Wespentracht" profitieren, da die Raubfeinde die Assoziation zwischen schwarzgelber Ringelung und Giftstacheleinsatz erst lernen müssen. Ein Vogel, der schlechte Erfahrungen mit einer Feldwespe gesammelt hat, wird auch mit großer Wahrscheinlichkeit eine Deutsche Wespe künftig in Ruhe lassen.

Genau genommen handelt es sich um eine rein weibliche Interessengemeinschaft. Der Giftstachel sozialer Hautflügler, ob Bienen, Wespen oder Ameisen, ist ein in der Stammesgeschichte umgewandelter Eilegeapparat und in allen Bauteilen homolog dem Eilegesäbel der Laubheuschrecken. Natürlich besaßen nur Weibchen einen Eilegeapparat und konnten ihn zu einem Giftstachel umbauen. Daher stechen ausschließlich die Weibchen der Bienen und Wespen. Die Männchen sind wehrlos, profitieren jedoch von der Ähnlichkeit zu ihren Weibchen und der Wirkung ihrer Schutztracht.

Zahlreiche Tierarten, die die schwarz-gelbe Ringelung der Wespentracht nachahmen (Tafel I) leben in Populationen mit geringer Individuendichte. Nachahmer sollten selten vorkommen im Vergleich zu ihren Vorbildern, damit die Wahrscheinlichkeit hoch ist, dass ein Signalempfänger zunächst einem Vorbild begegnet und schlechte Erfahrungen sammelt – zugunsten der Nachahmer. Da die Wespentracht als Warnfärbung sehr verbreitet ist, profitieren wespenimitierende Tiere von der mimetischen Schutztracht häufiger als solche, die wehrhafte Arten mit selteneren Farben imitieren.

Der Kontext, in dem Vorbild und Nachahmer anzutreffen sind, ist offenbar von Bedeutung (Tafel I). Wespen suchen Nektar auf Blüten und jagen dort auch nach Insekten, die sie der Brut verfüttern. Wespen imitierende Schwebfliegen wie die Gebänderte Waldschwebfliege (*Volucella inanis*) sind auch meist auf Blüten anzutreffen, auf denen sie Pollen und Nektar fressen. Je höher die Verwechslungsgefahr von Vorbild und Nachahmer im selben ökologischen Kontext ist, desto lohnender ist die Wespenimitation. Wespenböcke aus der Gattung *Strangalia* sind Blüten besuchende Bockkäfer (Cerambycidae), die ebenso auf Schirmdolden anzutreffen sind wie Wespen. Der ebenfalls Blüten besuchende Widderbock (*Clytus arietis*) ist häufig an Totholz anzutreffen. Vor allem die Weibchen suchen häufig Buchentotholz auf, um dort Eier zu legen. Die Larven des Widderbocks leben in dem für Bockkäferlarven typischen Bruthabitat Totholz. Ebenfalls an Totholz nagen die Arbeiterinnen sozialer Faltenwespen kleinste Holzstückchen heraus, die sie mit Speichel vermischt als Baumaterial für ihre Papiernester verwenden. Dickkopffliegen (Conopidae) mit schwarzgelber Wespentracht finden sich dort häufig, wo auch die Wespen nicht selten sind: Auf Blüten und an Wasserstellen lauern beispielsweise die Weibchen von *Conops flavipes* den Wespen auf, um sie im Flug zu rammen und dabei ein Ei abzulegen und an die Wespe zu kleben. Die ausschlüpfende Fliegenlarve wird aktiv in die Wespe eindringen und als Parasit von ihren inneren Organen leben.

Das gemeinsame Vorkommen von Vorbild und Nachahmer in einem Habitat stellt sicherlich einen wichtigen Aspekt für die Schutzwirkung für den Nachahmer dar. Dabei müssen die Nachahmer nicht unbedingt mit den Vorbildern an demselben Standort vorkommen. Eine afrikanische Schwebfliege könnte theoretisch sogar eine mitteleuropäische Wespe nachahmen –, wenn der Signalempfänger ein Zugvogel ist. Zugvögel, die ihre Erfahrungen auf ihren weiten Wanderzügen mitnehmen, stellen sicher eine Ausnahme dar. Horwath et al. (2000) fanden an britischen Schwebfliegen, dass Arten, die ganz bestimmte Bienen- oder Wespenarten imitieren, meist ein eingeschränktes Verbreitungsgebiet haben

4 Schutzmimikry

und in bestimmten Habitaten zusammen mit ihrem Vorbild anzutreffen sind. Ein Beispiel für spezifische Nachahmer sind Insekten, die die charakteristische orangegelb-schwarze Ringelung der größten mitteleuropäischen Faltenwespe, der Hornisse (*Vespa crabro*), imitieren (Tafel II). Zu den detailgenauen Nachahmungen zählen vor allem beim Hornissenglasflügler (*Aegeria apiformis*), einem Schmetterling, der Flugton, die Farbmusterung und die bemerkenswerten, durchsichtigen Schmetterlingsflügel. Die Riesentöpferwespe (*Eumenes unguiculata*) ist selber wehrhaft und verwendet dasselbe Zeichnungsmuster wie die gleich große Hornisse. Die harmlose Hornissenschwebfliege (*Volucella zonaria*) ist ebenfalls ungewöhnlich groß und allein schon dadurch hornissenähnlich. Schwebfliegen mit unspezifischer Bienen- oder Wespenmimikry sind meist weit verbreitet und nicht an besondere Habitate gebunden. Der Nachahmer imitiert in diesen Fällen Komponenten von mehreren Vorbildern aus verschiedenen Habitaten.

Die Schutzwirkung durch ein ungenießbares Vorbild für einen Nachahmer in einem Bates'schen Mimikrysystem ist auch zeitlich eingegrenzt. Wann ist die Schutzwirkung am größten für einen Nachahmer sozialer Hymenopteren (Hautflügler) mit Wehrstachel (also z. B. Wespen, Bienen)? Die Antwort ist in den Aktivitätszeiten der Vorbilder und Nachahmer zu finden. Hummel- und Wespenstaaten werden im Frühjahr durch eine überwinterte und

Tafel II: Die Hornisse (*Vespa crabro*) (oben links) und die Töpferwespe (*Eumenes unguiculata*) (unten links) zeichnen sich durch die längsgefalteten Flügel und ein schwarz-gelb-orangebraunes Farbmuster aus, das ihre Nachahmer, der Hornissenglasflügler (*Aegeria apiformis*) (oben rechts) und die Hornissenschwebfliege (*Volucella zonaria*) (unten rechts) imitieren.

begattete Königin gegründet. Die Anzahl wehrhafter Weibchen steigt im Sommer rapide an und geht im Herbst drastisch zurück. Erfahrene Altvögel unter den Insekten fressenden Singvögeln haben ihre Erfahrungen längst gemacht. Sie üben einen gleichmäßigen und geringen Predationsdruck auf die Nachahmer aus. Die Jungvögel beginnen im Frühsommer, wenige Tage, nachdem sie flügge werden, selbst Futter zu suchen. Zu dieser Zeit besteht ein großer Predationsdruck durch unerfahrene Jungvögel, die nach der Methode von Versuch und Irrtum Insekten jagen und probieren. Viele Nachahmer wehrhafter sozialer Hymenopteren haben Ihre Hauptaktivitätszeit vor dem Flüggewerden der Singvögel beendet und genießen die Mimikryschutzwirkung in einem Zeitraum, in dem nur wenige Vorbilder vorhanden sind. Während also die ab Mai schlüpfenden Jungvögel zunächst schlechte Erfahrungen mit den Vorbildern Hummeln und Wespen, die durch ihre Staatenentwicklung im Sommer immer zahlreicher werden, machen können, begegnen ihnen die Nachahmer meist erst im nächsten Frühjahr (Waldbauer 1985).

Wie die Wüstenheuschrecke zu ihren Streifen kommt

Älter als Charles Darwins Epoche machende Publikation über die Entstehung der Arten ist die Beobachtung von A. R. Wallace (1867), dass Träger auffälliger Farbsignale potentiellen Räubern ihre Giftigkeit oder Ungenießbarkeit anzeigen können. Doch die Frage, wie solche Warnsignale entstanden sind, zählt zu den ältesten evolutionsbiologischen Rätseln. Denn ein oder wenige Individuen müssen ja den Anfang mit ihrer größeren Auffälligkeit gemacht haben. Sie waren so ungenießbar wie ihre Artgenossen, jedoch durch Mutation auffälliger als diese. Für die Anfänger kann dies nur ein Nachteil gewesen sein, denn die wenigen auffälligen Tiere wurden nicht nur häufiger entdeckt, die Wahrscheinlichkeit, dass ein Räuber die Bedeutung des Signals bereits kannte, war auch äußerst gering, so dass auf die Entdeckung durch den Räuber eine Attacke folgte. Die Entwicklung einer lokalen individuenreichen Population, in der durchschnittliche Tiere Vorteile genießen können, weil der Räuber die Signalbedeutung bereits gelernt hat, wird als Modell für die Entstehung von Warnfarben diskutiert. Die bekannte Neigung von Vögeln, bei der Futtersuche einem Suchbild zu folgen und bekannte Nahrung zu bevorzugen, könnte den ersten auffälligen Tieren sogar einen Konkurrenzvorteil gegenüber Artgenossen geboten haben. Hat ein Vogel erst einmal gelernt, die unscheinbaren von den ungenießbaren auffälligen Beutetieren zu unterscheiden, so vermeidet er zukünftig nicht nur die auffälligen Beutetiere, die er kennt, sondern, und sogar noch mehr, solche, die sich noch deutlicher von den genießbaren Tieren unterscheiden. Ist dieser Prozess einmal angestoßen, entwickeln aposematische Populationen durch diesen Verstärkungsmechanismus grellbunte Warnfarbenmuster.

Der Effekt der Populationsdichte für die Ausbildung von Warnfarben zeigt sich deutlich bei der Wüstenheuschrecke *Schistocerca gregaria*. In geringer Dichte lebende Tiere sind kryptisch grün gefärbt. Diese *solitaria*-Morphe wird bei größerer Populationsdichte immer seltener und durch die auffällig gelb-schwarz gestreifte *gregaria*-Morphe ersetzt. Sword und Mitarbeiter (2000) konnten durch einfache Dressurversuche den verblüffenden Wirkmechanismus aufzeigen. Gelb-schwarz gestreifte *Schistocerca gregaria*-Individuen erwerben ihre Ungenießbarkeit erst durch Fressen von giftigen Futterpflanzen. Unerfahrene Eidechsen (*Acanthodactylus dumerili*) probierten alle ihnen vorgesetzten Wüstenheuschrecken. Waren diese nach Fraß an giftigen Futterpflanzen ungenießbar, spien die

Eidechsen sie wieder aus und mieden diese Farbmorphe. Die Vermeidung war effektiver bei der auffälligen *gregaria*-Morphe im Vergleich zu der tarnfarbenen *solitaria*-Form. Eine auffällige Färbung der ungenießbaren Beute unterstützt also das Vermeidungslernen dieses Räubers. In geringer Populationsdichte ist die Tarnfärbung der *solitaria*-Morphe ein erfolgreicher Schutz vor Attacken von Prädatoren. Bei höherer Populationsdichte lohnt es sich zunehmend, Ungenießbarkeit zu erwerben, um diese mit einem auffälligen Signal zu koppeln. Die Wahrscheinlichkeit, von einem bereits erfahrenen Räuber gemieden zu werden, steigt mit der Populationsdichte; gleichzeitig sinkt das Verletzungsrisiko durch eine Attacke für die Heuschrecke. Warnfarben lohnen sich also mehr bei hoher Populationsdichte.

Ein wunderschöner Schmetterling – zum Kotzen

Einen der überzeugendsten Nachweise der Schutzmimikry lieferte Brower (1958). Er führte Fütterungsversuche mit dem nordamerikanischen Blauhäher (*Cyanocitta cristata*) durch. Er bot den Vögeln als Futter nacheinander die beiden zum Verwechseln ähnlichen Schmetterlingsarten *Limenitis archippus* und *Danaus plexippus*. Beide Arten zeichnen sich durch eine bis ins Detail ähnliche charakteristische orange-schwarze Flügelzeichnung aus (Abb. 18). Die Häher fraßen die *Limenitis archippus*-Falter ohne weiteres. Danach bot er den Hähern die Monarchfalter der Art *Danaus plexippus* an. Die Raupen des Monarchs ernähren sich an den für viele Wirbeltiere hochgiftigen Schwalbenwurzgewächsen der Gattung *Asclepias*. Die in den Blättern enthaltenen giftigen Herzglycoside speichern die Raupen in ihrem Körper, wo sie bis zum Imaginalstadium bleiben. Das Ergebnis der Fütterungsversuche mit den giftigen Monarchfaltern war äußerst überzeugend. Obwohl Vögel nur sehr eingeschränkte Möglichkeiten der Mimik haben, war dem Häher an seiner Haltung und am Aufstellen der Kopffedern der unangenehme Geschmack deutlich anzumerken. Anschließend erbrach sich der Häher (Abb. 19). Danach war der Häher nicht mehr dazu zu bewegen, einen genießbaren *Limenitis archippus*-Falter zu verzehren. Ein wichtiges Ergebnis dieser Experimente ist, dass Vögel offenbar die Warnsignale individuell lernen müssen. Erst durch unangenehme Erfahrung wird das Signal zu einem feindabweisenden Warnkennzeichen. Und erst dann kann ein Nachahmer des Warnsignals von seinem Vorbild profitieren.

Abb. 18 : Der Monarchfalter (*Danaus plexippus*) (links) und sein Nachahmer, der mit dem Eisvogel verwandte *Limenitis archippus* (rechts). Die grauen Bereiche sind am lebenden Tier leuchtend orange gefärbt.

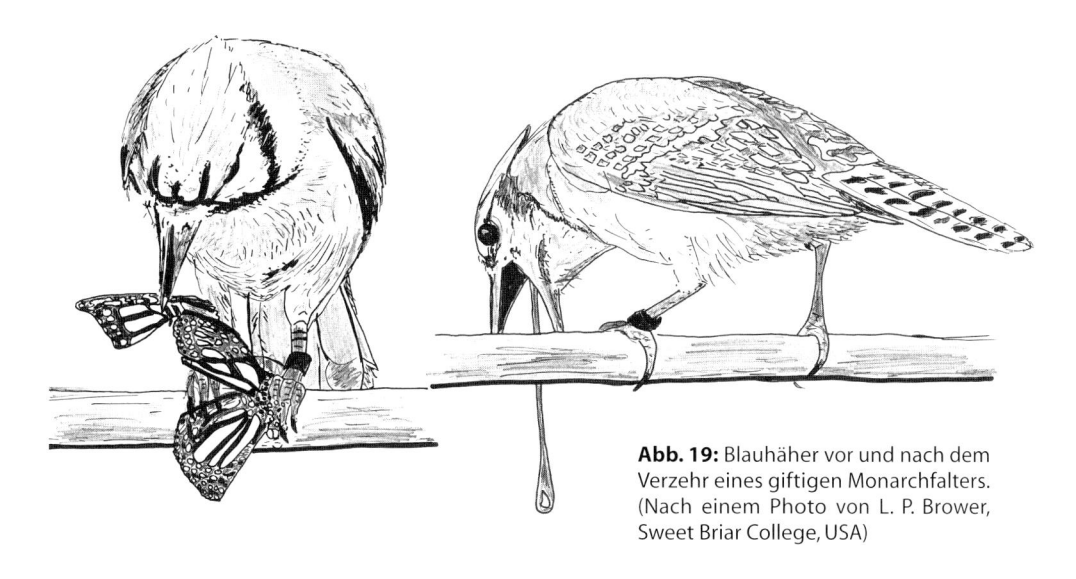

Abb. 19: Blauhäher vor und nach dem Verzehr eines giftigen Monarchfalters. (Nach einem Photo von L. P. Brower, Sweet Briar College, USA)

Die am auffälligsten mit leuchtenden Farben und Farbmustern gefärbten Schmetterlinge sind oft träge und wenig scheu. Man kann sich ihnen auf kurze Distanz nähern. Die Widderchen (Zygaenidae) sind ein Beispiel für diesen Zusammenhang: Viele Arten wie *Zygaena filipendulae, Z. puntum* und *Z. lonicerae* haben schwarz gefärbte Flügel mit leuchtend roten Punkten. Sie sitzen gern auf Skabiosenblüten und bleiben ruhig sitzen, wenn man näher kommt. Ihre blausäurehaltigen Giftstoffe schützen sie wirksam vor Prädatoren. Den drei zusammen in demselben Gebiet vorkommenden allesamt giftigen Widderchen ähneln ungiftige Arten wie das Blutströpfchen (*Cercopis sanguinolenta*), eine Schaumzikade (Cercopidae) und der Immenkäfer *Trichodes apiarius* (Cleridae).

Bates'sche Mimikrysysteme können einen beträchtlichen Grad an Komplexität aufweisen. Die Passionsblumenfalter (Heliconiinae) haben in ungewöhnlicher Weise aus der Giftigkeit ihrer Raupenfutterpflanzen Kapital geschlagen. Schwarze, rote, gelbe und weiße Farbkombinationen warnen jeden potentiellen Fressfeind der giftigen Falter. Ein ganz bestimmtes Muster von Warnfarben auf den Flügeln ist das ausschlaggebende Signal. Giftige Schmetterlinge anderer Unterfamilien der Fleckenfalter (Nymphalidae) schließen sich an und warnen mit identischem Farbmuster. Aber auch schmackhafte Weißlinge (Pierideae) ahmen das Farbmuster nach. Sie segeln unter falscher Flagge, die sie vor dem Gefressenwerden schützt.

Regional können die wirksamen Muster der Warnfarben deutlich verschieden sein. Das ist jedoch kein Problem für die Arten *Heliconius melpomene* und *H. erato,* die beide in ca. 30 verschiedenen Farbmorphen vorkommen, und zwar parallel, so dass gleich aussehende Falter beider Arten in vielen Gebieten gemeinsam vorkommen (Sheppard et al. 1985). Es handelt sich hier um ein komplexes so genanntes Müller'sches Mimikrysystem. Da beide Arten ehrlich ihre Giftigkeit mit Warnfarben signalisieren, liegt keine Signalfälschung vor (siehe Kap. 2).

Besonders komplex sind die sympatrischen Mimikryringe wie sie beispielsweise in den tropischen Regenwäldern Süd- und Mittelamerikas vorkommen. Was versteht man

4 Schutzmimikry

Abb. 20: Mimikryringe in einem tropischen Regenwaldgebiet im Nationalpark Corcovades in Costa Rica. Die Abbildung zeigt *Heliconius*-Arten und einige andere Falter aus drei Mimikryringen. Von links: 1. Reihe: *H. hewitsoni, H. pachinus* (Gelber Ring). 2. Reihe: *H. sara, H. doris* (gelbe Form) (Gelber Ring). 3. Reihe: *Tithorea tarricina, H. hecale* (Tiger Ring). 4. Reihe: *Melinaea scylax, H. ismenius* (Tiger Ring). 5. Reihe: *H. erato, H. melpomene* (Roter Ring). Untere Reihe: *H. charitonia* (nicht mimetisch). (Originalphoto: J. Mallet, London, England)

darunter? James Mallet und Lawrence Gilbert (1995) arbeiteten in einem sehr kleinen Gebiet im Corcovado Nationalpark, Costa Rica. In diesem kleinen Gebiet fanden sie fünf Mimikryringe, deren Falter untereinander sehr ähnlich sind. Alle Falter haben eine schwarze Grundfarbe (Abb. 20):

1. Der Rote Ring zeichnet sich durch eine rote Vorderflügelbinde aus. Ihm gehören *Heliconius melponene* und *H. erato* an.
2. Der Gelbe Ring ist durch zwei gelbe Vorderflügelbinden gekennzeichnet. Dazu zählen *H. hewitsoni* und *H. pachinus,* sowie die ähnlichen *H. sara* und *H. doris*.
3. Der Tiger Ring mit gelbem Punktmuster auf den Vorderflügeln und roten Hinterflügeln besteht aus *H. ismenius, H. hecale, Melinaea scylax* und *Tithorea tarricina*.
4. Dem Orange Ring mit stark orangefarbenen Arten gehören *Dryas iulia, Dione juno, Agraulis vanillae, Dryadula phaetusa, Eueides aliphera, E. lybia* und *E. vibilia* an.
5. Der Transparente Ring besteht aus den Arten mit teilweise transparenten Flügeln. Bei nicht nah verwandten Arten kann die Durchsichtigkeit der Flügel ganz verschieden erreicht werden, entweder durch fehlende Schuppen oder mit durchsichtigen oder hoch gestellten Schuppen. In ihrer Studie behandelten Mallet und Gilbert die Arten des Transparenten Ringes wegen ihrer abweichenden Ökologie nicht.

Wie kommt es zur Koexistenz von fünf Mimikryringen in einem eng begrenzten Gebiet? Die an den einzelnen Mimikryringen beteiligten Arten weisen offenbar im Verhalten Gemeinsamkeiten auf, die sie für Prädatoren schwerer unterscheidbar machen. Die Arten mancher Ringe sind meist in einer bestimmten Flughöhe im Regenwald anzutreffen in der die Arten anderer Ringe seltener zu finden sind. Mallet und Gilbert fanden, dass die Angehörigen eines Mimikryrings oft gemeinsam übernachten und ihre Übernachtungsplätze Nacht für Nacht aufsuchen. Die Arten jedes Mimikryrings bevorzugen bestimmte Übernachtungsplätze, die durch ihre Höhe und das Mikrohabitat von denen anderer Mimikryringe zu unterscheiden sind. Wie kann ein Zusammenhang bestehen zwischen Übernachtungsplätzen und visuellen Signalen, die sich an tagaktive, Insekten fressende Vögel richten? Während des Tages sind Schmetterlinge für Vögel schwer zu jagen, da sie sehr schnell den Angriffen ausweichen können. In der Morgen- und Abenddämmerung herrschen jedoch geringere Temperaturen, bei denen die Falter relativ träge und angreifbar sind. Während die Schmetterlinge abends schon ihre Ruheplätze aufgesucht haben, sind die räuberischen Vögel noch aktiv, und während die Schmetterlinge morgens noch klamm an ihren Ruheplätzen sitzen, sind die Vögel schon unterwegs. Jede Insekten fressende Vogelart jagt vorwiegend in bestimmten Habitaten und Flughöhen. Wenn also die verschiedenen „Schmetterlingsringe" auch jeweils nur in bestimmten Habitaten und Höhenbereichen übernachten, verringern sie damit den Feinddruck. Das einheitliche Signal der Arten eines „Schmetterlingsrings" wendet sich also gegen spezifische Prädatoren mit einem bestimmten Suchbild.

Netz der Täuschung

Spinnenmimikry galt bis vor einigen Jahren als wenig gut verstanden. Eine harmlose wespenähnliche Schwebfliege ist vermutlich leichter in ein Mimikrysystem einzuordnen als eine Spinne. In den letzten Jahren sind jedoch entscheidende experimentelle Befunde zur Mimikry bei Spinnen erzielt worden.

Zunächst soll die Signalgebung von Spinnen vorgestellt werden. Sowohl Warnsignale, Tarnung, Lock- und Schrecksignale können bei Spinnen vorkommen.

1. Warnsignale: Spinnen können Giftstoffe mit ihren Cheliceren (Greifwerkzeugen) in Beutetiere injizieren: Kleinere Beutetiere können durch die Spinnengifte gelähmt oder getötet werden. Die Gifte einiger Spinnen wie den Schwarzen Witwen (*Latrodectus*) können auch größeren Wirbeltieren und dem Menschen gefährlich werden. Warnfarben können giftige Spinnen vor dem Zugriff von potentiellen Beutegreifern schützen.
2. Tarnung: Viele Spinnen sind Lauerjäger, die von einer Tarnung in der Umgebung profitieren können.
3. Locksignale: Räuberische Spinnen können ihren Nahrungserwerb steigern, wenn sie potentielle Beutetiere anlocken.
4. Schrecksignale: Viele Spinnen nutzen, um außerhalb der Reichweite ihrer Beine Beute zu machen, Gespinste. Oft zu kunstvollen Netzen mit erheblicher Flächenausdehnung gesponnen, können Schrecksignale ungeeignete Beutetiere wie z. B. Vögel abhalten und damit die Fangdauer des Netzes erhöhen.
5. Opfer: Spinnenräuber begeben sich in die Rolle des vermeintlichen Opfers, das bereits im Netz gefangen ist.

Bei Spinnen ist tatsächlich alles verwirklicht. Die Weibchen der in wärmeren Gebieten Europas lebenden Röhrenspinne (*Eresus niger*) bekommt man äußerst selten zu Gesicht. Sie leben verborgen in mit Spinnenfäden ausgekleideten Fangröhren in der Erde. Nur die kleineren Männchen laufen auf Brautschau häufiger umher. Die Männchen sind durch schwarz-weiß geringelte Beine und ein rotes Opisthosoma (Hinterleib) mit vier schwarzen Punkten auffällig gekennzeichnet. Die Funktion als Warntracht zeigt das Männchen, wenn es gereizt wird: Es richtet sich wie zum Kopfstand auf und präsentiert das Opisthosoma dem Angreifer (Abb. 21). Quantitative Beobachtungen über die natürliche Feindabwehr gibt es jedoch nicht.

Die Radnetzspinne *Araneus bituberculatus* ist sowohl durch ihre braunen Farbzeichnungen als auch durch die beiden Höcker auf dem Opisthosoma hervorragend auf Baumrinde oder offenen Böden getarnt, wo sie ihre nahezu horizontalen Netze spannt. Die beiden Schulterhöcker und die ungewöhnliche Beinhaltung bewirken, dass die Spinne auch für uns Menschen aus dem normalen Suchbild für Spinnen herausfällt.

Die Krabbenspinne *Misumena vatia* ernährt sich überwiegend von Blüten besuchenden Insekten. Sie lauert ihnen auf Blumen auf, um sie beim Blütenbesuch zu überwältigen. Häufig ist *Misumena vatia* auf den gelben Blüten der Sumpfdotterblume (*Caltha palustris*; Abb. 22) oder den weißen Blüten der Zaunwinde (*Calystegia sepium*)

Abb. 21: Ein Männchen von der Röhrenspinne (*Eresus niger*) richtet sich bei Bedrohung auf und präsentiert dem Angreifer sein auffällig rot gefärbtes Opisthosoma mit schwarzem Punktmuster.

anzutreffen (Abb. 23). Diese Spinnen können einen gelben Farbstoff in die ansonsten weiße Haut einlagern und auch wieder auslagern (Weigel 1942). Sie nutzen diese Fähigkeit, um sich binnen Stunden entsprechend der Blütenfarbe umzufärben. Zwei Verhaltensweisen tragen zur Tarnung der Krabbenspinnen auf den Blüten bei: 1. die Wahl von weißen oder gelben Blüten, 2. die entsprechende Umfärbung nach gelb oder weiß in Abhängigkeit von der Blütenfarbe. Die Umfärbung ist auf geschlechtsreife Weibchen beschränkt. Sie dient vermutlich der Tarnung vor den Beutetieren und/oder Raubfeinden.

Die tropische Wespenspinne *Argiope argentata* ist auf der Bauchseite braun mit gelben Streifen und auf der Rückenseite weiß und UV-reflektierend gefärbt. Die radnetzbauende Spinne ernährt sich überwiegend von Blüten besuchenden Insekten, meist Bienen. Auch der von den Bienen gesammelte Pollen kann einen Beitrag zur Ernährung dieser Spinnen leisten. Craig und Ebert (1994) untersuchten den Einfluss der Körperfärbung der Spinnen auf die Fängigkeit in einem Waldgebiet in Panama. Vor den in der Mitte ihrer Radnetze sitzenden Spinnen stellten die Arachnologen (Spinnenforscher) im Durchmesser zehn Zentimeter große Blenden auf, die sie aus Gras hergestellt hatten, das an einem Drahtring befestigt war. Die Blenden erhöhten die Fängigkeit der Netze vermutlich deshalb, weil die Spinne gut gegen die Blende kontrastiert und eine Lockwirkung von ihrer Körperfärbung ausging. Dieser Effekt zeigte sich, egal, ob durch die Blende die Bauch- oder Rückenseite der Spinnen abgedeckt wurde. Besonders aber die UV-reflektierende Rückenseite lockte effektiv Blüten besuchende Insekten an. Zumindest als

Abb. 22: Gelb gefärbtes Weibchen der Krabbenspinne *Misumena vatia* lauert mit vier fangbereiten Beinen auf Blütenbesucher auf einer gelben Blüte der Sumpfdotterblume, getarnt hinter den Staubgefäßen, die sie zusammengesponnen hat.

Abb. 23: Eine weiß gefärbte Jungspinne von *Misumena vatia* hat in einer Zaunwindenblüte eine Schwebfliege erbeutet.

Hypothese konnten die beiden Spinnenforscher nun formulieren, dass das Suchbild der Blüten besuchenden Insekten bei der visuellen Anlockung durch den Spinnenkörper eine Rolle spielt. Es liegt dann natürlich nahe zu vermuten, dass der Spinnenkörper durch seine Ähnlichkeit in Form und Farbe mit Blüten attraktiv auf Blütenbesucher wirkt. Erstaunlich ist allerdings, dass weiße insektenbestäubte Blüten nahezu ausschließlich UV-absorbierend sind und viele Bienen weiße UV-reflektierende Farben nicht gerne anfliegen. Auf diesen Aspekt wird im Zusammenhang mit anderen Versuchen im Folgenden nochmals hingewiesen.

Bolas sind durch Schnüre verbundene Stein- oder Metallkugeln, die die Hochlandindios der Anden als Jagdwaffe nutzen. Bolaspinnen, *Dicrostichus* in Australien, *Cladomela* in Afrika und *Mastophora* in Südamerika, spinnen statt eines Netzes einen waagerechten Faden. An diesem Tragfaden befestigen sie einen weiteren kurzen Faden mit Klebetröpfchen. Die Bolaspinne bürstet die Klebetröpfchen alle zusammen, so dass am freien Ende ein Leimtropfen entsteht.

Cladomela schwenkt das Lasso mit dem 3. Bein einer Körperseite einige Minuten im Kreis und frisst dann Faden samt kleben gebliebener Beute auf. *Dicrostichus* wirbelt das Lasso mit einem Vorderbein erst, wenn ein Fluginsekt in die Nähe kommt. Das ist sicherlich energiesparender. *Mastophora* schleudert das Pendel einem anfliegenden Insekt mit dem Vorderbein gezielt entgegen. Das Verhalten dieser Bolaspinne ist am weitesten spezialisiert.

Das Beutestück einer Bolaspinne aus der Gattung *Mastophora* ist fast immer ein Männchen einer bestimmten Mottenart, mit dessen imitiertem Sexualpheromon die Bolaspinne das Pendel getränkt hat. Durch diesen imitierten Sexuallockstoff der Mottenweibchen werden gezielt die zugehörigen Männchen über größere Distanzen angelockt. Auf der Suche nach einem artgleichen Weibchen fliegt das Mottenmännchen dann der Bolaspinne in die fangbereiten Beine. William Eberhard (1980) wählte den Artnamen „dizzydeani" für eine in Kolumbien neu entdeckte *Mastophora*-Species in Anerkennung der Treffsicherheit des amerikanischen Baseballstars Jerome „Dizzy" Dean.

Schutz-, Lock- und Tarnfunktion in einem: Kann es so etwas geben? Manche Netzspinnen fügen in ihre Netze Bereiche mit dicht gesponnener Spinnenseide ein, die Stabilimente genannt werden. Diese weiße „Netzdekoration" könnte alle drei Funktionen übernehmen. Allerdings sind die Schutz-, Lock- und Tarnfunktionen nicht bei einer Art, sondern bei verschiedenen Arten nachgewiesen worden (Herberstein et al. 2000). Eisner und Nowicki (1983) testeten in Florida die Schutzhypothese, dass die Stabilimente die Lebensdauer der Spinnennetze erhöhen. 30 Spinnennetze verschiedener Webspinnen versahen sie mit einem x-förmigen Papierstreifen, der in Farbe, Form und Größe dem Stabiliment der Wespenspinne *Argiope florida* glich. Sie verglichen die Lebensdauer dieser 30 manipulierten Netze mit künstlichem Stabiliment mit der Lebensdauer von einer ebenso großen Zahl von einfachen Kontrollnetzen. Vorher entfernten sie die Spinnen aus allen Netzen. Nachts um zwei Uhr startete der Versuch: alle Netze sind o. k. Um sechs Uhr in der Morgendämmerung sind noch knapp 90 % der Netze beider Typen unversehrt. Um zehn Uhr mittags waren noch mehr als 60 % der Netze mit Stabiliment intakt. Dagegen fanden Eisner und Nowicki nur noch weniger als 10 % der Netze ohne Stabiliment intakt. Sie vermuteten, dass von den Stabilimenten eine Schutzwirkung gegenüber Vögeln und großen Schmetterlingen ausgeht, die ein Spinnennetz zwar zerstören können, aber als Beutetiere zu groß sind und nicht gefangen werden. Schließlich konnten sie sogar Vögel und große Schmetterlinge beobachten, wie sie um die Spinnennetze mit Stabiliment einen Bogen flogen. Häufig kann man Spinnen so auf ihrem Netz sitzen sehen, dass ihr Körper im Zentrum des Stabiliments platziert ist (Abb. 24). Bei manchen Arten unterstützt die weiße Körperfärbung die Tarnmöglichkeit im Stabiliment. Wickler (1968) berichtet von der malaiischen netzbauenden Spinne *Cyclosa mulmeinensis,* dass sie in der Netzmitte auf einer eng gesponnenen Nabe sitzt. Beutereste spinnt sie zu Häufchen zusammen, die so groß sind wie sie selbst und umgibt sie mit besonders gesponnenen Fäden, so dass das Bild weiterer Naben entsteht. Die Tarnhypothese zur Funktion dieser Stabilimente besagt, dass mehrere potentielle Sitzwarten einen Schutz vor Spinnenräubern bieten könnten. Die Chancen für einen Räuber, die Spinne auf einer ihrer drei Sitzwarten durch eine zufällige Wahl zu erwischen, ist nur 1:3. Damit sind die Chancen den Angriff eines Spinnenfressers für eine Spinne mit drei Stabilimenten in ihrem Netz zu überstehen dreimal höher als bei einem Tier, dass auf dem einzigen Stabiliment ihres Netzes sitzt. Entsprechend steigt die Lebenserwartung und die Chance, Nachwuchs zu produzieren. Der Einbau zusätzlicher Scheinsitzwarten könnte bei einem Räuberangriff auf die Spinne also wahrhaft lebensverlängernd wirken.

Abb. 24: Eine weiße Netzspinne im tropischen Regenwald Perus sitzt getarnt auf dem im Zentrum des Netzes gesponnenen Stabiliments.

Die Auswirkungen von Stabilimenten auf die Fängigkeit von Spinnennetzen im Sinne der Lockhypothese testeten Craig und Bernard (1990). Sie verglichen die Fängigkeit von verschiedenen Netzen der tropischen Wespenspinne *Argiope argentata* im Feldversuch. Um die Lockwirkung des Stabiliments zu testen, unterschieden sie die Fängigkeit der beiden Netzhälften und konnten auf diese Weise prüfen, ob die Netzhälfte mit oder die ohne Stabiliment fängiger war. Folgende Reihenfolge der Attraktivität wurde ermittelt: Ein einfaches Netz besitzt die geringste Fängigkeit, ein einfaches Netz mit Spinne weist eine höhere Fängigkeit auf, ein Netz mit Stabiliment eine noch höhere Fängigkeit, ein Netz mit Stabiliment und Spinne besitzt die höchste Fängigkeit (Abb. 25). Insgesamt kann die Fängigkeit eines einfachen Netzes auf das doppelte gesteigert werden, wobei der größte Anteil auf die Lockwirkung des Stabiliments entfällt. Da 60% der Beute Blüten besuchende Bienen sind, vermuten die Forscher eine Imitation von Blütensignalen durch die Stabilimente. Die Lockwirkung führen sie auf die hohe UV-Reflexion der weißen Stabilimente zurück. Eine hohe Attraktivität der weißen, UV-reflektierenden Farbe ist nach Untersuchungen zur Farbpräferenz von Bienen unwahrscheinlich. Weiße Blüten, die UV-Licht reflektieren, sind für Bienen spontan wenig attraktiv, da sie nur einen geringen Farbkontrast zum Blattgrün bilden. Möglicherweise befand sich aber eine der seltenen UV-reflektierenden, weißblühenden Futterpflanze in der Nähe, deren Farbe die Bienen gelernt hatten. Untersuchungen von Todd Blackledge (1998) an der Wespenspinne *Argiope auriantia* belegen, dass der Bau eines Stabiliments zu seltenerer Zerstörung und geringerer Fängigkeit führt. Während Netze mit Stabiliment zu 39%, aber Netze ohne Stabiliment zu 71% durch Vögel zerstört wurden, fingen sich innerhalb von drei Stunden in Netzen mit Stabiliment durchschnittlich zwei, aber in Netzen ohne Stabiliment im selben Zeitraum drei Beutetiere. In diesem Fall muss die Spinne wählen, welche Taktik sie anwendet. In Käfigversuchen, in denen *Argiope trifasciata*-Spinnen zusammen mit Grabwespen eingesperrt waren, überlebten die Spinnen länger, wenn sie ein Netz mit Stabiliment

4 Schutzmimikry

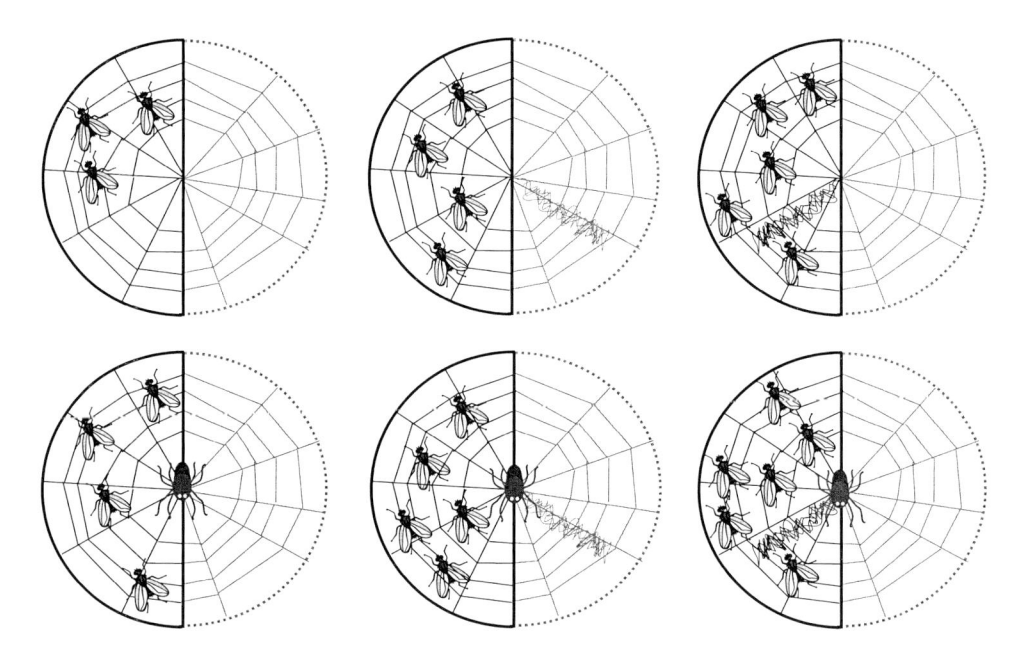

Abb. 25: Fängigkeit von Spinnennetzen der tropischen Wespenspinne *Argiope argentata* in Abhängigkeit vom Vorhandensein der Spinne und vom Vorhandensein und der Position eines Stabiliments. Dargestellt ist das Aussehen getesteter natürlicher oder manipulierter Netze. Mit durchgezogener Linie gerahmt ist die jeweilige Hälfte des Spinnennetzes, deren Fängigkeit mit Fliegensymbolen dargestellt ist. Auf diese Weise kann die Beeinflussung der Fängigkeit durch ein Stabiliment in der gemessenen oder der anderen Netzhälfte beobachtet werden. (Nach Craig und Bernard 1990)

bewohnten. Möglicherweise sind die Spinnen im Stabiliment schwer zu lokalisieren, so dass sie sich beim Angriff einer Grabwespe rechtzeitig fallen lassen können und so der spinnenjagenden Grabwespe entkommen (Blackledge & Wenzel 2001).

Durch Stabilimente können aber auch ungebetene Gäste angelockt werden, wie Seah und Li (2001) nachwiesen. *Argiope versicolor*-Netze mit Stabiliment lockten die spinnenfressende Springspinne *Portia labiata* häufiger an als Netze ohne Stabiliment.

Mit einer „Versuch-und-Irrtum-Strategie" erbeuten Springspinnen der Gattung *Portia* netzbauende Spinnen. Entdeckt beispielsweise die in den tropischen Regenwäldern Australiens lebende *Portia fimbriata* ein Spinnennetz, so baut sie in unmittelbarer Nachbarschaft ihr eigenes Netz an. Von dort aus beginnt sie am Rand des fremden Netzes zu zupfen. Ein trickreiches experimentelles Design war nötig, um das Verhalten der Springspinnen zu testen. Mit zwei getrennten Netzen gelang es, die Reaktionen der Springspinnen quantitativ zu erfassen. In einem Netz zupfte die Springspinne, während in einem mit geringem Abstand aufgestellten zweiten Netz die vermeintliche Beutespinne saß. Auf diese Weise gelang es, die Reaktionen der zupfenden Springspinne von denen ihres potentiellen Opfers zu entkoppeln. Das Ergebnis: Die Springspinne wartet ab, ob die Netzspinne mit Annäherung oder mit Vibration reagiert. Diese Reaktionen wurden simuliert, indem ein Magnet im Netz der Beutespinne so zum Schwingen gebracht wurde, dass er die Vibrationssignale nachahmte. Reagiert das potentielle Opfer nicht, so ändert *Portia fimbriata* das Profil ihres gezupften Kommunikationsversuchs, das aus Tremolieren, Schlagen und Zupfen besteht. Reagiert die Netzspinne, so behält *Portia fimbriata* das erfolgreiche Signal bei. Sie kann dabei ein potentielles Beutetier, einen potentiellen Paarungspartner oder Rivalen imitieren, wie Jackson und Wilcox (1993) nachwiesen. Diese erlernte Taktik erlaubt es *Portia fimbriata*, aus einem Repertoire von über 100 Signalen eines zu finden, das die Netzspinne in ihre Nähe lockt, so dass sie angreifen kann. Gleichzeitig eröffnet diese Strategie ein größeres Beutespektrum, da für verschiedene Beutespinnen attraktive Signale generiert werden können.

Weibchen von *Portia schultzi* und *Portia labiata* locken sogar arteigene Männchen in die Falle, indem sie Zupfsignale des Paarungsvorspiels auf selbstgesponnenen Netzen imitieren. Versuchen die Weibchen erst nach einer erfolgten Kopulation das Männchen zu erbeuten, kann das noch als ein extremes Beispiel väterlicher Investition in die Nachkommen gelten, denn die aus dem gefressenen Männchen gewonnene Energie könnte das Weibchen in die Eiproduktion stecken. Doch Weibchen locken, fangen und verspeisen auch Männchen, die gar nicht zur Paarung gekommen sind. Sogar juvenile Weibchen, die noch nicht begattungsfähig sind, locken durch aggressive Mimikry, bei der sie während der Balz Signale imitieren, die Paarungsbereitschaft anzeigen, paarungswillige Männchen an und fressen sie.

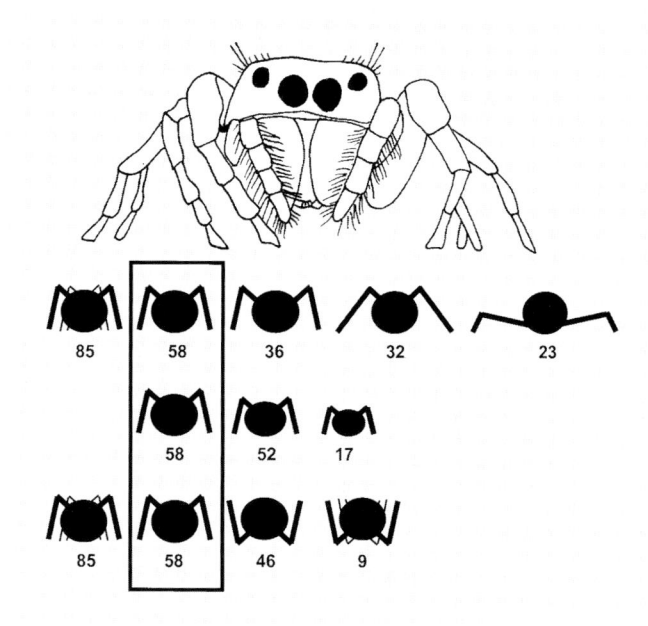

Abb. 26: Balzverhalten der Springspinne *Salticus scenius*. Wirksamkeit von Springspinnenattrappen bei der Auslösung von Balzhandlungen bei *Salticus scenicus*-Männchen. Oben: Die Silhouette einer Springspinne in Vorderansicht besteht vor allem aus dem Prosoma (Vorderkörper) und den Beinen in charakteristischer Stellung. Unten: Die Wirksamkeit von Springspinnenattrappen bei der Auslösung von Balzhandlungen bei *Salticus scenius*-Männchen. Die getesteten Springspinnenattrappen sind zusammen mit dem Prozentsatz der Springspinnenmännchen dargestellt, die auf die Präsentation der Attrappe mit Balzverhalten antworteten. Die eingerahmten Werte dienten zur Standardisierung der drei Versuchsreihen (Beinstellung, Körpergröße, Körperausrichtung). (Verändert nach Drees 1953)

Drees (1953) konnte zeigen, dass praktisch alle Objekte passender Größe einen Angriff der Springspinne *Salticus scenicus* auslösten, unabhängig davon, ob die Form rund, quadratisch, dreieckig oder kreuzförmig war. Eine Ausnahme bildeten männliche Springspinnen und Springspinnenattrappen. Das waren runde Objekte, von denen Linienstrukturen ausgingen. Anhand von Reaktionen auf Attrappen ließ sich erkennen, dass sowohl die Zahl, Stellung und Orientierung der Beine sowie die Größe des Körpers eine Rolle spielen bei der Auslösung von Balzhandlungen der Männchen (Abb. 26).

Noch vor wenigen Jahren galt die Auffassung, dass zahlreiche Spinnen zwar Insekten nachahmen, Insekten jedoch niemals Spinnen imitieren. Einen überzeugenden Fall, der diese Auffassung widerlegt, beschrieben Mather und Roitberg (1987): Die Bohrfliege *Rhagoletis zephyra* (Tephritidae) ist ihrer Meinung nach der Nachahmer einer Springspinne. Dabei soll die Rückansicht der Bohrfliege die Vorderansicht einer Springspinne imitieren.

Abb. 27: Vorderansicht der Springspinne *Salticus scenius* in typischer Haltung. (Gezeichnet nach einem Foto von Mather und Roitberg 1987)

Abb. 28: Ein Schaf im Wolfspelz: Die Rückansicht der Bohrfliege *Rhagoletis zephyra* mit typischer Abwehrhaltung der gebänderten Flügel ähnelt der Vorderansicht einer Springspinne. Zur Verdeutlichung dieses Phänomens werden die Silhouette der Springspinne und die schwarz gefärbten Körperpartien der Bohrfliege verglichen (oben). (Gezeichnet nach einem Foto von Mather und Roitberg 1987)

Auffällige Punktmuster auf dem Hinterleib der Fliege ähneln tatsächlich der Augenpartie auf dem Prosoma (Vorderkörper) einer Springspinne. Die Querbänderung auf den Flügeln gleicht bei einer bestimmten Flügelstellung den Beinen einer Springspinne (Abb. 27, 28). Das Verhalten der Bohrfliege bringt weiteren Aufschluss. Die Larven der Bohrfliegen entwickeln sich in pflanzlichem Gewebe. Die Bohrfliegenimagines der Art *Zonsemata vittigera* laufen meist auf den Blättern ihrer Wirtspflanze, einem Nachtschattengewächs, herum. Dabei halten sie die Flügel nicht ruhig, sondern bewegen sie ständig so, dass die Flügelzeichnungsmuster wie eine laufende Springspinne aussehen (Whitman et al. 1988). Das Forscherteam untersuchte die Schutzwirkung der Springspinnenmimikry im Labor. Als Signalempfänger testeten sie Springspinnen. Im Experiment fingen die Springspinnen mehr als dreimal häufiger Stubenfliegen als die Springspinnen imitierenden Bohrfliegen der Art *Zonosemata vittigera*. In einem weiteren Experiment bemalten sie die Flügel der Bohrfliegen mit grüner Farbe, so dass die Springspinnen imitierende Wirkung völlig verschwand. 12 von 19 bemalten Bohrfliegen wurden innerhalb von 10 Minuten von den Springspinnen gefangen. In der unbemalten gleich großen Kontrollgruppe erbeuteten die Springspinnen nur ein einziges Exemplar. Besonders auffällig war das Verhalten der räuberischen Springspinnen gegenüber den nicht bemalten Bohrfliegen. Manche Springspinnen zeigten alle Anzeichen der Furcht und wichen den Bohrfliegen aus. Andere begannen sogar mit typischen Balzhandlungen. Damit ist wahrscheinlich, dass springspinnenimitierende Fliegen einen Schutz vor Springspinnen genießen, die sie fressen könnten.

Volucella: aggressive oder protektive Mimikry

Die Biologie der Larven und die Mimikry der Imagines in der Schwebfliegengattung *Volucella* reicht von der Ernährung am Saftfluss von Laubbäumen bei *Volucella inflata* über nicht schädliche oder gar für ihre Wirte nützliche Kommensalen in Nestern von sozialen Faltenwespen bei *Volucella pellucens* und *V. zonaria* sowie Hummeln bei *V. bombylans* bis hin zu Parasitoiden in Wespennestern, die sich zunächst parasitisch von der Wespenbrut ernähren und schließlich die Wirtslarven töten wie bei *V. inanis*. Die Imagines von der Gelbfleck-Waldschwebfliege (*Volucella inflata*) und der Gemeinen Waldschwebfliege (*V. pellucens*) sind so originell braun/weiß bzw. schwarz/weiß gefärbt, dass sie nie in den Verdacht geraten sind, eine giftstachelbewehrte Wespe oder Biene zu imitieren. Die Große Waldschwebfliege (*Volucella zonaria*) und die Gebänderte Waldschwebfliege (*V. inanis*) stellen dagegen Musterbeispiele für eine überzeugende Wespenmimikry durch die gelb-schwarze Bänderung des gesamten Körpers dar (siehe Tafel I). Die Hummel-Waldschwebfliege (*Volucella bombylans*) setzt noch eins drauf. Sie imitiert nicht nur eine Hummel, sondern gleich drei verschiedene Arten. Ein genetischer Farbpolymorphismus sorgt dafür, dass die Hummelschwebfliege in drei deutlich verschiedenen Farbvarianten auftritt (Tafel III). Alle drei Farbmorphen haben die Größe von Hummelarbeiterinnen und sind wie diese dicht behaart. Die Farbmorphe *V. bombylans bombylans* ist schwarz-rot wie die Steinhummel (*Bombus lapidarius*), *V. bombylans plumata* ist gelb-schwarz-weiß wie die Erdhummeln (*Bombus terrestris* und *B. lucorum*) und *V. bombylans haemorhoidalis* ist gelb-schwarz-rot wie die Alpenhummel (*Bombus pyrenaeus*). Die Imagines aller *Volucella*-Arten sind harmlose Blütenbesucher, die Pollen und Nektar fressen.

Die Weibchen aller *Volucella*-Arten schaffen durch ihr Brutfürsorgeverhalten günstige Entwicklungsbedingungen für ihre Nachkommen. Für *Volucella inflata*-Weibchen bedeutet dies lediglich, den Saftfluss einer Eiche oder eines anderen Laubbaumes zu finden und die Eier dort abzulegen. Für die restlichen vier *Volucella*-Arten aber heißt das, in die Nester giftstachelbewehrter und verteidigungsbereiter sozialer Bienen oder Wespen einzudringen und an deren Wächterinnen vorbeizukommen. Dann können die Weibchen die Eier möglichst nah am späteren Nahrungssubstrat der Larven ablegen, so dass die frisch geschlüpften Junglarven zügig und sicher geeignete Nahrung finden.

Der Freiburger Zoologe Leo Rupp (1989) untersuchte an *Volucella* eine ganze Reihe von Fragestellungen zur Parasitierung in Wespen- und Hummelnestern, deren Ergebnisse ich hier teilweise wiedergeben möchte.

Die Beobachtungen und experimentellen Ergebnisse von Leo Rupp sind verblüffend. Die schwarz-weißen *Volucella pellucens*-Weibchen können bei dichtem Flugbetrieb ohne Abwehrverhalten in ein Wespennest zur Eiablage gelangen. Die Wespen weichen sogar vor den nahenden *Volucella pellucens*-Weibchen zurück, als ob diese von einer schützenden Duftwolke umgeben sind. Die wespenähnlichen *Volucella inanis*-Weibchen dagegen werden heftig von den Wespen attackiert, wenn sie sich einem bewachten Nesteingang nähern. Sie können nur bei geringem Flugbetrieb in die Nesthöhle der Wespen eindringen und auch dann ihre Eier nur im äußeren Eingangsbereich ablegen. Die hummelähnlichen *Volucella bombylans*-Weibchen befolgen eine andere Strategie und warten oft minutenlang auf einen Moment, in dem sich keine Hummel im Nesteingangsbereich aufhält. Sie wählen dabei die Erdnester von Hummelarten aber unabhängig davon, ob ihre eigene Körperfärbung der der Wirtshummel entspricht oder nicht.

Warum die Weibchen der einzelnen *Volucella*-Arten solch unterschiedliche Eiablagestrategien verfolgen, ist nur über die Larvalbiologie zu verstehen. *Volucella bombylans*-Larven leben als echte Kommensalen von den Abfällen ihres Hummelwirtsvolkes. Da sie nur ausnahmsweise auch einmal an den Brutwaben der Hummeln fressen, ist der Schaden für das Hummelvolk gering. Anders bei *Volucella pellucens* und bei *Volucella inanis*. *Volucella pellucens*-Larven sind reine Detritusfresser, die vom reichlichen Abfall leben, der sich unterhalb von Wespennestern in Form von toten Wespen, toten Wespenlarven und Resten von Beutetieren sammelt. Nur beim Zerfall der Nester im Herbst vergreifen sie sich einmal an

4 Schutzmimikry

den letzten, dann schon nicht mehr von den Arbeiterinnen betreuten Wespenlarven. Ihr Einfluss auf die Volksentwicklung wird durch die verbesserte Nesthygiene sogar positiv für das Wespenvolk beurteilt. Die Larven von *Volucella inanis* dagegen sind hervorragend an eine parasitische Lebensweise in Wespennestern angepasst. Die aus dem Ei schlüpfende Erstlarve ist nur knapp einen Millimeter groß, aber äußerst mobil, so dass sie auch relativ große Entfernungen von ihrem Schlupfort zur Brutwabe des Wespennests schnell über-

Tafel III: Die Hummelschwebfliege (*Volucella bombylans*) imitiert durch Färbung und Behaarung eine wehrhafte Hummelarbeiterin. Oben links: die Große Erdhummel (*Bombus terrestris*) und rechts *Volucella bombylans plumata*; Mitte links: die Steinhummel (*Bombus lapidarius*) und rechts *V. bombylans bombylans*; unten links: die Alpenhummel (*Bombus pyrenaeus*) und rechts: *V. bombylans haemorhoidalis*. (Originalphotos L. Rupp, March)

brücken kann. Das folgende Larvenstadium ist stark abgeflacht, so dass sie neben einer schon großen Wespenlarve in einer Brutzelle noch Platz findet, ohne von den Wespenarbeiterinnen bemerkt zu werden. Eingezwängt zwischen Wespenlarve und Wand der Brutzelle, sticht sie die Wespenlarve an und saugt von deren Körpersäften, ohne dass diese sich dagegen wehren kann. Die nur bis sieben Millimeter große zweite Larve schädigt die Wirtswespenlarve aber nur wenig, so dass die Wespenlarve weiterwächst und sich zur Verpuppung schließlich ganz normal einen Deckel über die Brutzelle spinnt. In der verdeckelten Brutzelle vor dem Zugriff der Arbeiterinnen geschützt, häutet sich die *Volucella*-Larve zum dritten Larvenstadium, das in kurzer Zeit die gesamte Vorpuppe der Wespe aussaugt. Zur Verpuppung verlassen die Larven die Brutzelle und suchen einen geschützten Ort in der Nähe des Nests auf.

Die Ähnlichkeit einiger *Volucella*-Imagines mit ihren Wirten beruht also nicht auf einer Täuschung der Wirtsarten, sondern vermutlich auf einer protektiven Mimikry mit Vögeln und anderen Insekten fressenden Tieren als potentielle Prädatoren. Dass Kröten oder Singvögel nach Fütterung mit Wespen oder Hummeln auch deren Nachahmer meiden aufgrund des erlernten Farbmusters, dafür gibt es zahlreiche Belege. Mostler (1935) konnte durch Fütterungsexperimente zeigen, dass naive Beutegreifer auch giftstachelbewehrte Beutetiere schnappten. Unter Umständen bereits nach einer einzigen schlechten Erfahrung rührten sie jedoch die wehrhaften Beutetiere und selbst deren Nachahmer nicht mehr an.

Hummelschwebfliegenweibchen, die ja eine bestimmte Hummelart imitieren, treten in drei Farbmorphen auf. Sie wählen zur Eiablage unterschiedslos alle Hummelnester, die sie finden, auch ohne dass ihr Aussehen zu dem der Wirtshummel passt. *Volucella bombylans* unterscheidet sich also nicht von den zahlreichen anderen Fliegenarten mit hummelähnlichem Aussehen, die die Hummeltracht als Schutzmimikry nutzen. Der mimetische Farbpolymorphismus steht in Zusammenhang mit dem Verhältnis der Häufigkeit von Vorbild und Nachahmer, die die Wahrscheinlichkeit für den Erwerb negativer Erfahrungen von Beutegreifern natürlich beeinflusst. Eine Hypothese könnte also lauten: Durch den Farbpolymorphismus sind die Nachahmer einer bestimmten Hummelart zahlenmäßig geringer und die Chance steigt, dass ein Beutegreifer negative Erfahrungen mit dem Vorbild Hummel gesammelt hat, bevor er auf einen Nachahmer trifft. Jede Morphe stellt auch eine lokale Anpassung dar. Ihre Überlebenschancen sind dort besonders gut, wo das entsprechende Hummelvorbild tatsächlich vorkommt. Aufsammlungen von Leo Rupp bestätigen das. Im südlichen Oberrheingebiet fand er *V. bombylans bombylans* am häufigsten, in Graubünden in den Schweizer Alpen war die *V. bombylans pyrenaeus*-Morphe dominierend. Aufgrund der unterschiedlichen Häufigkeit der als Vorbilder geeigneten Hummelarten in den Gebieten war dieses Ergebnis vorhersagbar.

Wie ein „Wolf im Schafspelz" schleichen sich Schwebfliegen der Gattung *Microdon* in Ameisennester ein (Garnett et al. 1985). Die Arten *Microdon albicomatus, M. cothurnatus* und *M. piperi* leben als Larven in den Nestern von Ameisen der Gattungen *Formica* und *Camponotus*. Die ersten beiden der drei Larvenstadien lassen sich sogar von den Ameisen im Nest herumtragen. Indem sie ihren Körper seitlich komprimieren, laden sie die Ameisen regelrecht zum Transport ein. Die Ameisen halten sie offenbar dann für Puppenkokons. Es ist gar nicht so ungewöhnlich, dass Gäste in Ameisennestern von den Ameisen transportiert werden. Dabei wird wohl stets chemische Mimikry von Duftstoffen auf der Cuticula eine Rolle spielen, die im dunklen Nest Ameisengäste und Ameisen für die Transporteure chemisch zum Verwechseln ähnlich macht. Das Besondere bei den *Microdon*-Larven ist, dass sie Ameisen fressen, und zwar ausgerechnet die Entwicklungsstadien in Kokons, nämlich Larven, Vorpuppen und Puppen. Die Kokon imitierenden, räuberischen *Microdon*-Larven waren in manchen Laborkolonien so erfolgreich, dass die Ameisen nicht eine einzige eigene Larve durchbrachten. Lediglich frisch geschlüpfte Larven und Imagines der Schwebfliege liefen Gefahr, von den Ameisen entdeckt und gefressen zu werden.

Verwechslung am Sternenhimmel

Griechische Mythologie ist nicht nur aus alten schriftlichen Quellen zu erfahren, sie ist auch am Sternenhimmel abzulesen (Berube 1991). Nach der griechischen Sage herrschten einst der König Kepheus und seine Frau Kassiopeia über Äthiopien. Als Kassiopeia eines Tages prahlte, dass sie schöner als die Göttinnen sei, schickten diese ein Meeresungeheuer, das ihr Land verwüstete. Die Tochter Andromeda sollte auf Rat der Priester dem Untier geopfert werden. Sie wurde in letzter Sekunde von Perseus befreit, der das Ungeheuer besiegte. Die zornigen Götter versetzten daraufhin alle Beteiligten zur Strafe an den Himmel. Ein Blick in eine aktuelle Sternenkarte zeigt, dass sie dort heute noch als Sternbilder sichtbar sind, das Seeungeheuer als Walfisch (Cetus).

Moderne Sternenkarten sind übersichtlich geordnet und leider dadurch manchmal befreit von ursprünglich vorhandenen Details der griechischen Mythologie. Alte Sternenkarten wie etwa diejenige von Cristoph Cellarius aus dem Jahre 1705 zeigten in der Nähe der Pleiaden (die die sieben Töchter des Atlas darstellen), die zum Sternbild Taurus (Stier) gehören, eine kleine Sterngruppe namens Apis (Biene), die heute dem Sternbild Aries (Widder) zugeschlagen ist (Abb. 29). Die Sterngruppe Apis taucht in anderen alten Sternenkarten auch als Vespa (Wespe) und Musca (Fliege) auf. Etymologisch leitet sich „apis" möglicherweise vom lateinischen „apes" ab, was soviel bedeutet wie „fußlos". Das könnte eine Anspielung sein auf die fußlosen Larven, die Maden, die sowohl für Bienen und Wespen als auch für Fliegen kennzeichnend sind.

Das Erscheinen bestimmter Sternbilder im Jahreslauf war ein wichtiger Termin für die Planung der Feldarbeit. Auch Imker nutzten den astronomischen Kalender für wichtige Ereignisse im Bienenjahr. Das Erscheinen des Sternbildes Stier am östlichen Himmel im Frühjahr könnte ein Zeichen gewesen sein, Körbe für das Einfangen von Bienenschwärmen vorzubereiten.

Wer die Namensgebung alter Sternenkarten kennt, mag nicht glauben, dass die Sterngruppe Apis sich zufällig im Sternbild Stier befindet. Was hat der Stier mit der Biene zu tun? Möglicherweise verbirgt sich ein Mimikryfall hinter den Umbenennungen, die die kleine Sterngruppe im Sternbild Aries im Laufe der Zeit erfuhr. In der griechischen Mythologie gibt es eine Verbindung zwischen Stier und Honigbiene in dem Phänomen der Bugonie, der Erzeugung von Honigbienenschwärmen aus Stierkadavern, wie ein Zitat aus dem Jahre 480 n. Chr. belegt (Aeneas von Gaza, Theophrastos 16, 1–9, ed. M. E. Colonna): „… Die Bienenmacher ersinnen, wenn der Bienenstock eingegangen ist, Folgendes: Nachdem sie ein Rind in eine Hütte getrieben haben, schlagen sie es mit Knüppeln, bis es verendet … Sie schließen die Türen gewissenhaft, damit von nirgendwoher ein Lufthauch hineinkommt, und gehen dann weg. Wenn sie nach vierzig Tagen oder auch später die Hütte öffnen, finden sie das Rind verfault und unzählige Tiere statt eines herumschwirren. Die Hütte

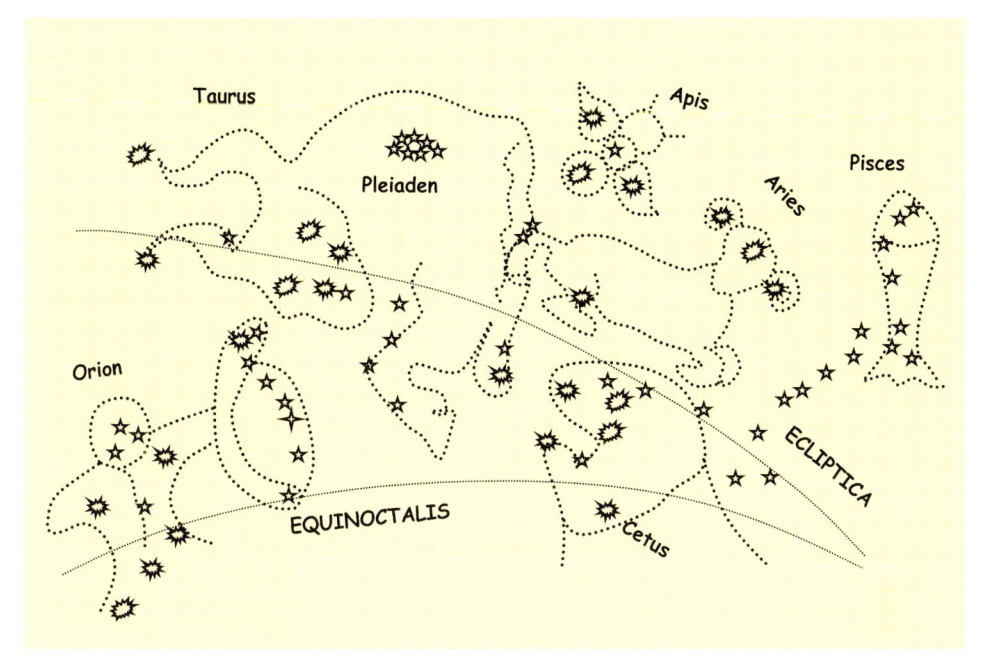

Abb. 29: Sternbilder geben Mimikryrätsel auf. In der abgebildeten Sternenkarte von Cristoph Cellarius aus dem Jahre 1705 ist das Sternbild Apis (Biene) noch verzeichnet. Es liegt unmittelbar neben dem Stier (Taurus). In späteren Sternkarten hieß es dann Musca (Fliege) und wurde noch später zum Sternbild Widder (Aries) dazugeschlagen.

erscheint plötzlich voll von Bienen, die aus dem Rind entstanden sind, und, wenn sie größer geworden sind, traubenförmig schwärmen. Diese fangen die Bienenmacher ein, pflegen sie und erreichen so, dass die Honigerzeugung wieder in Gang kommt..."

Wer nach diesem Rezept handelt, wird mit hoher Wahrscheinlichkeit keinen Bienenschwarm, sondern eine Menge Fliegen in dem Stall vorfinden, die aber Honigbienen täuschend ähnlich sehen. Dabei wird es sich um Schwebfliegen (Syrphidae) aus der Gattung *Eristalis* handeln (Schmid 1996). Die so genannten Rattenschwanzlarven dieser Schwebfliegen leben in und ernähren sich von Jauche. Mit dem teleskopartig mehrere Zentimeter ausfahrbaren Atemrohr am Hinterende, an dessen Spitze Atemöffnungen (Stigmen) sitzen, können sie permanent Luftsauerstoff atmen, während sie in der sauerstoffarmen Jauche fressen. Zur Verpuppung verlassen die Larven die Jauche. Nach einigen Tagen schlüpfen die Imagines. Normalerweise würden die Rattenschwanzlarven den Stall bereits zur Verpuppung verlassen. Spätestens aber würden die geschlüpften adulten Fliegen, die zunächst Nektar und Pollen an Blüten fressen, bevor sie sich paaren und zur Eiablage an die Jauche zurückkehren, in das Freie fliegen. In einem sorgfältig abgedichteten Stall, aus dem weder Larven noch Imagines entkommen können, könnten sich in der geeigneten Jahreszeit nach mehrwöchiger Wartezeit daher Tausende von Fliegen befinden, die aus den Puppen inzwischen geschlüpft wären. An einer bestimmten Stelle, wo vielleicht doch etwas Licht in den Stall eindringt, würden sich die Schwebfliegen sammeln und dann tatsächlich wie ein kompletter Bienenschwarm aussehen. Solche „Schwärme" von *Eristalis tenax* hat man tatsächlich in Massenzuchten beobachten können, wo große Zahlen von Imagines für Bestäubung in Gewächshäusern produziert werden.

Die kosmopolitisch verbreitete Schwebfliegenart *Eristalis tenax* ist der ebenfalls weit verbreiteten Honigbiene so täuschend ähnlich in der Körpergröße, -behaarung und -färbung, dass sie im Volksmund auch Mistbiene genannt wird (s. Abb. 17). Aggressives Summen, das durch die Flugmuskulatur erzeugt wird, und Beinheben als Abwehrverhalten wie bei der Honigbiene, machen die Täuschung noch perfekter. Im Flug winkelt *Eristalis* die Hinterbeinschiene (Tibia) an den Schenkel (Femur) an, so dass aus gelben Bereichen beider Beinglieder ein großer gelber Fleck entsteht, der an ein Pollenhöschen einer Honigbienenarbeiterin erinnert. Die Täuschung ist so perfekt, dass *Apis mellifera* und *Eristalis tenax* in alten Insektensammlungen als eine Art zusammengesteckt wurden. Linné kannte jedoch bereits den Unterschied, denn er gab im Jahre 1758 den beiden Species ihre noch heute gültigen Artnamen. Doch erst Osten-Sacken erklärte im Jahre 1894 das Phänomen der Bugonie als eine Verwechslung zwischen Honigbiene und *Eristalis tenax*. Den Chinesen bleibt der Volksglaube, Honig würde aus Mist gemacht werden, der vermutlich auch auf einer Verwechslung von den am Misthaufen Eier legenden *Eristalis*-Weibchen mit Honigbienenarbeiterinnen beruht. Vögel, Kröten und Frösche als potentielle Prädatoren müssten schon genau hinschauen, um Vorbild und Nachahmer in diesem Fall nicht zu verwechseln, obwohl es gar nicht so schwer wäre: Fliegen haben zwei, Honigbienen vier Flügel.

Dies ist nicht der einzige Hinweis auf eine Verbindung zwischen Bienen und Fliegen mit Stieren in der griechischen Mythologie. Ein weiterer Zusammenhang erklärt sich aus der Verwendung als Fruchtbarkeitssymbole. Die Göttin Artemis von Ephesus, deren Tempel und Statue als eines der sieben Weltwunder galt, wurde oft mit gängigen Zeichen der Fruchtbarkeit, unter anderem mit Bienensymbolen, dargestellt. Die zahlreichen „Brüste" der Artemis können ebenfalls als Fruchtbarkeitssymbole angesehen werden. Sie stellen in Wahrheit Stierhoden dar, die ihr als Zeichen der männlichen Fruchtbarkeit umgehängt wurden (Morris 1977).

Auch eine Erklärung durch Fehler bei Übertragungen von Namen aus alten ägyptischen und griechischen Sternenkarten in neuere Karten mit lateinischen Namen soll als Ausgangspunkt für Verbindungen zwischen Biene und Stier nicht verschwiegen werden. Die Biene heißt auf ägyptisch „afa-bat", auf Griechisch „melissa" und auf lateinisch „apis". Der ägyptische Stiergott hieß ausgerechnet Apis, so dass hier die günstigsten Voraussetzungen für eine schlichte Verwechslung vorprogrammiert waren, die in Übersetzungen von Sternenkarten ins Lateinische schnell festgeschrieben gewesen sein könnten.

Satyrmimikry oder warum perfekt nicht immer am günstigsten ist

Die Detailgenauigkeit der Nachahmungen eines Vorbildes ist in vielen Fällen von Bates'scher Schutzmimikry beeindruckend, wie das Beispiel der Hummelgebirgsschwebfliege (*Arctophila bombiformis*) zeigt (Abb. 30). Dagegen sind die Fälle von offensichtlich schlechter Nachahmung schwerer zu erklären. Manche Schwebfliegen wie die Halbmondschwebfliege (*Scaeva pyrastri*) zählen zu den Tieren, die in unseren Augen nur unvollkommen eine Wespe nachahmen (Abb. 31). Die unvollkommene Nachahmung eines Vorbildes kann verschiedene Ursachen haben.

1. „Junges-Alter-Hypothese": Diese Hypothese besagt, dass die wenig genaue Nachahmung durch das junge Alter dieser Entwicklungen erklärt werden kann.
2. „Mehrfach-Funktion-Hypothese": Die Imitation einer Wespe zur Abschreckung von Prädatoren muss nicht die einzige Funktion des Körperzeichnungsmusters sein. Gleich-

zeitig könnte auch die Signalgebung für Arterkennung oder Partnerwahl oder die Absorption von Lichtstrahlen zur Erwärmung des Körpers eine Rolle spielen. Auch könnte die Verfügbarkeit von Pigmenten begrenzt sein. Mehrere Selektionskräfte auf die Ausbildung des Farbmusters sagt diese Hypothese voraus.
3. „Die Auge-des-Betrachters-Hypothese" nimmt an, dass mit den Augen eines Vogels die Ähnlichkeit zwischen Halbmondschwebfliege und Wespe größer ist als es mit unserem Auge erscheint.

Dittrich hat die letztgenannte Hypothese experimentell geprüft (Dittrich et al. 1993). Er dressierte Tauben mit Futterbelohnung auf die fotografische Darstellung einer Wespe. Im Test mit solchermaßen dressierten Tauben prüfte er, welche Wespen imitierende Tiere die Tauben häufiger mit dem Vorbild verwechseln. Die Versuchstauben hatten eine ganz ähnliche Vorstellung von Wespenähnlichkeit wie menschliche Probanden. Doch die Aussagen und Schlüsse Dittrich's wurden von Cuthill und Bennett (1993) kritisiert: Die Pigmente von Farbfotos sind auf das menschliche Farbensehen abgestimmt. Da Tauben im Gegensatz zu Menschen vier Farbrezeptoren besitzen, die sich in ihrer spektralen Empfindlichkeit von denen entsprechender Farbrezeptoren des Menschen unterscheiden und zudem ultraviolettes Licht sehen können, sind Farbfotografien, die für das menschliche Farbensehen entwickelt wurden, nicht geeignet, die Wespenmimikry mit den Augen des natürlichen Betrachters zu prüfen. Wird das Farbensehen UV-tüchtiger Vögel mittels Farbfotographien geprüft, kann man leicht zu Fehlschlüssen kommen.

Abb. 30: Die Hummel-Gebirgsschwebfliege (*Arctophila bombiformis*) ist eine Schwebfliege mit detailgenauer Hummelmimikry der Arten *Bombus terrestris* und *B. lucorum*.

Abb. 31: Die Halbmondschwebfliege (*Scaeva pyrastri*) bietet für das menschliche Auge kein überzeugendes Beispiel für Wespenmimikry. Das geht den natürlichen Signalempfängern nicht anders.

Eine Überlegung geht davon aus, dass gerade die nicht perfekte Nachahmung des Vorbildes dem Nachahmer einen Vorteil bringen könnte. Die längere Bearbeitungszeit visueller Eindrücke im Gehirn des Räubers, die nötig ist, um einen weniger eindeutigen Nachahmer einem Vorbild und den damit verbundenen Erfahrungen zuzuordnen, könnte dem Nachahmer die nötige Zeit geben, um dem unentschlossenen „nachdenklichen" Räuber zu entkommen. Howse und Allen (1994) prägten für solche Fälle den Begriff Satyrmimikry in Anlehnung an die griechische Mythologie, in der Satyr ein nicht eindeutig zuzuordnendes Mischwesen aus Mensch und Pferd darstellt.

Augenblick

Die Signalwirkung unserer Augen ist Alltagserfahrung. Neugierige, verstohlene, schüchterne, starre und drohende Blicke verraten über die Signalwirkung der Augen die Stimmung und Gemütslage desjenigen, den wir anschauen. Selbst der niedergeschlagene und abgewendete Blick enthält noch Information, die in diesen Fällen auf der fehlenden Signalwirkung der Augen beruht. Blickrichtung, Glanz, Pupillenöffnung und die Stellung des Augenlides machen den hohen Informationsgehalt des Augenblickes aus. Die Pupillengröße wird vom vegetativen Nervensystem gesteuert. Große Helligkeit, die über die Netzhaut des Auges gemessen wird, führt zur Verkleinerung der Pupille. Auch Stimmungen beeinflussen den Pupillendurchmesser, der zwischen zwölf und zwei Millimeter schwanken kann. Bei Gefallen und Sympathie weitet sich die Pupille. Durch große Pupillen wirkt ein Gesicht schöner. Das Gift der Tollkirsche *Atropa belladonna* (Solanaceae) enthält als Wirkstoff Atropin. Durch das ins Auge getropfte Atropin weitet sich die Pupille. Im 19. Jahrhundert nutzten Frauen der Gesellschaft diesen Wirkstoff als Schönheitsmittel. Der Artname der Tollkirsche „belladonna" bedeutet „schöne Frau". Beim nadelstichscharfen Blick verengt sich die Pupille. Von solchen Blicken können wir uns durchbohrt fühlen. „Wenn Blicke töten könnten..." sagt das Sprichwort. Vor der Macht des bösen Blicks hat man sich auch mit Augenamuletten geschützt, die die bösen Blicke „ausstarren" sollten.

So genannte Augenflecken begegnen uns vielfach im Tierreich. Nicht immer handelt es sich um Nachahmungen von Augen. Beim Argusfasanhahn erwiesen sich die Augenflecken auf den Schwungfedern als Körnerimitationen, die Fasanhennen beeindrucken sollten (Kap. 8, S. 145). Bei maulbrütenden Buntbarschen stellten die Augenflecken auf der Analflosse der Männchen Eiimitationen dar, nach denen die Weibchen vor der Besamung schnappen (Kap. 2, S. 20 f.). In verschiedenen Taxa der Schmetterlinge (Lepidoptera) auftretende Flügelmuster bestehen aus Augenflecken, die tatsächlich Augen imitieren. Die Schmetterlinge der Familie Nymphalidae werden wegen der Ocellenmuster auf den Flügeln auch Fleckenfalter genannt. Die Augenfalter (Satyridae) sind ebenfalls nach ihren Augenflecken in der Flügelzeichnung benannt. Viele deutsche Namen erinnern an die Augenzeichnung, so beim Großen Ochsenauge (*Maniola jurtina*; Satyridae), Braunauge (*Lasiommata maera*; Satyridae), Tagpfauenauge (*Inachis io*; Nymphalidae), Kleines Nachtpfauenauge (*Eudia pavonia*; Saturnidae) und Abendpfauenauge (*Smerinthus ocellata*; Sphingidae). Auch die wissenschaftlichen Namen nehmen Bezug auf die Augenzeichnungsmuster. Der Gattungsname des Hauhechelbläulings (*Polyommatus icarus*; Lycaenidae) bedeutet „vieläugig". Das Abendpfauenauge (*Smerinthus ocellatus*; Sphingidae) trägt den Artnamen *ocellatus*, was so viel bedeutet wie „kleines Auge". In den unterschiedlichen Taxa sind unabhängig Augenzeichnungen entwickelt worden.

Eine der detailgenauesten Augenzeichnungen befindet sich auf der Flügelunterseite der großen südamerikanischen *Caligo*-Arten (Abb. 32). Diese großen neotropischen Falter sind mit den Morphofaltern verwandt und werden in der Familie Brassolidae taxonomisch zusammengefasst. Die Augenzeichnungen, die der ruhende Falter auf den zusammengeklappten Flügeln präsentiert, sind ungewöhnlich groß. Sie imitieren nicht nur eine dunkle Pupille und eine sie umgebende helle Iris, sondern auch in richtiger Position, nämlich wie von der Sonne erzeugt, einen Lichtreflex auf der Hornhaut. Das imitierte Auge ist von einem scheckigen Muster umgeben, das die das Auge umgebenden Federn nachahmt. Es entsteht eine detailgenaue Nachbildung des Auges einer Eule. Sitzt der Falter Kopf oben an einem dünnen, senkrecht stehenden Zweig, so wird bei einem Aufklappen der Flügel sogar ein ganzer „Eulenkopf" sichtbar. Das Eulengesicht wird derart präzise nachgebildet, dass der Name Eulenfalter gerechtfertigt erscheint. Der Signalempfänger ist unbekannt, wird aber unter kleinen Insekten fressenden Vögeln oder Säugern vermutet, die in das Beutespektrum von kleinen Eulen fallen.

Die herausragende Schreckwirkung von plötzlich präsentierten Augenmustern untersuchte Blest (1957). In Käfigen aufgezogene, also unerfahrene Goldammern schreckten regelmäßig zurück, wenn ein bedrohtes Tagpfauenauge durch Aufklappen der Flügel plötzlich die Augenflecken auf Vorder- und Hinterflügeln präsentierte. Dieselben Vögel fraßen aber „entaugte" Schmetterlinge, denen man die Schuppen am Augenfleck entfernte. Da die Pigmente in den Schuppen lokalisiert sind, ließ sich das Farbmuster durch das Abkratzen der Schuppen ganz einfach entfernen. Weitere Versuche Blests dienten der Präsentation von künstlichen Augenattrappen. In diesen Attrappenversuchen zeigten Goldammern, Buchfinken und Kohlmeisen Schreckreaktionen, wenn ihnen kurz vor dem Fressen eines Mehlwurms Augenflecken gezeigt wurden (Abb. 33). Das natürliche Muster eines Wirbeltieraugenpaares, zwei exzen-

Abb. 32: *Caligo eurilochus*-Falter in Ruheposition an einem Baumstamm mit detailgenauer Augenzeichnung auf der Flügelunterseite. (Originalphoto P. Mullen, Wülfrath)

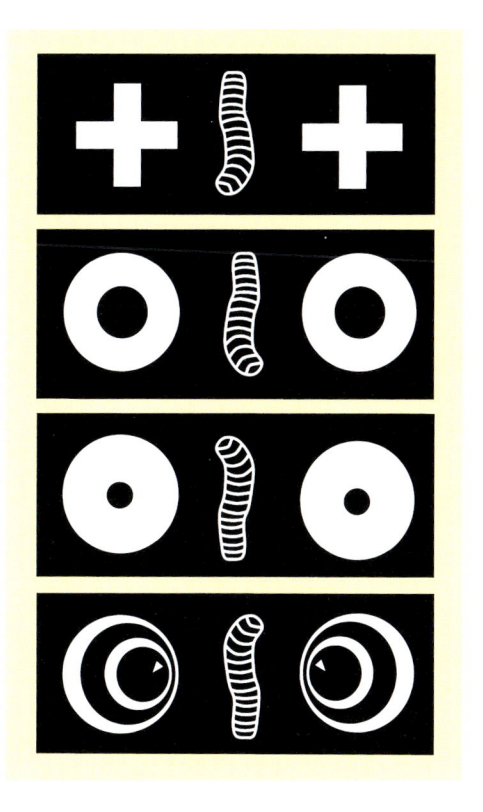

Abb. 33: Attrappen eines Verhaltensexperiments mit naiven Kohlmeisen zum Test der Reaktion auf Details einer Augenzeichnung. Die Belohnung ist in der Mitte zwischen den beiden Augenzeichnungen dargestellt. Die getesteten Attrappen sind in der Reihenfolge zunehmender Wirksamkeit beim Auslösen einer angeborenen Schreckreaktion dargestellt (von oben). (Verändert nach Blest 1957)

Abb. 34: Eine Raupe des Mittleren Weinschwärmers (*Deilephila elpenor*) zieht bei Störung den Kopf in die sich verdickenden nachfolgenden Segmente ein, so dass die zwei Scheinaugenpaare an einer verdickten Stelle des Körpers präsentiert werden. Das zusätzliche Hin- und Herschlagen des Vorderkörpers verstärkt den Eindruck eines Schlangenkopfes.

trische Ringe mit Glanzlichtern, wie sie als Lichtreflex an kugeligen glänzenden Objekten und Strukturen entstehen, war gegenüber gleich großen Balken oder Kreismustern weitaus wirksamer. Damit fand Blest einen weiteren Beleg dafür, dass einige Singvögel das Augenmuster angeborenermaßen erkennen und dass sie mit einer Vermeidereaktion darauf reagieren. Diese Untersuchungen haben als Beispiel für das Auslösen einer angeborenen Schreckreaktion auf einen visuellen Reiz Eingang in viele Lehrbücher gefunden.

Schmetterlingsraupen können ebenfalls recht große Augenzeichnungen besitzen. Die daumendicke Raupe des Mittleren Weinschwärmers (*Deilephila elpenor*, Sphingidae) zieht bei Störung den Kopf in den sich dabei verdickenden Vorderkörperabschnitt ein. Sie hält sich dann nur mit den hinteren Beinpaaren am Substrat fest und schlägt den erhobenen Vorderkörper heftig hin und her (Abb. 34). Das Bild ähnelt frappierend einem Schlangenkopf. Die Tatsache, dass die Raupe sogar vier statt zwei Augen nachahmt, verstärkt offenbar die Wirkung der Schlangenmimikry.

Schau mir in die Augen, Kleines

Kleinere Augenflecken einiger Schmetterlingsflügel imitieren das Auge des Schmetterlings selbst. Neben dem Auge werden besonders bei einigen Zipfelfaltern (Theclinae), eine Unterfamilie der Bläulinge (Lycaenidae) auch Beine und Fühler imitiert, so dass eine automimetische Kopfnachbildung am spitzen Ende des Hinterflügels entsteht (Tafel IV). Diese Kopfimitationen am falschen Körperende können Insekten fressende Singvögel irritieren. Gerade wenn der Vogel den Schmetterling packen will, fliegt dieser in der „falschen" Richtung davon.

Untersuchungen an den von Vögeln mit dem Schnabel ausgebissenen Kerben an den Hinterflügeln ergaben, dass Vögel tatsächlich auf den falschen Kopf picken. Robert Robbins (1981) testete die Wirkung der falschen Bläulingsköpfe mit einem vergleichenden Ansatz. Er fing auf einem kleinen Hügel in Kolumbien über 1000 Bläulinge aus 125 Arten. Die Tiere teilte er in vier Kategorien ein:

1. Arten mit Antennenimitation: In diese Gruppe fallen diejenigen Arten, die lediglich Flügelzipfel besitzen, die wie Schmetterlingsfühler aussehen.
2. Arten mit Kopfimitation: Hierzu zählte Robbins Arten, die zusätzlich eine Ausbuchtung des Hinterflügels mit auffälliger Färbung besitzen. Bei diesen Arten entsteht eine einfache Kopfimitation.
3. Arten mit besonders ausgeprägter Kopfimitation: In diese Kategorie gehören die Arten, die eine besonders ausgeprägten Ausbuchtung des Hinterflügels besitzen.

4. Arten mit Augenimitation: In diese Gruppe fallen die Arten, die auf einer besonders ausgeprägten Ausbuchtung des Hinterflügels zusätzlich einen deutlichen Augenfleck haben. Das sind die Arten mit den ausgeprägtesten Kopfimitationen.

An den gefangenen Tieren aus allen vier Fallgruppen zählte er die Flügelauskerbungen, die symmetrisch an beiden Hinterflügeln vorhanden waren. Solche Auskerbungen entstehen durch Schnabelattacken auf die Kopfimitationen am Hinterflügel. 23 % der Bläulinge mit Augenimitation am nachgeahmten Kopf, 12 % der Tiere mit ausgeprägter Kopfnachbildung, aber nur 3 %, bzw. 4 % der Falter mit einfacher Kopfimitation bzw. Fühlerimitation wiesen Flügelkerben auf. Dieses Ergebnis dokumentiert, dass die Schnabelattacken auf die Hinterflügel mit der Güte der Kopfimitation korrelieren. Wie ist dieses Ergebnis zu deuten? Unter der Annahme, dass alle Bläulinge gleich häufig angegriffen wurden, hat Robbins die Vermutung, dass mehr Bläulinge mit schlechterer Kopfimitation in den Vogelmägen landeten, während Bläulinge mit guter Kopfimitation häufiger durch Schnabelhiebe verletzt wurden, aber die Attacke überlebt haben. Für den Vogel reicht es offenbar nicht, einen Zipfel des Falters zu fassen zu kriegen, um ihn erfolgreich zu attackieren.

Ein Augenfleck an der Spitze des Hinterflügels kann bei Fleckenfaltern der Gattungen *Polyura* und *Charaxes* mit einer auffälligen bandförmigen Zeichnung, die sich über die Oberseite der Vorder- und Hinterflügel erstreckt, kombiniert sein (Smart 1987). Die restlichen basalen Flügelflächen sind anders und unauffälliger gefärbt. Das auffällige Muster imitiert eine Schmetterlingsraupe fanden Peter Mullen und Georg Pohland (2001) heraus. Die Raupenmimikry ist besonders deutlich bei einigen malaiischen *Polyura*-Arten (Nymphalidae): Bei *Polyura athamas* und *P. narcaea* werden Kopf, dorsale Auswüchse, Stigmenöffnungen, Körpersegmentierung und Beine von Raupen täuschend ähnlich nachgebildet.

Tafel IV: Der Zipfelfalter *Cycnus phaleros* bietet an seinem Hinterende einen „falschen Kopf", der einen angreifenden Vogel irritieren soll. Aus der Sicht von oben (rechts) ist die plastische Kopfmimikry (oben) besonders deutlich zu erkennen. (Originalphoto P. Mullen, Wülfrath)

4 Schutzmimikry

Den in Sammlungen gespannten Faltern ist die Raupenmimikry nur schwer anzusehen, da die Tiere nicht in einer natürlichen Flügelhaltung präpariert sind. Aus eingescannten Bildern lässt sich am Computer die Raupennachbildung rekonstruieren (Tafel V). Sie könnte einen angreifenden Vogel zu einer Schnabelattacke am falschen Ende verleiten wie bei den automimetischen Kopfsignalen der Bläulinge. Es handelt sich dabei aber um eine reine Hypothese, die der experimentellen Prüfung bedarf.

Tafel V: Oben: Die Zeichnung der Flügeloberseite von *Polyura nepenthes* und ein Computerbild mit der raupenimitierenden Flügelzeichnung des Falters auf einem Blatt. Unten: Zeichnung der Flügelunterseite eines Schmetterlings aus der *Kallima*-Verwandtschaft und ein Computerbild der puppenimitierenden Flügelzeichnung im Geäst. (Originalphotos G. Pohland, Essen-Kettwig und P. Mullen, Wülfrath)

Die Blattschmetterlinge aus der Verwandtschaft der Gattung *Kallima* gelten als faszinierende Beispiele für eine nahezu perfekte Blattmimese. Bei solch einem Falter entdeckten Peter Mullen und Georg Pohland auf der Außenseite der in Ruhe zusammengeklappten Flügel das Zeichnungsmuster einer Schmetterlingspuppe (Tafel V). Das deutet darauf hin, dass die Tiere zunächst auf Tarnung setzen, aber wenn sie einmal entdeckt werden, das Suchbild – hier für eine Schmetterlingspuppe – am falschen Ort bieten, um die Chance zu entkommen zu verbessern.

Wie so oft bei der Darstellung von Mimikrysystemen fällt zunächst der Nachahmer auf, der ein bekanntes Vorbild imitiert, während der Signalempfänger unbekannt bleibt. Schmetterlingsflügel sind jedoch nicht nur reine Plakatwände. Die Flügel der Schmetterlinge sind multifunktionelle Organe. Sie dienen primär als Tragflächen beim Fliegen und als Sonnenkollektoren beim Aufwärmen im Sonnenschein. Als bis zu handtellergroße Signalflächen bilden sie komplizierte Farbmuster, die eine flechtenbewachsene Baumborke nachahmen können oder ein welkes, gar angefressenes Blatt. Grelle Warnfarben auf den Flügeln können die Giftigkeit des Falters signalisieren. Dabei schützen einprägsame Muster aus kontrastierenden Farben vor dem Zugriff von erfahrenen Prädatoren. Die Farbmuster entstehen entweder durch Pigmente, die in die Flügelschuppen eingelagert sein können oder durch regelmäßige Hohlraumbildung in den Schuppen, die zur Generierung physikalischer Farben, etwa bei Schillerfaltern, beiträgt.

„Schau mir in die Augen, Kleines!" Nicht Humphry Bogart in Casablanca, sondern Ellen Thaler in Innsbruck sagt dieses über die Scheinaugen von Meeresfischen (1997). Anders als die Scheinaugen von Schmetterlingen weisen Augennachahmungen von Fischen niemals ein Glanzlicht auf. Unter einem Glanzlicht verstehen wir einen Bereich, auf dem es zur Totalreflexion kommt, so dass ein heller Lichtreflex entsteht. Auch auf echten Fischaugen ist kein Glanzlicht zu sehen, da wegen des ähnlichen Brechungsindex von Wasser und Hornhaut keine Glanzlichter entstehen. Fälschlicherweise wird manchmal in Zeichnungen von Fischaugen ein Glanzfleck hinzugefügt. Aber der Glanzfleck entsteht nur, wenn ein Fisch nicht im Wasser, sondern an der Luft betrachtet wird. Als natürliches Vorbild für Augenflecken bei Fischen kommen nur Augen ohne Glanzfleck in Betracht (Abb. 35).

Abb. 35: Lehrbuchdarstellung des Seeschmetterlings (*Blennius ocellaris*): Der Zeichner hat das echte Auge mit einem Glanzfleck versehen und den Augenfleck auf der Rückenflosse naturgetreu ohne Glanzfleck dargestellt. (Verändert nach De Haas und Knorr 1990)

4 Schutzmimikry

Bei ihren Tauchgängen beobachtete Ellen Thaler, dass manche Fische in den Korallenriffen ihre Augenfarbe bei sozialen Interaktionen ändern. Der Weißdorn-Segelflosser (*Zebrasoma scopas*) ist gelb gefärbt. Die dunkle Iris färbt sich bernsteingelb bei zunehmender Aggressivität. Gleichzeitig wird die Körperfarbe dunkler, so dass schließlich bei höchster Aggressivität die Iris auffällig leuchtet. Die Bedeutung dieses Augensignals zeigen Aquariumbeobachtungen: Wenn sich zwei Artgenossen zu nahe kommen kann die veränderte Augenfarbe blitzschnell, in drei Tausendstel Sekunden, innerartliche Aggressivität signalisieren.

Auf ihrer Rückenflosse ein Paar Augenimitationen trägt die Krabbenaugengrundel (*Signigobius biocellatus*), das sowohl bei der Geschlechtererkennung als auch bei der Feindabwehr eine Rolle spielt. Die Geschlechter erkennen sich an der Pupillenfarbe der Augenimitation: Bei Annäherung zweier Krabbenaugengrundeln verfarbt sich die schwarze Pupille bei Weibchen bereits bei einem Abstand von durchschnittlich 28 Zentimetern, bei Männchen erst bei einem Abstand von durchschnittlich 13 Zentimetern grün. Bei der Annäherung auf eine kritische Distanz kann das der Geschlechtererkennung dienen. Nähern sich zwei grünäugige Artgenossen bis auf eine kritische Distanz, so handelt es sich um Weibchen, die wieder auseinander schwimmen. Treffen ein grünäugiges und ein schwarzäugiges Tier aufeinander, erkennen sie sich als verschieden geschlechtlich. Unterschreiten zwei schwarzäugige Fische die kritische Distanz, sind es Männchen. Die Annäherung von zwei Männchen kann in einen Kampf münden, in dem die Kontrahenten versuchen, sich gegenseitig mit aus dem Maul gepressten Wasserfontänen wegzublasen.

Abb. 36: Die gefährliche Perlmuräne (*Gymnothorax meleagis*) trägt ein auffälliges Zeichnungsmuster, das als Vorbild für die Körperfärbung des Mirakelbarsches dient. (Verändert nach Helfman et al. 1997)

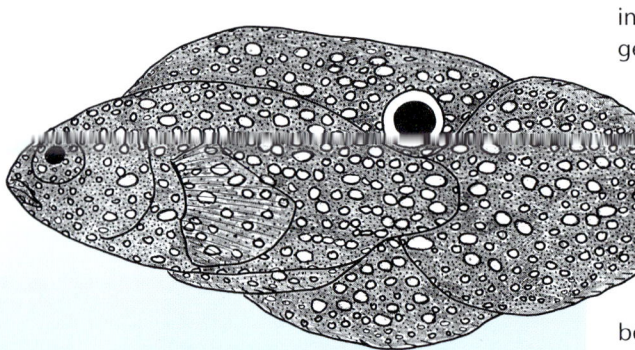

Abb. 37: Der Mirakelbarsch (*Calloplesiops altivelis*) profitiert von der Ähnlichkeit seines Zeichnungsmusters mit dem der Perlmuräne. Besonders wenn der Mirakelbarsch rückwärts aus seinem Versteck schwimmend seine Rückenflosse mit Augenzeichnung spreizt, ähnelt er einer angreifenden Muräne. (Verändert nach Helfman et al. 1997)

Während der mühsamen Nahrungsbeschaffung, bei der die Krabbenaugengrundeln Sand nach Kleinstorganismen durchfiltern, bleibt das falsche Augenpaar durch eine aufgestellte Rückenflosse sichtbar. Dieses Ensemble imitiert einen räuberischen Eidechsenfisch. Kleinere Fische machen einen Bogen um die präsentierte Rückenflosse einer Krabbenaugengrundel. Selbst Eidechsenfische ignorieren sie.

Ein anderes Beispiel für Augenmimikry bei Fischen stellt der schwarze, weißgepunktete Mirakelbarsch (*Calloplesiops altivelis*) dar. Er setzt auf die abschreckende

Wirkung der Perlmuräne *Gymnothorax meleagis* (Abb. 36). Rückwärts aus seinem Versteck schwimmend imitiert der Mirakelbarsch einen Muränenkopf, wobei den auffälligen Augen auf der Rückenflosse sicher erhebliche Bedeutung zukommt (Abb. 37).

Die Präsentation von Augenzeichnungen können Tintenfische mit schnellen Farbwechseln kombinieren. Eben noch durch entsprechende Farbmuster dem Hintergrund angepasst (Kap. 3, S. 35), reagieren *Sepia officinalis*-Jungtiere bei Störung mit der Betonung ihrer Augen durch Öffnung der Pupille und einen schwarzen Farbring sowie zusätzlicher Präsentation zweier Augenflecken auf dem Mantel. Oder sie schließen die Pupille und bilden am Mantelhinterrand eine Kopfimitation mit nachgeahmten offenen Augen. Im geeigneten Moment können sie blitzschnell fliehen und sich dabei sofort wieder eine Tarnfärbung zulegen.

Spuren im Blatt

Die ungeheure Wandelfähigkeit des Blattes ist eine der faszinierendsten Charakteristika der Pflanzen. Nahezu alle Pflanzenorgane sind Blätter in unterschiedlicher Erscheinungsform: Die Blüte besteht aus Kelch-, Blüten-, Staub- und Fruchtblättern, Laubblätter können uns auch als Hochblätter, Nadelblätter, Blattdornen oder Blattranken gegenübertreten.

Die Gesamtheit der grünen Laubblätter stellt den größten Nährstoffproduzenten auf unserer Erde dar. Aus Kohlendioxid und Wasser produzieren grüne Blätter mit Hilfe der Sonnenenergie jährlich $5 \cdot 10^{13}$ (= 50000000000000) kg Kohlenhydrate. Kein Wunder, dass ein Heer von Pflanzenfressern direkt von den nährstoffproduzierenden Blättern lebt. Einige Pflanzen stecken daher einen Teil ihrer Energie in die Abwehr von Blattfressern mittels Dornen, Nesselhaaren oder Giftstoffen. Diese Giftstoffe halten viele Blattfresser erfolgreich ab. Manche Spezialisten jedoch haben oft Anpassungen, meist Entgiftungsmechanismen, entwickelt, um die Abwehr ihrer Futterpflanzen zu überwinden. Sie erkennen ihre Futterpflanzen in vielen Fällen sogar an der spezifischen Giftstoffmischung. In manchen Fällen nutzen diese Tiere die aufgenommenen Giftstoffe in unveränderter oder chemisch abgewandelter Form zum eigenen Schutz.

Die Auswirkungen eines solchen Gifteinsatzes stellen sich uns heute als eines der faszinierendsten Mimikrysysteme in der Biologie dar. Bei den Kombattanten handelt es sich um die ca. 500 Arten der Passionsblumengewächse (Passifloraceae) und die ca. 70 Arten der Passionsblumenfalter (Heliconiinae), einer Unterfamilie der Fleckenfalter (Nymphalidae). Schauplatz ist der tropische Regenwald Brasiliens. Die Passionsblumenfalter sind tagaktive Schmetterlinge in den leuchtendsten Naturfarben. Die von den Raupen aufgenommenen Blattgifte schützen auch noch die Schmetterlinge, die sich durch eine besondere Langlebigkeit auszeichnen. Passionsblumenfalter erreichen regelmäßig das für Schmetterlinge ungewöhnlich hohe Alter von mehr als sechs Monaten. Ihren dadurch erhöhten Nahrungsbedarf decken sie – auch das für Schmetterlinge ungewöhnlich – durch Pollen, den sie neben Nektar von Blüten aufnehmen. Sie können sowohl ultraviolettes als auch infrarotes Licht wahrnehmen und sind ausgesprochen visuell orientiert. Die Passionsblumengewächse besitzen auffallend schöne Blüten, deren horizontal orientierte Staubgefäße wie ein Kranz rund um die Blüte angeordnet sind. Die daraus entstehende Ähnlichkeit mit der Dornenkrone Christi hat den Blüten den Namen Passionsblumen eingetragen. Passionsblumengewächse gedeihen in den tropischen Regenwäldern im Schatten der großen Urwaldbäume.

Die effektive Nutzung des wenigen Lichtes spielt für ihr Wachstum eine so große Rolle, dass die Reduktion der Blattfläche durch Fraßschäden einen erheblichen Konkurrenznachteil bedeuten kann. Die Pflanzen haben daher außerordentlich starke Blattgifte entwickelt. Lediglich manche Früchte, deren Samen von Vögeln und Säugetieren verbreitet werden, sind von der Giftigkeit ausgenommen. Die essbaren Passionsfrüchte kommen auch in Europa in den Handel. Durch die Entwicklung ihrer starken Blattgifte haben viele Arten die meisten ihrer Blattfresser im Laufe der Zeit abgeschüttelt. Andere Arten besitzen Blätter mit einer Oberfläche voller spitzer Haken, die Jungraupen aufzuspießen vermögen. Die wenigen verbliebenen Pflanzenfresser sind zu Spezialisten geworden so wie die Passionsblumenfalter. Diese sind oft auf ganz bestimmte Arten der Passionsblumen spezialisiert.

Der evolutionäre Wettlauf zwischen Futterpflanzen und Schmetterlingen wird nicht nur mit chemischen Waffen, sondern auch mit optischer Täuschung, Tarnung und Verwirrspielen ausgefochten (Gilbert 1982). Als Resultat gibt es daher außer chemischen Formeln von Blattgiften und Resistenzerscheinungen der Raupen auch sichtbare Ergebnisse. Weibchen der Passionsblumenfalter orientieren sich bei der Eiablage visuell. Die Blattform ihrer spezifischen Futterpflanzenart ist ein wichtiges Kriterium bei der Eiablage (Abb. 38). Diese Entwicklung hat zur Entstehung einer Fülle von Blattformen bei Passionsblumengewächsen

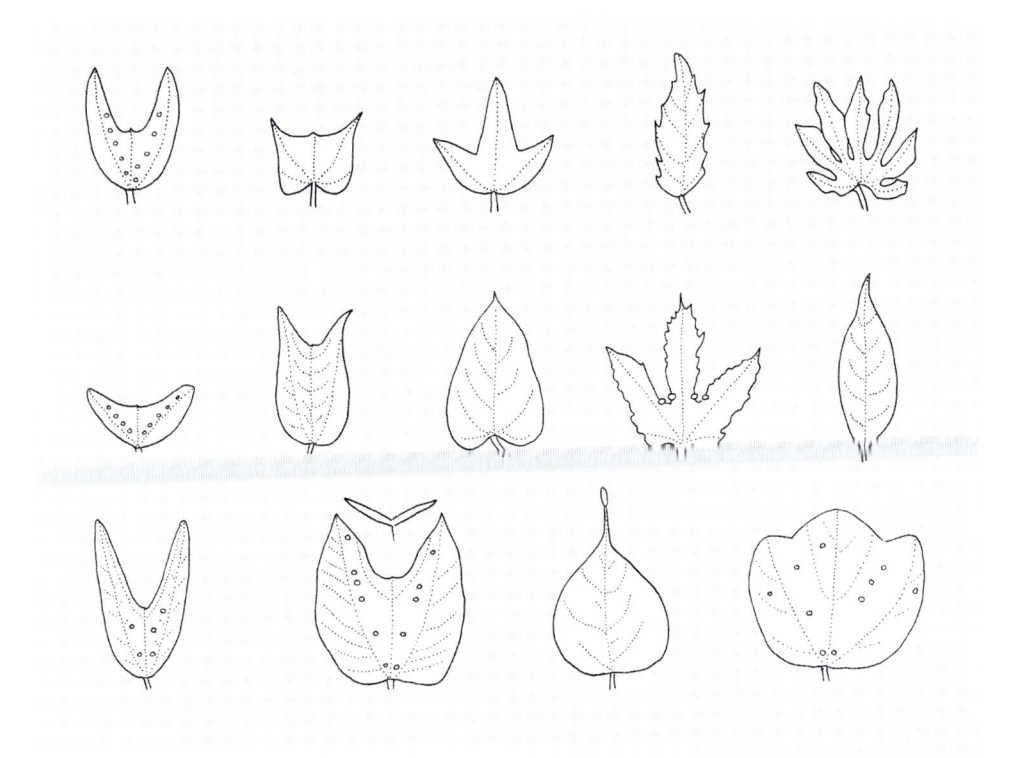

Abb. 38: Die Blattformen bei Passionsblumengewächsen der Gattung *Passiflora* unterscheiden sich stärker voneinander als die Blattformen anderer nah verwandter Pflanzenarten. Von links, obere Reihe: *Passiflora tuberosa, P. capsularis, P. cyanea, P. quadrangularis, P. serrato-digitata*; mittlere Reihe: *P. biflora, P. costaricensis, P. oesterdii, P. vitifolia, P. ambigua*; untere Reihe: *P. condollei, P. cuneata* mit kleinen Jugend- und großen Altersblättern, Nebenblatt von *P. cyanea, P. auriculata*. (Verändert nach Gilbert 1982)

geführt (Sbordoni und Forestiero 1984), so dass im Wesentlichen jede Species der Passifloraceae nur noch von einer spezialisierten *Heliconius*-Art besucht und gefressen wird. Manche Passionsblumengewächse wie *Passiflora cuneata* ahmen als empfindliche Jungpflanze gar die Blattformen anderer Pflanzen nach und irritieren dadurch legebereite Falterweibchen zusätzlich. Zudem achten die Weibchen darauf, dass das Blatt nicht bereits von Raupen angefressen wurde und dass kein anderes Weibchen bereits seine Eier an dem Blatt abgelegt hat. Nur so hat das aus dem Ei schlüpfende Räupchen mit hoher Sicherheit ein ganzes Blatt als Larvenfutter sicher, so dass die winzigen Eiräupchen eine ausreichende zarte erste Mahlzeit finden. Bevorzugt wählen die Weibchen junge, weiche Blätter zur Eiablage. Außerdem haben die Passionsblumenfalterraupen starke Neigungen zum Kannibalismus. Die Falterweibchen können ihre Raupen vor dem Gefressenwerden von einem älteren Artgenossen am besten schützen, indem sie ihre Eier an Blätter legen, an denen noch kein anderes Weibchen Eier gelegt hat. Diese Inspektion der eierlegenden Passionsblumenfalter nutzen manche Passionsblumen (Abb. 38). Bei *Passiflora helleri* imitiert eine Reihe von weißen Flecken auf dem Blatt Schmetterlingseier und hält Schmetterlingsweibchen erfolgreich von der Eiablage ab (Abb. 39). Die imitierten Eier dienen dazu, dem eiablagebereiten Weibchen zu signalisieren, dass hier ein anderes Weibchen vor ihm da war. Sie stellen gewissermaßen ein Besetztzeichen dar. Die Passionsblumen spielen quasi in diesem Wettbewerb der Schmetterlingsweibchen mit durch die Imitation bereits belegter Blätter. Knotige Auswüchse an den Blattstängeln bei anderen *Passiflora*-Arten haben dieselbe Aufgabe. Solche Gebilde fungieren bei manchen Arten als extraflorale Nektarien (Nektarbehälter außerhalb der Blüte) und locken Ameisen an, die legebereite Falter abwehren. Dadurch erhalten die Ameisen wie Leibwächter „ihre" Pflanze als Jagdgebiet. Bereits geschlüpfte Raupen stellen für die Ameisen keine begehrte Kost dar, da sie giftig sind. Sie werden aber verzehrt, wenn die Triebspitze der Pflanzen und damit ihr Wachstum gefährdet ist.

Den Effekt dieser Eiimitationen testeten Williams und Gilbert (1981) experimentell an *Passiflora cyanea* und *P. oerstedii*. *Passiflora oerstedii* besitzt keine Eiimitationen. Bei *Passiflora cyanea* sind die Spitzen der Nebenblätter fädig verlängert und weisen

Abb. 39: Eiimitationen auf den Laubblättern von *Passiflora helleri* als Luftabwehr gegen eiablagebereite *Heliconius*-Falter.

eine endständige Verdickung auf, die eine Eiimitation darstellt. Brachten sie *Passiflora oerstedii* in ein Gewächshaus, kamen die Passionsblumenfalter (*Heliconius cydno*-Weibchen), vom Duft angelockt, sofort angeflogen. Erst nach sorgfältiger Inspektion eines Blattes legten die Weibchen ein Ei. Hatten die Forscher vorher ein Ei von *Heliconius cydno* auf ein Blatt geklebt, legten die Weibchen viel seltener ein Ei auf dieses Blatt ab. Sowohl die gelbe Farbe wie chemische Reize des Eies spielten dabei eine Rolle, denn bereits das Anfärben der Eier mit grüner Lebensmittelfarbe oder das Abwaschen der Geschmacksstoffe führte wieder zu erhöhter Eiablage. Die Eiablage der *Heliconius cydno*-Weibchen an nicht manipulierten

Pflanzen von *Passiflora cyanea* war signifikant geringer. Erst wenn die Experimentatoren die Spitzen der Nebenblätter gekappt hatten, stieg die Eiablage auf den Blättern im Vergleich zur Eiablage auf Pflanzen mit intakten Nebenblättern.

Mertens'sche Mimikry

Seine Forschungsergebnisse über Korallenschlangen trug Robert Mertens 1955 auf einem „Evolutionskolloquium" im Zoologischen Institut der Universität Hamburg vor. Die dort angeschnittenen Probleme (Mertens 1956) sind bis heute Gegenstand von heftigen Diskussionen. Schon zu Beginn des 19. Jahrhunderts war Reptilienforschern aufgefallen, dass im tropischen und subtropischen Bereich Amerikas verschiedene, darunter auch nicht näher verwandte Schlangen ein sehr ähnliches und auffälliges Schuppenkleid tragen. Das Farbkleid besteht aus roten, schwarzen und gelben (oder weißlichen) Ringen und hat ihren Trägern den Sammelnamen „Korallenschlangen" eingetragen (Abb. 40). Unter ihnen gibt es sehr giftige, wenig giftige und sogar harmlose Vertreter. Da „echte" und „falsche" Korallenschlangen im gleichen Gebiet vorkamen, schien die Sache klar: ein Fall von Bates'scher Mimikry mit den giftigsten *Micrurus*-Arten als Vorbild und zahlreichen Nachahmern. Über einen Signalempfänger, der durch die Korallenschlangenmimikry getäuscht werden könnte, waren nur Spekulationen möglich. Beobachtungen oder Versuchsergebnisse gab es nicht.

So darf es nicht wundern, dass zahlreiche andere Hypothesen für die Evolution der Korallenschlangen entwickelt wurden: Verwandtschaft aller Korallenschlangen in Form einer geschlossenen Abstammungsgemeinschaft, zufällige Entwicklung desselben Farbmusters in den 75 Korallenschlangenarten aus 18 Gattungen und sogar Tarnwirkung wurden diskutiert.

Zu den 75 Korallenschlangen gehören laut Mertens die tödlich giftigen *Micrurus*-Arten, wenig giftige Arten (z.B. *Pseudoboa trigemina* und *Erythrolamprus aesculappii*) sowie die ungiftigen Vertreter (*Atractus, Simophis, Pliocercus, Sibynophis* und *Cemophora*). Eine Einordnung in bekannte Mimikryschemata ist aber wegen der tödlichen Giftigkeit der *Micrurus*-Arten nicht möglich. Tödlich giftige Arten können nicht als Vorbild im Sinne eines Bates'schen Mimikrysystems dienen, denn kaum ein Signalempfänger überlebt seine Erfahrungen. Aus demselben Grunde kann auch keine Müller'sche Mimikry im Sinne eines gemeinsamen ehrlichen Warnsignals vorliegen. Tödlich giftige Arten könnten wohl von der Warntracht wenig giftiger Arten profitieren, nicht aber umgekehrt. Die Schutzwirkung der Warntracht würde nicht auf Gegenseitigkeit beruhen. Mertens nahm an, dass mit zunehmender Giftigkeit der Schlangen ihre Rolle als Vorbild oder Nachahmer wechselte. Nach seinen Überlegungen sollen *Micrurus*-Arten zunächst weniger giftig gewesen sein und als Vorbild für ungiftige oder mäßig giftige Schlangen gedient haben. Nachdem die *Micrurus*-Arten zu giftig geworden waren, um ihre Rolle als Vorbild spielen zu können, übernahm ein Teil der früheren Nachahmer nun die Funktion als Vorbild. Die tödlich giftigen *Micrurus*-Arten haben keinen Platz mehr in diesem Mimikryszenario. Da sie von Imitation der Warntracht der weniger giftigen Korallenschlangen profitieren, ohne Vorbild eines Bates'schen oder Teilnehmer eines Müller'schen Mimikrysystems zu sein, hat Wickler für diese Form den Namen *Mertens'sche Mimikry* vorgeschlagen. Bei der Mertens'schen Mimikry ist also nicht die wehrhafteste Art das Vorbild, sondern der Nachahmer einer weniger wehrhaften Art.

Eine verblüffend einfache andere Lösung fand Susan Smith (1977) auf Grund ihrer Experimente in Costa Rica. Sie beobachtete das Verhalten von naiven Bentevi. Der Bentevi ist ein vom Süden der USA über Mittelamerika bis nach Argentinien verbreiteter Vogel aus der Familie der Tyrannen (*Pitanjus sulpharates;* Tyrannidae), der sich von Insekten und kleinen Reptilien ernährt. Susan Smith horstete sechs Nestlinge aus und zog sie im Labor groß. Im Alter von 45 Tagen, in dem die Jungen selbständig Nahrung suchen konnten, begannen die Verhaltensexperimente. Sechs Zentimeter lange, fingerdicke Holzstöckchen, die Smith in fünf verschiedenen Farben und Farbmustern bemalte, bildeten die Testobjekte. Die Jungvögel zeigten keine Scheu vor den einfarbigen Schlangenattrappen und pickten sofort nach ihnen. Ebenso pickten sie nach Testobjekten mit Streifenmuster oder weiß-grünem Ringmuster. Die Bentevis pickten dagegen nicht auf rot-gelb gestreifte Testobjekte. Testobjekte mit typischen rot-gelb-schwarzen Korallenschlangenfarbmustern lösten zusätzlich

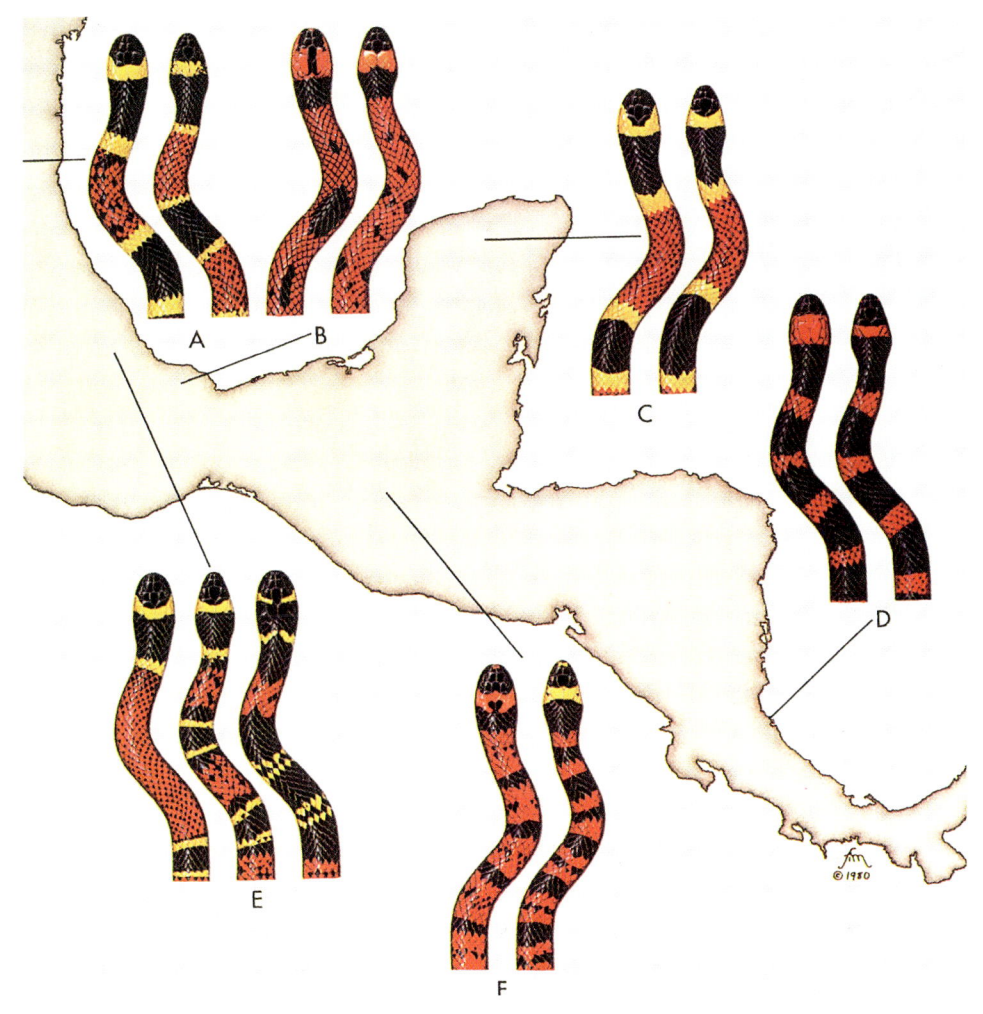

Abb. 40: Korallenschlangen in verschiedenen neotropischen Verbreitungsgebieten Mittelamerikas. Die gefährlichen Vorbilder der Gattung *Micrurus* sind jeweils linksstehend abgebildet: A: *M. fulvius;* B: *M. limbatus;* C: *M. diastema;* D: *M. mipartitus;* E: *M. diastema*, F: *M. diastema*. Rechts daneben ist der lokale Vertreter der Gattung *Pliocerus* abgebildet. In Südmexiko und Guatemala existiert das bei E rechtsstehend abgebildete zweite Vorbild *Micrurus elegans*. (Originalphoto F. Irish, USA)

Warnrufe aus. Susan Smith schließt, dass Bentevis angeborenermaßen selektiv vor dem Korallenschlangenfarbmuster zurückschrecken. Sollte eine solche angeborene Aversion bei Vögeln verbreitet sein, könnten tödlich giftige *Micrurus*-Arten eventuell doch Vorbild in einem Bates'schen Mimikrysystem sein.

Wie präzise muss eine Imitation sein? Das hängt entscheidend von den Vor- und Nachteilen des Signalempfängers ab. Geht der Signalempfänger ein Todesrisiko ein, wie es bei der tödlichen Giftigkeit mancher Korallenschlangen gegeben ist, hat er Vorteile, wenn er schon bei geringster Verwechslungsmöglichkeit eine Begegnung vermeidet. Die manchmal groben Signalkopien von Nachahmern sehr giftiger Vorbilder können so erklärt werden. Greene und McDiarmid (1981) fanden zusätzliche Hinweise durch eine Untersuchung des Farbmusters der Korallenschlangennachahmer. Bei insgesamt drei Gattungen der ungiftigen Colubriden (*Lampropeltis, Erythrolampus, Pliocercus*) und bei der schwach giftigen *Micruroides euryxanthus,* die ebenso wie die tödlich giftigen Arten der Gattung *Micrurus* zu den Elapiden zählt, untersuchten die Forscher Variationen des Farbmusters innerhalb des Verbreitungsgebietes (siehe Abb. 40). Sie fanden jeweils eine frappierende Ähnlichkeit mit dem Farbmuster der im Gebiet vorkommenden *Micrurus*-Arten. Also tödlich giftige Arten und ungiftige oder schwach giftige Arten ähneln sich stark in ihrem gemeinsamen Verbreitungsgebiet der *Micrurus*-Arten. Die festgestellte regionale Übereinstimmung von giftigen und ungiftigen Korallenschlangen zeigt, dass offenbar doch eine detailgenaue Imitation von Bedeutung ist. Möglicherweise wird die tödliche Giftigkeit mancher *Micrurus*-Arten überschätzt, denn sitzt ein Biss nicht richtig oder ist die Giftmenge nach einem vorangegangenen Biss noch gering, könnten die Überlebenschancen nach einem *Micrurus*-Biss doch höher sein als oftmals angenommen.

Der natürliche Signalempfänger der Korallenschlangen-Farbzeichnung ist weiterhin unbekannt. Schlangenfressende Vögel spielen bei den meisten Überlegungen zur Funktion der Korallenschlangen-Mimikry eine hervorragende Rolle. Die vielzitierte tödliche Giftigkeit einiger *Micrurus*-Arten erstreckt sich aber sicher auch nicht auf alle Bissopfer und ist zudem von der Größe der Schlange und der injizierten Giftmenge abhängig. Auch Korallenschlangen selbst kommen als Signalempfänger der Korallenschlangen-Farbzeichnung in Frage. Viele Korallenschlangen ernähren sich von Schlangen. Sehr giftige Arten sind unter Umständen nicht gegen das arteigene Schlangengift immun. Die Begegnung mit einem hungrigen Artgenossen oder einer anderen giftigen Art könnte durch Warnfarben vermieden werden. Einen experimentellen Befund lieferten Pfennig et al. (2001), die 1200 naturgetreu in rot-weiß-schwarzer Ringelung bemalte Plastikmodelle der ungiftigen *Lampropeltis triangulum elapsoides* ausbrachten. In Gebieten, in denen giftige Korallenschlangen als Vorbilder vorkamen, blieben die Modelle unversehrt, in Gebieten ohne potentielle Vorbilder fanden sie häufig Kratz- und Bissspuren an den Modellen, die Angriffe von Vögeln dokumentierten. Diese Ergebnisse deuten darauf hin, dass der Schutz vor schlangenfressenden Vögeln einen starken Selektionsdruck auf die Ausbildung von Warnfarben im Korallenschlangenfarbmuster und ihren Nachahmungen haben könnte.

Mimikryweltrekord

Mimikrysysteme quantitativ zu vergleichen, etwa hinsichtlich der Güte einer Signalfälschung, ist nicht möglich. Doch wegen der außerordentlichen Komplexität ist die Schmetterlingsmimikry des afrikanischen Falters *Papilio dardanus* (Papilionidae) ein Rekordhalter unter den Mimikrysystemen. Während die Männchen von *P. dardanus* mit ihrer gelbschwarzen Flügelzeichnung und Zipfeln an den Hinterflügeln wie typische Schwalbenschwanzfalter aussehen, sind mindestens 18 unterschiedliche Morphen der Weibchen bekannt, von denen die meisten ungenießbare Schmetterlingsarten als Vorbilder nachahmen. Es wird noch wesentlich komplexer dadurch, dass zehn geographische Rassen von *P. dardanus* bekannt sind, wobei Weibchen verschiedener Rassen dieselben Vorbilder imitieren können (Abb. 41, Tafel VI). Die *hippocoonides*-Weibchenmorphe beispielsweise, die den giftigen Falter *Amauris niavius dominicanus* imitiert, tritt bei den Rassen *P. dardanus cenea*, *P. d. tibullus*, *P. d. meseres*, *P. d. polytrophus* und *P. d. ochracea* auf und ist in weiten Teilen Afrikas anzutreffen.

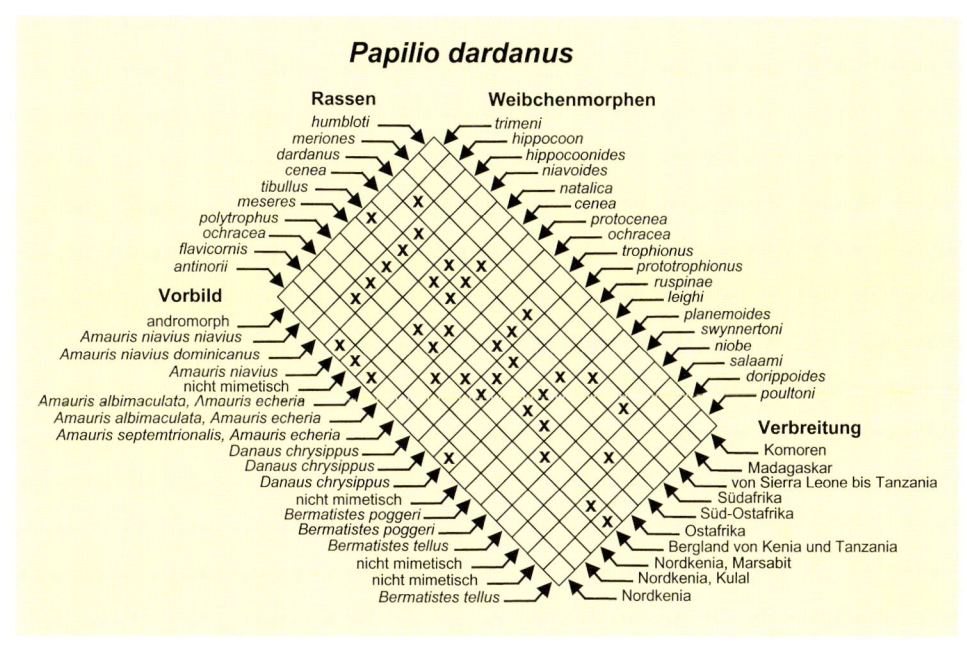

Abb. 41: Geographische Rassen und ihr Vorkommen sowie Morphen und ihre Vorbilder von *Papilio dardanus*-Weibchen.

Da alle Männchen von *P. dardanus* wie typische Schwalbenschwanzfalter aussehen, nehmen Clarke und Sheppard (1963) an, dass sie ihr einheitliches Flügelzeichnungsmuster von einem gemeinsamen Vorfahren geerbt haben. Wie aber sind die zahlreichen mimetischen Formen der Weibchen entstanden? Es ist extrem unwahrscheinlich, dass die vielen Änderungen im genetischen Code, die nötig sind, um eine neue, einem Vorbild sehr ähnliche Form zu erzeugen, auf einen Schlag entstanden sind. Viel wahrscheinlicher handelt es sich um ein graduelles Ähnlicherwerden. Eine einzige punktförmige Änderung im genetischen Code, eine Punktmutation, machte das mutierte Individuum zufällig einem ungenießbaren Falter ähnlicher. Weitere Mutationen in nachfolgenden Generationen könnten die Ähnlichkeit Schritt für Schritt verbessert haben. Bei der Flügelzeichnung von *P. dardanus* sind dabei verschiedene Gene betroffen. Dabei muss jedes dieser Gene in einer bestimmten Form (Allel) vorliegen, damit ein komplexes, dem Vorbild ähnliches Flügelmuster entsteht. Das Ablesen all dieser Gene, die für die Ausbildung des Flügel-

Tafel VI: Polymorphismus und Bates'sche Mimikry: Männchen und Weibchenmorphen von *Papilio dardanus:* oben links: *P. d. trophonius*-Weibchen (Nachahmer von *Danaus chrysippus*); oben rechts: *P. d. planemoides*-Weibchen (Nachahmer von *Bermalistes poggeri*); Mitte links: *P. d. cenea*-Weibchen (Nachahmer von *Amauris echeria* und der ähnlichen Art *Amauris albimaculata*); Mitte rechts: *P. d. hippocoonides*-Weibchen (Nachahmer von *Amauris niavius dominicanis*); unten links: *P. d. dionysos*-Weibchen; unten rechts: *Papilio dardanus*-Männchen. (Originalphotos T. Sekimura, Kasugai, Japan)

zeichnungsmusters verantwortlich sind, wird durch ein Supergen kontrolliert. Verschiedene Allele des Supergens codieren die Entwicklung der verschiedenen Morphen einer Rasse.

Wie lässt sich die Entstehungsgeschichte der mimetischen Formen zurückverfolgen? Clarke und Sheppard (1960) überlegten, dass ein Allel dominant werden sollte, wenn es eine vorteilhafte Mutation trägt. Die erste mimetische Form sollte daher mit hoher Wahrscheinlichkeit auch heute noch daran erkannt werden, dass sie in einem Kreuzungsexperiment eine Dominanz gegenüber der ursprünglichen nicht-mimetischen Form, jedoch eine Rezessivität gegenüber allen anderen Formen zeigt. Die Suche der beiden Forscher war erfolgreich. Die *hippocoonides*-Form als Nachahmer des ungenießbaren, häufigen und weit verbreiteten Falters *Amauris niavides dominicanus* erfüllte dieses Kriterium. Die *meriores*-Rasse auf Madagaskar kommt der ursprünglichen Erscheinungsform nahe: Männchen und Weibchen sehen gleich aus und besitzen Merkmale eines typischen Schwalbenschwanzfalters und ähneln keinem ungenießbaren Falter. Wesentliche Teile dieses Puzzles wurden in Liverpool aufgeklärt. Dort gelang es den Forschern C. A. Clarke und P. M. Sheppard, die Raupen der verschiedenen auf einer Expedition gesammelten Rassen und Formen auf den Blättern des in England häufigen Gartenstrauchs *Choisya ternata* (Rutaceae) zu züchten. Sie entdeckten dabei noch mehr Formen als aus der Natur bekannt waren und klärten bereits 1963 die komplizierte genetische Steuerung der Farbmusterbildung auf, die dafür sorgt, dass Zwischenformen selten bleiben. In neuerer Zeit ist *Papilio dardanus* von Biochemikern und Mathematikern als Modellsystem für die Farbmusterbildung auf dem Flügel erfolgreich untersucht worden (Sekimura et al. 2000).

Freilanduntersuchungen in Afrika zeigten, dass die Weibchenmorphen von *P. dardanus* stets in demselben Gebiet wie ihre ungenießbaren Vorbilder vorkamen. Je häufiger die Vorbilder in einem Gebiet vorkamen, desto geringer war die Anzahl der Weibchenmorphen von *P. dardanus* in diesem Gebiet sowie die Anzahl der Weibchen, die einer Morphe ohne Vorbild angehörten. Nach diesen Ergebnissen ermöglicht der Polymorphismus (Vielgestaltigkeit) der *P. dardanus*-Weibchen dieser Art eine hohe Individuendichte. Denn ohne den Weibchenpolymorphismus würden vermutlich viel mehr Weibchen von Prädatoren gefressen werden. Wenn alle Weibchen dasselbe Vorbild imitieren würden, wäre das Verhältnis der Häufigkeit von Vorbild und Nachahmer stärker zugunsten des Nachahmers verschoben. Paradoxerweise sorgen die Weibchen durch ihre Männchenpräferenz bei der Partnerwahl dafür, dass die Männchen kein Vorbild nachahmen können, sondern sich wie ein gewöhnlicher schmackhafter Schwalbenschwanz dem enormen Risiko, gefressen zu werden, aussetzen müssen. Weibchen paaren sich schließlich mit einem Männchen, das mit diesem Handikap erfolgreich überlebt hat.

Dass die Männchen besondere Probleme bei der Partnerwahl bewältigen müssen, ist leicht vorstellbar, da die Weibchen in unterschiedlichen Morphen auftreten. Eine interessante Partnerwahlstudie legten Cook und Mitarbeiter (1994) von einer *Papilio dardanus tibullus*-Population der Insel Pemba vor. Die Insel liegt zwischen Daressalam und Mombasa vor der tansanischen Küste im Indischen Ozean. Die Schmetterlingsforscher untersuchten eine Population mit weniger als 1000 Individuen. Sie fanden unter den Weibchen drei Erscheinungsbilder (Morphen):

1. Der *hippocoonides*-Morphe, die den giftigen Danaiden *Amauris niavius dominicanus* sehr genau (Bates'sche Mimikry) imitiert, lassen sich 80 % der Weibchen zurechnen.

2. Die *trimeni*-Morphe sieht den Männchen verblüffend ähnlich (andromorph) und stellt 16% der Weibchen.
3. Nur 4% der Weibchen gehören zu der seltenen *lamborni*-Morphe, die den andromorphen Weibchen ähnlich ist, aber orangefarbene statt gelber Flecken hat wie die älteren, gebleichten Männchen.

Schutz durch Bates'sche Mimikry hat nur die *hippocoonides*-Morphe. Welche Hypothesen gibt es für das Vorkommen der anderen Morphen? Eine Hypothese nimmt an, dass die anderen Morphen ohne mimetische Schutzwirkung durch Kreuzungen mit eingewanderten Faltern aus benachbarten Populationen immer wieder neu entstehen. Die Pseudosexuelle-Selektion-Hypothese nimmt an, dass die männchenähnlichen Weibchenmorphen dadurch Vorteile haben, dass sie mehr Männchen anlocken. Die Ähnlichkeit dieser Weibchen mit Männchen könnte sehr effektiv aggressive Männchen anlocken, die dann bei näherem Hinsehen paarungsbereit werden. Die Männchen-Vermeidung-Hypothese geht davon aus, dass andromorphe (männchenähnliche) Weibchenmorphen viel seltener von paarungswilligen Männchen gestört werden und dadurch aufmerksamer gegenüber Prädatoren sein können und Zeit für die Nahrungsaufnahme gewinnen. Die Hypothesen machen unterschiedliche testbare Vorhersagen über die Präferenz der Männchen für die verschiedenen Morphen. Die Pseudosexuelle-Selektion-Hypothese sagt vorher, dass Männchen häufiger andromorphe Weibchen anfliegen sollten. Die Männchen-Vermeidungs-Hypothese sagt das Gegenteil vorher. Wahlexperimente brachten schließlich ein eindeutiges Ergebnis. Im Wahlversuch, wenn nur jeweils ein Weibchen der *hippocoonides*-Morphe oder der *trimeni*-Morphe geboten wurde, näherten sich die Männchen häufiger der mimetischen als der andromorphen Form. Beobachtungen an einzelnen Weibchen bestätigten die Ergebnisse: *Hippocoonides*-Weibchen wurden 21-mal pro Stunde von Männchen angeflogen, *trimeni*-Weibchen dagegen nur neunmal. Das Fazit lautet also: Die mimetische *hippocoonides*-Form ist zwar durch Imitation eines giftigen Vorbildes geschützt, und zwar umso besser, je häufiger das Vorbild vorkommt, hat jedoch wegen häufiger Störung durch paarungswillige Männchen Zeitverluste bei der Nahrungsaufnahme und Eiablage. Weibchen der *trimeni*-Morphe sind nicht vor Prädatoren geschützt, werden jedoch nur selten durch Männchen gestört. Dieser Effekt ist noch größer bei der *lamborni*-Morphe, wie weitere Versuche ergaben.

Lockmimikry 5

Abb. 42: Ein Blatthornkäfer der Art *Peritricha rufotibialis* beim Besuch einer Blüte von *Moraea villosa*. Das Blütenmal dieser Pfau-Moraea imitiert einen Käfer. (Originalphoto: K. Steiner, Los Angeles, USA)

Zum Kuckuck – ein klassischer Fall neu aufgerollt

Das charakteristische Kennzeichen der Lockmimikry, auch aggressive Mimikry oder Peckham'sche Mimikry genannt, besteht in der Reaktion des Signalempfängers, der sich dem Signal zuwendet. Der Kuckuck ist das wohl bekannteste Beispiel einer Lockmimikry, wobei das Kuckucksei den Eiern im Nest des Wirtsvogels so ähnlich ist, dass dieser es bebrütet.

Es ist meist eine Mischung aus Erstaunen und Befremden, die Naturfreunde vor den Leistungen des Europäischen Kuckucks (*Cuculus canorum*) empfinden. Wie das Kuckucksweibchen sein Ei einem Wirtsvogel in das Nest schmuggelt und wie der Kuckucksnestling seine Pflegeeltern dazu bringt, ganz auf eigenen Nachwuchs zu verzichten und stattdessen den Brutschmarotzer aufzuziehen (Abb. 43), sind Facetten einer extremen Fortpflanzungsstrategie (Fogden und Fogden 1975). Die besondere Leistung besteht freilich darin, die Fähigkeiten anderer Arten für die eigene Fortpflanzung zu nutzen. Neuere Arbeiten von Nicholas Davies und Michael Brooke (1996) aus Cambridge belegen, dass ein evolutionärer Wettlauf zwischen dem Parasiten Kuckuck und seinen Wirtsvögeln entscheidend zur Entstehung der Fortpflanzungsstrategie des Kuckucks beiträgt. Die beiden Forscher sammelten nämlich zahlreiche Belege, dass die Täuschungsmanöver der Kuckucke bei weitem nicht immer erfolgreich sind. Da nur diejenigen Kuckucke sich erfolgreich fortpflanzen, denen die Täuschung gelingt, aber gleichzeitig diejenigen potentiellen Wirtsvögel größeren Fortpflanzungserfolg haben, die nicht auf die Täuschung hereinfallen, ist ein ständiger Wettlauf vorprogrammiert.

5 Lockmimikry

Welche Beobachtungen der englischen Forscher dokumentieren den evolutiven Wettlauf zwischen Kuckuck und Wirtsvögeln? Betrachten wir als Erstes die Eiablage eines Kuckucksweibchens. Das Kuckucksweibchen beobachtet zunächst einen Wirtsvogel, zum Beispiel einen Teichrohrsänger, beim Nestbau. Wenn das Rohrsängerweibchen wenige Tage später seine Eier legt, hält sich das Kuckucksweibchen in der Nähe versteckt. Es wartet oft mehr als eine Stunde, bis das Brutpaar, gewöhnlich am Nachmittag, fort ist. Schnell schlüpft es dann zum Nest, nimmt eines der vorhandenen Eier in den Schnabel, legt sein eigenes Ei und fliegt mit dem fremden Ei im Schnabel wieder fort. Keine zehn Sekunden dauert die Blitzaktion des Kuckucksweibchens. Eile ist geboten. Denn erwischen die Brutvögel das Kuckucksweibchen auf ihrem Nest, bebrüten sie das Gelege meist nicht weiter, sondern legen ein neues an.

Abb. 43: Ein Teichrohrsängerweibchen füttert einen fast flüggen jungen Kuckuck und stopft gefangene Insekten in den geöffneten, leuchtend rot gefärbten Sperrrachen. (Verändert nach Davies und Brooke 1996)

Auch die Wahl der Wirtsvogelart gehört zum Täuschungsmanöver des Kuckucks. Kuckucksweibchen, die von Teichrohrsängern aufgezogen wurden, legen selbst auch mit Vorliebe ihre Eier in Teichrohrsängernester. Die Eier von Teichrohrsänger-Kuckucken gleichen im Zeichnungsmuster Teichrohrsängereiern verblüffend genau und sind nur wenig größer als Teichrohrsängereier. Das Zeichnungsmuster ist erblich. Ein Teichrohrsänger-Kuckuck kann nur diesen einen Eityp produzieren. Kuckucksweibchen anderer genetischer Linien legen Eier, die denen ihrer jeweiligen Wirte gleichen. Solche spezifische Eimimikry tritt bei Kuckucken auf, die bei Drosselrohrsängern, Wiesenpiepern, Trauerbachstelzen, Rotrückenwürgern und Gartenrotschwänzen parasitieren. Eine Ausnahme bilden Heckenbraunellen-Kuckucke. Ihre braun marmorierten Eier unterscheiden sich deutlich von den rein grünen Eiern der Heckenbraunellen. Die weniger passende Färbung ist möglicherweise ein Ergebnis der kurzen Dauer des evolutiven Wettlaufs. Die Heckenbraunelle ist höchstens seit 6500 Jahren in England Brutvogel. Diese Zeitspanne war offenbar für die Heckenbraunelle viel zu kurz, um effektive Eierkennungsmechanismen zu entwickeln. Zudem werden nur zwei Prozent der Heckenbraunellennester parasitiert, so dass ein Mechanismus zur Eierkennung nur bei jeder fünfzigsten Eiablage der Heckenbraunelle gefordert ist. Auch die Tatsache, dass die Eimimikry auf dem europäischen Kontinent noch perfekter ist als auf den britischen Inseln, könnte auf länger wirkenden Selektionsdruck hinweisen. In Zentralasien, wo die Kuckucke wahrscheinlich ihren Ursprung haben, sind manche Eier in Farbe und Musterung so perfekt imitiert, dass selbst Wissenschaftler sie nur über das Gewicht der Schale sicher dem Wirt oder dem Kuckuck zuordnen können.

Kuckucke sind in der Regel größer als ihre Wirte und die Kuckuckseier entsprechend größer und schwerer als die Eier der Wirtsvögel. Dennoch hat vermutlich eine Selektion auf eine geringere Eigröße stattgefunden. Kuckucke besitzen im Vergleich zu ihrer Körpergröße ungewöhnlich kleine Eier. Dass die Schale der Kuckuckseier dicker ist als die der Wirtsvögel, werden die Wirtsvögel nicht bemerken. Die Jungen des Europäischen Kuckucks und seiner Wirte schlüpfen allein, ohne elterliche Hilfe, aus den Eiern. Dadurch bleibt die Schalenstärke den Wirtseltern verborgen. Für den Kuckuck gibt es jedoch noch einen weiteren Selektionsdruck für die Reduktion der Eigröße. Das Kuckucksei wird ja nach dem Wirtsvogelei gelegt, während das Kuckucksjunge vor dem Wirtsvogeljungen schlüpft. Eine kurze Eientwicklungszeit beim Kuckuck stellt sicher, dass das Kuckucksjunge das Wirtsvogeljunge in der Entwicklung überholen kann. Das ist wohl eine Voraussetzung dafür, dass dem jungen Kuckuck der Rauswurf von den Wirtsvogeleiern und Nestgenossen gelingt. Durch eine kurze Eientwicklungszeit kommt es zudem zur Bildung kleinerer Eier.

Der evolutive Wettlauf hat viele Teilnehmer. Bei insgesamt 180 Vogelarten sind Kuckuckseier in den Nestern gefunden worden. Bei vielen Arten sind das sicher seltene und erfolglose Anfänge eines Brutparasitismus gewesen. Aus Experimenten, in denen Davies und Brooke selber Kuckuck spielten und bemalte Kunsteier in Vogelnester legten, wissen wir, dass die meisten Wirtsvögel anders gefärbte Eier oft nicht bebrüten. Selbst manche Vogelarten, die heutzutage nicht zu den regelmäßigen Wirten des Kuckucks gehören, wie Buchfink und Grauschnäpper, fielen nicht auf untergeschobene Kunsteier herein. Möglicherweise waren sie bereits einmal Wirte und konnten durch eine sehr gut entwickelte Eidiskriminierung ihre Brutschmarotzer im evolutiven Wettlauf endgültig abhängen. Viele Vögel erkennen ihre arteigenen Eier nicht genau. Vor allem von bodenbrütenden Arten wie Silbermöwen, Graugänsen oder Kibitzen ist bekannt, dass sie größere Kunsteier ihren eigenen Eiern vorziehen, wenn es darum geht, Eier von der Umgebung des Nestes wieder in die Nestmulde einzurollen und zu bebrüten. Selbst die charakteristische arteigene Eifärbung und Musterung kennen viele Vögel nicht genau. Im Jahr 1924 beobachtete Rensch allerdings, dass Vögel ihr eigenes Ei, nachdem er es umfärbte, aus dem Nest warfen oder das Gelege aufgaben. Aus diesen Versuchen konnte er noch schließen, dass die arteigene Eifärbung von den Brutvögeln erkannt wird. Rensch zeigte dann aber später in einem eleganten Versuch, dass bei der Gartengrasmücke kein Erkennungsmechanismus für ein arteigenes Ei existiert. Er tauschte sofort nach der Eiablage einer Gartengrasmücke das Ei gegen ein Ei der Klappergrasmücke aus. Schließlich lagen drei Eier der Klappergrasmücke im Nest der Gartengrasmücke. Als die Gartengrasmücke noch ein weiteres Ei legte, welches nicht ausgetauscht wurde, warf sie bald ihr einziges eigenes Ei aus dem Nest. Daraus können wir schließen, dass die Gartengrasmücke ihr arteigenes Ei nicht erkennt. Vielmehr erkennt sie, dass nicht alle Eier gleich aussehen und entfernt das abweichend gefärbte Ei.

Warum frisst das Kuckucksweibchen ein Ei aus dem Wirtsgelege? Auch dieser Frage gingen Davies und Brooke nach. Teichrohrsänger bemerken das fremde Ei nicht daran, dass das Gelege plötzlich Zuwachs bekommen hat. Sie lehnten manipulierte Gelege unabhängig von der Anzahl zusätzlicher abweichender, künstlicher Kuckuckseier ab. Die Vorteile der Eientnahme für das Kuckucksweibchen liegen offenbar darin, dass durch das Stibitzen eines Wirtseis das Kuckucksei besser bebrütet wird und dass das Kuckucksweibchen eine leicht gewonnene nahrhafte Mahlzeit gewinnt. Dann könnte das Kuckucksweibchen doch gleich mehr Wirtseier verzehren? Da aber Teichrohrsänger auf kleiner gewordene Gelege reagieren und sie aufgeben, darf sich das Kuckucksweibchen nicht richtig satt fressen. Selbst die Nachmittagsstunde für die Eiablage ist vom Kuckuck gut gewählt, denn die Wirtsvögel reagieren in dieser Tageszeit am wenigsten auf Veränderungen des Geleges.

Schlüpft der junge Kuckuck aus dem Ei, hat er in der Regel gewonnen. Durch seine kurze Eientwicklungszeit schlüpft er als erster Jungvogel im Nest. Er kann dann die restlichen Eier der Wirtsvögel ohne Schaden aus dem Nest werfen. Die Wirtsvögel erkennen offenbar ihre Jungen nicht an bestimmten Signalen. Da das Aussehen der Jungvögel sich beinahe jeden Tag ändert, ist ein solcher Erkennungsmechanismus auch schwer vorstellbar. Der große leuchtend gelbrot gefärbte Rachen des Jungkuckucks wurde als übernormaler Auslöser zum Füttern interpretiert. Im Experiment ist er allerdings auch nicht attraktiver als der kleinere Sperrrachen von arteigenen Nestlingen. Teichrohrsänger fütterten im Experiment einen Kuckucknestling (Abb. 43) gleich häufig wie einen Teichrohrsängernestling, den die Forscher in einem in unmittelbarer Nähe angebrachten Nest platzierten.

Wie entscheidend der Sperrrachen des jungen Brutparasiten sein kann, zeigen die Witwenvögel. Die Witwenvögel (Viduinae) der Steppen- und Savannengebiete Afrikas parasitieren bei Prachtfinken (Estrildidae). Der brutparasitische Jungvogel wächst gemeinsam mit den Jungen der Wirtseltern in einem Nest auf. Prachtfinken füttern ihre Jungen mit großen Mengen vorverdauter Nahrung aus dem Kropf, die ohne Pause in ein einzelnes Jungtier hineingestopft wird. Das erfordert eine spezielle Kopfhaltung und eine spezielle Rachenmorphologie der Jungvögel, damit sie diesen immensen Nahrungsschub ohne Erstickungsnot überstehen. Damit in Zusammenhang ist eine komplizierte Rachenzeichnung entstanden. Wie genau die Wirtseltern beim Füttern hinschauen, ist den Witwennestlingen anzusehen. Sie imitieren nicht nur die Kopfhaltung der Nestlinge der Wirte beim

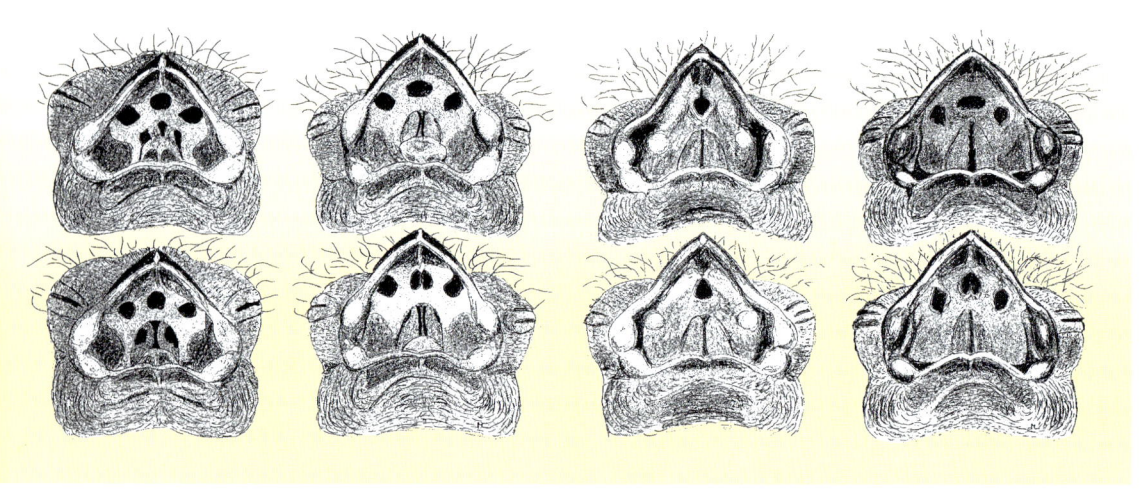

Abb. 44: Die Rachenzeichnungen der jungen Witwen (unten) stimmen in vielen Merkmalen mit denen ihrer jeweiligen Wirtsvogelart (oben) überein. Von links: Buntastrild (*Pytilia melba*) und Spitzschwanz-Paradieswitwe (*Steganura paradisaea*), Veilchenastrild (*Granatina ianthinogaster*) und Strohwitwe (*Tetraenura fischeri*), Senegalamarant (*Lagonosticta senegala*) und Rotfuß-Atlaswitwe (*Hypochera chalybeata*), Rosenamarant (*Lagonosticta rhodopareia*) und Purpur-Atlaswitwe (*Hypochera purpurascens*). (Verändert nach Nicolai 1978)

Füttern, sondern auch die artspezifische Rachenzeichnung ihrer Nestgenossen. Die genaue Nachahmung des Fütterungssignal der Prachtfinkeneltern war mit großer Wahrscheinlichkeit der beste Weg, genügend Futter zu bekommen (Abb. 44; Nicolai 1964).

Dienstleistungsgesellschaft im Indopazifik

Zahlreiche Fischarten des Indopazifik sind in einen Mimikryfall verwickelt, der durch zahlreiche Tauchgänge von Wickler (1963) und Eibl-Eibesfeldt (1959) aufgeklärt worden ist. Im Mittelpunkt steht der „Meerschwalbe" genannte Lippfisch *Labroides dimidiatus* (Abb. 45). Diese Art zählt zu den zahlreichen Putzern. Putzer befreien ihre Putzkunden, in der Regel größere Fische, von schädlichen Objekten. Das können Bakterien, Hautparasiten, übrig gebliebene Nahrungsteile im Rachenraum und kranke oder verletzte Stellen im Körpergewebe sein. Putzen kann nahezu den gesamten Nahrungsbedarf der Putzer decken: Sich ablösende Taucher konnten innerhalb von sechs Stunden Dauerbeobachtung 300 Putzkunden bei einem einzigen Putzer beobachten.

Abb. 45: Ein Barsch wird von einem Putzer am Kiemendeckel gereinigt, während ihn ein Säbelzahnschleimfisch an der Rückenflosse attackiert. Der Säbelzahnschleimfisch (*Aspidontus taeniatus*) (oben links) imitiert den Putzerfisch (*Labroides dimidiatus*) (unten rechts) in Körpergröße und -färbung und in seinem Verhalten (Wippschwimmen) bei der Annäherung an große Fische. Bis auf Einzelheiten stimmen Farbmuster des Putzers und seines Nachahmers überein. (Verändert nach Owen 1980)

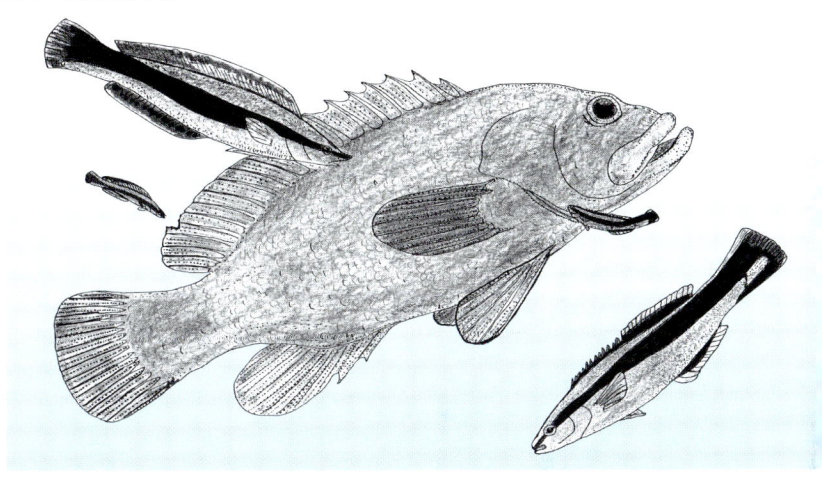

Die Putzerstation eines Putzerlippfisches ist mit einem Dienstleistungsunternehmen im Ein-Personen-Betrieb vergleichbar. In der Nähe der Putzerstation lebende, revierbesitzende Fische sind regelrechte Stammkunden, erscheinen jeden Tag, oft morgens. Im Krankheitsfall können sie auch öfter die Dienstleistungen des Putzers in Anspruch nehmen. Bei den meisten Putzkunden handelt es sich aber um Laufkundschaft aus umherziehenden Fischarten. Geputzt wird von Kopf bis Schwanz, manchmal auch der geöffnete Rachenraum, den der Putzer durch die Kiemenspalten wieder verlässt. *Labroides dimidiatus* erreicht eine Körperlänge von maximal zwölf Zentimetern. Die Beißwerkzeuge zum Abhebeln von Parasiten ähneln dem flachen Teil eines Zimmermannshammers, der eine Kerbe zum Loshebeln von Nägeln besitzt. Da die Putzer auch die empfindliche Haut um die Augen putzen und viele Putzkunden ausgesprochene Räuber sind, beispielsweise Muränen und Barsche, erleichtert ein gegenseitiges Versichern der guten Absichten das Putzgeschäft.

Putzkunden verraten ihre guten Absichten durch eine reglose Körperhaltung, oft in unnormalen Stellungen, mit dem Kopf nach unten oder nach oben oder auf der Seite liegend. Fast alle sperren einladend das Maul auf und spreizen die Kiemendeckel ab. Beim Flossenputzen helfen sie aktiv mit, indem sie die betreffende Flosse vom Körper abspreizen. Der Putzer *L. dimidiatus* seinerseits macht durch ein charakteristisches Wippschwimmen auf sich aufmerksam. Beim Putzen selbst gehen sie oft recht rabiat mit ihren Kunden um. Besonders Fische mit kleinen Flecken müssen leiden, da die Putzer energisch versuchen, die Farbflecke zu beseitigen. Wird ein Kunde unruhig, obwohl er noch nicht fertig bedient ist, lässt der Putzer meist vom Kunden ab. Denn das Berufsrisiko ist enorm. Gelegentlich werden Putzer in den Mägen größerer Fische gefunden. Aus Experimenten weiß Wickler, dass vor allem unsicheres Auftreten für einen Putzer gefährlich werden könnte. Die Bedeutung der Putzer lässt sich an einem einfachen Versuch erkennen: Die Brüder Pederson entfernten von einem kleinen, isolierten Riff alle Putzer. Schon nach wenigen Tagen hielten sich erheblich weniger Fische im Riff auf. Nach zwei Wochen blieben nur einige der revierfesten Fische. Diese wiesen zunehmend verpilzte Hautstellen, lose Flossenstücke und Geschwüre auf.

Es gibt auch falsche Putzer. Bei einem seiner Tauchgänge an den Riffen der Malediven entdeckte Eibl-Eibesfeld (1964) einen Fisch, der mit abgespreizten Kiemendeckeln auf einen Putzer wartete, nach der ersten Begegnung jedoch zurückzuckte und eilig davonschwamm. Der falsche Putzer biss halbmondförmige Stücke aus den Flossen heraus, wie Eibl-Eibesfeld durch nähere Beobachtung herausfand. Das ähnliche Farbmuster und der in die „Barbierstube" einladende Nicktanz des falschen Putzers ließen die Putzkunden arglos. Als Eibl-Eibesfeld den merkwürdigen Putzer einfing, wurde er ebenfalls von ihm gebissen. Echte Putzer beißen niemals. Der falsche Putzer ist der Säbelzahnschleimfisch (s. Abb. 45), der oft in der Nähe von Putzstationen sein Revier hat und dort sein Unwesen treibt.

Das Auftreten des Säbelzahnschleimfisches *Aspidontus taeniatus* (Blenniidae) kann geschäftsschädigend sein. Im Vergleich zu anderen Fischen trägt er gewaltige Eckzähne im Unterkiefer. Ansonsten gleicht er dem Putzer *Labroides dimidiatus* in Körpergröße und -färbung sehr genau. Auch ein dem Wippschwimmen zum Verwechseln ähnliches Schwimmverhalten lädt arglose Putzkunden ein. Begibt sich ein Putzkunde in die typische träge Körperstellung, schwimmt *Aspidontus taeniatus* wie sein Vorbild auf den vermeintlichen Kunden zu. Blitzschnell stanzt er dann dem „Kunden" ein halbmondförmiges Stück aus einer Flosse. Der dermaßen gezwickte Fisch dreht sich sofort um. Der falsche Putzer steht ganz ruhig dar – „als wüsste er von nichts", wie Wickler (1968) schreibt – und vertraut auf seine Putzertracht. Beobachtungen Wicklers in großen Aquarien konnten klären, wie es weitergeht. Die Putzkunden lernen aus ihren schlechten Erfahrungen mit *A. taeniatus* und meiden nach kurzer Zeit die Orte, an denen sie solche gemacht haben. Da sowohl der echte Putzer als auch der falsche Putzer reviertreu sind, ist das eine erfolgreiche Strategie. Außerdem lernen häufige Putzkunden mit der Zeit auch, Vorbild und Nachahmer zu unterscheiden. Auf den falschen Putzer fallen unter natürlichen Bedingungen wohl vorwiegend herumwandernde Jungfische herein. Ältere und revierbesitzende Fische kennen ihren Putzer inzwischen. Vorteile und Probleme des Nachahmers sind ganz offensichtlich. Die Schwierigkeiten von *A. taeniatus* werden dadurch erheblich verstärkt, dass diese Art einen stimmungsabhängigen Farbwechsel durchläuft. Nur gut gelaunt trägt seine Körperfarbe zum Täuschungsmanöver bei. In ängstlicher Stimmung verfärbt er sich erkennbar dunkler, in Kampfstimmung erblasst er und erschrocken verrät ihn ein Fleckenmuster.

Mit Reflexionsmessungen an verschiedenen Fischen im Indopazifik entdeckte Justin Marshall (2000) einen Farbausweis der Putzer, der von nicht verwandten Putzern einheitlich genutzt wird. Das „Putzer-Blau" unterschied sich durch eine zusätzliche, für den Menschen nicht wahrnehmbare Reflexion im langwelligen Rotbereich von dem Blau aller anderen Fische (Abb. 46). Nach Marshalls Untersuchungen handelt es sich um ein „Esperanto": in allen Ozeanen und von allen Putzern, sogar Putzerkrebsen wird „Putzer-Blau" als Firmenschild genutzt. Der Putzerlippfisch und der imitierende Säbelzahnschleimfisch wären für einen rotempfindlichen Putzkunden trotz ihrer für das menschliche Auge verblüffenden Ähnlichkeit gut zu unterscheiden. Ob einige Putzkunden von dieser Unterscheidungsmöglichkeit Gebrauch machen, ist noch unklar.

Ein interessanter Mimikryfall ist für einen Schuppen fressenden Buntbarsch *Corematodus shiranus* aus dem Malawisee beschrieben. Er schwimmt oft in wenigen Exemplaren in Schulen von *Oreochromis squamipinnis*, seinem Hauptbeutetier. *C. shiranus* verhält sich nicht nur wie ein Artgenosse von *O. squamipinnis*, er sieht auch so aus. Obwohl diese beiden Buntbarsche nur entfernt miteinander verwandt sind, ähneln sich Körper und Flossenform sowie das Zeichnungsmuster verblüffend genau. Das erlaubt es dem Schuppenfresser, an das arglose Opfer von hinten heranzuschwimmen und dann blitzschnell eine Schuppe im Schwanzflossenbereich herauszupicken. Öffnet man den Magen eines solchen Fisches, kann man den Erfolg sehen: Hunderte von Fischschuppen.

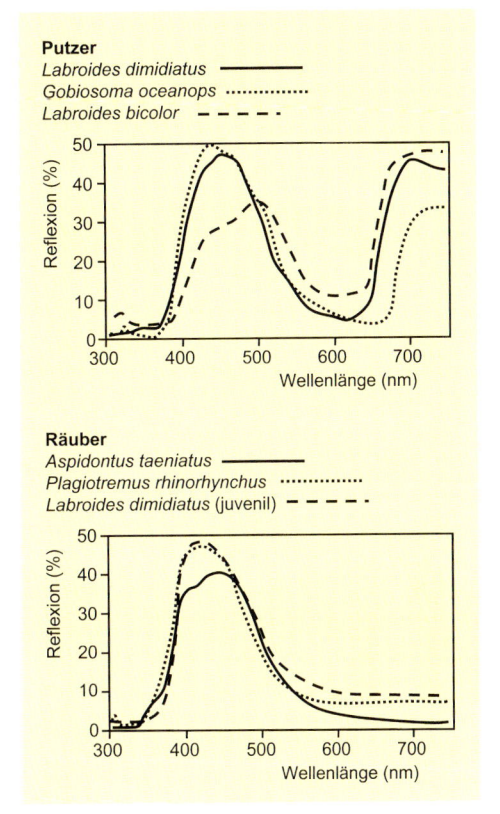

Abb. 46: Die spektrale Reflexionskurven von Arten der Putzergilde zeichnen sich durch ein spezielles „Putzerblau" mit zusätzlicher Reflexion im Rotbereich aus (oben), während Arten, die Putzerfische imitieren, keine zusätzliche Reflexion im Rotbereich aufweisen (unten). Diese Unterschiede können Menschen nicht wahrnehmen. Selbst junge Putzerfische der Art *Labroides dimidiatus* haben, solange sie noch nicht putzen, das spezielle Putzerblau nicht ausgebildet. (Verändert nach Marshall 2000)

Sind Orchideen die besseren Schauspieler?

Wenn es um ausgefallene Bestäubungsvorgänge geht – um bizarre Blüten, die ungewöhnliche Bestäuber anlocken und ihnen Ressourcen vortäuschen, die gar nicht auf den Blüten vorhanden sind –, ragen die Orchideen zahlenmäßig aus der Vielzahl der Beispiele heraus. Die Orchideenfamilie ist mit über 20 000 Arten sehr groß. Orchideen weisen Eigenschaften in ihrer Bestäubungsbiologie auf, die sie gegenüber allen anderen Pflanzenfamilien auszeichnen und die auch die anschließende Frage nach der ungewöhnlich hohen Artenzahl der Orchideenfamilie beantworten helfen.

Der Blütenstaub, der bei anderen Blüten während zahlreicher Besuche (meist von Insekten) sukzessiv aus den Blüten auf den Blütenbesucher übertragen wird, oft noch zu seiner Beköstigung eingesetzt wird und schließlich in ebenfalls geringen Dosen auf die Narben anderer Blüten übertragen wird, ist bei Orchideen in wenige, oft nur zwei verklebte Pollenmassen, den Pollinien, verpackt. Pollinien stellen eine äußerst kompakte Transportform von Pollen dar, die dem Blütenbesucher mittels einer Klebscheibe am Körper angeheftet werden kann. Die Stärke der Haftung dieser angeklebten Pollenpakete und der Ort, wo sie an den Bestäuber angeheftet werden, sichert, dass der Bestäuber den Orchideenpollen nicht für seine Ernährung nutzen kann. Im günstigsten Fall reichen zwei Blütenbesuche für die Fremdbefruchtung aller Samenanlagen: Beim ersten Besuch entnimmt der Blütenbesucher die Pollinien, beim zweiten Blütenbesuch überträgt er solche Pollenmengen auf die Narbengrube der Blüte, so dass dieser einzige Bestäubungsvorgang für die Befruchtung aller Samenanlagen ausreicht. Der Bestäuber kann auf diese Weise bei einem Bestäubungsvorgang bis zu 400 000 Pollenkörner (bei *Coryanthes senghasiana*) transportieren und für einen entsprechend hohen Samenansatz sorgen. Die starke Reduktion der notwendigen Anzahl von Blütenbesuchen, bei dem im Extremfall der gesamte Einsatz (Pollen) auf einen Blütenbesuch gesetzt wird, ist für die Orchideen offenbar ein Spiel mit gutem Ausgang. Orchideen konnten dadurch Bestäubungsstrategien entwickeln, die im Pflanzenreich einmalig sind. Mit nachgeahmten Signalen locken sie spezifisch bestimmte Bestäuber an (Gumprecht 1977). Obwohl diese den Betrug schnell lernen und sich jedes Individuum nur wenige Male täuschen lässt, kommt es durch die Pollinien zur erfolgreichen und ausreichenden Bestäubung. Denn trotz des Lernvermögens der getäuschten Blütenbesucher erfordert es eben doch einige Blütenbesuche, bis die Besucher die täuschende Signalkonstellation vermeiden lernen. Wichtig ist, dass der Pollinien tragende Blütenbesucher seine Pollinien bei einer artgleichen Blüte abgibt. Um Blütenbesucher anzulocken, imitieren viele Orchideenblüten artspezifische Signale der Bestäuber, die angeborene Verhaltensreaktionen auslösen. Ist in der Evolution solch ein Weg erst einmal beschritten, etwa die Anlockung von solitären Bienenmännchen durch Weibchenimitationen, die Anlockung von Prachtbienenmännchen durch sammelbare Parfümöle oder die Anlockung mit nachgeahmten Nesteingängen von Bienenweibchen, dann eröffnen sich für verwandte Arten viele Möglichkeiten. Oft sind nur geringe Änderungen nötig, um andere, meist verwandte Vorbilder zu imitieren und auf diese Weise die entsprechenden Bestäuber mit deren artspezifischer Signalkombination anzulocken. Die spezifische, ja artspezifische Anlockung von Blütenbesuchern ist dabei von großer Bedeutung. Die Bestäuber dienen durch die hohe Spezifität der Anlockung als prägamer Isolationsmechanismus, der bereits im Vorfeld die Entstehung von Bastarden verhindert und auch Pollenverschwendung durch Abgabe an artfremde Blüten vermindert. (Siehe auch Kap. Pseudokopulation, S. 94.) Isolationsmechanismen verhindern die Verpaarung oder Verbastardierung verschiedener Arten. Dabei sorgen prägame Isolationsmechanismen dafür, dass es gar nicht erst zu einer Paarung zwischen Nicht-Artangehörigen kommt; in der Regel spielen dabei Partnererkennungssignale eine Rolle.

Orchideen der Gattung *Catasetum* haben sogar die Abschreckung von Blütenbesuchern für eine erfolgreiche Bestäubung genutzt. *Catasetum*-Orchideen gehören zu den Parfümorchideen der Tropen der Neuen Welt. Bestäuber der Parfümblumen sind ausschließlich Prachtbienenmännchen (Euglossinae). Die Prachtbienenmännchen werden durch besondere Duftstoffe auf die Blüten gelockt. Sie sammeln diese Duftstoffe und transportieren sie in Parfümsammelbehältern der Hinterbeinschienen zu ihren Balzplätzen, um dort Weibchen damit anzulocken (Tafel VII). Die eingeschlechtlichen staminaten (männlichen) und pistillaten (weiblichen) Blüten der *Catasetum*-Arten sind sich so unähnlich (Hills und

Dodson 1972; Tafel VII), dass sie von frühen Taxonomen sogar in verschiedene Gattungen gestellt wurden. So lernte Charles Darwin die männlichen Blüten von *Catasetum barbatum* als *Catasetum tridentatum* kennen, die weiblichen Blüten als *Monacanthus viridis* und gelegentliche Zwitter als *Myanthus barbatus*. Während des Besuchs einer staminaten Blüte löst das Prachtbienenmännchen beim Parfümsammeln einen Triggermechanismus aus, der das Pollinium wie mit einem Katapult an den Körper des Prachtbienenmännchens schießt, wo das Pollinium mit einer Klebscheibe haftet. Die Geschwindigkeit des abgeschossenen Polliniums wurde bei *Catasetum fimbriatum* auf 323 cm/sec bestimmt. Die derart beschossenen Prachtbienenmännchen verlassen daraufhin fluchtartig die Blüte – mit Pollinien. Beobachtungen von Gustavo Romero und Craig Nelson (1986) an *Catasetum ochraceum* ergaben, dass von 86 an *C. ochraceum* beobachteten Prachtbienenmännchen kein einziges zum zweiten Mal eine männliche Blüte dieser Art aufsuchte. Offensichtlich reicht in diesem Fall eine einzige derartige Erfahrung aus, dass sie diese Signalkonstellation nicht mehr anfliegen. Auf diese Weise hat diese staminate Catasetumblüte alle männliche Konkurrenz aus dem Feld geschlagen und gleichzeitig die Wahrscheinlichkeit für einen Folgebesuch einer ähnlich duftenden, aber völlig anders aussehenden pistillaten Blüte erhöht. Vermutlich ist auch Lockmimikry im Spiel. Die von den Parfümorchideen produzierten Duftöle imitieren nach meiner Hypothese (1992) Duftstoffe der für die Weibchen attraktiven Harze, die diese zum Nestbau verwenden. Prachtbienenmännchen sammeln ätherische Öle entweder mühsam an Originalbauharzen oder effektiver an den Parfümblumen. Viele Parfümblumen, so auch die weiblichen *Catasetum*-Blüten, imitieren zudem optisch einen Prachtbienennesteingang. Experimentelle Untersuchungen zu diesen Fragen fehlen jedoch.

Tafel VII: Die männlichen (staminaten) und weiblichen (pistillaten) Blüten von *Catasetum*-Arten unterscheiden sich in optischen Merkmalen erheblich voneinander. Die parfümsammelnden Prachtbienenmännchen sind die spezialisierten Bestäuber der Parfümorchideen. Links: Weibliche Blüte von *Catasetum sanguineum* mit einem Prachtbienenmännchen der Art *Euglossa variabilis*. Der Eingang zur Blütenröhre imitiert den Eingang zu einem Bienennest. Rechts: Männliche Blüte von *Catasetum sanguineum*. (Originalphotos G. Gerlach, München)

Die Anlockung von Blütenbesuchern durch nektarlose Orchideen erforschten die Neurobiologen Jan Kunze und Andreas Gumbert (2001) genauer. Die im Mittelmeergebiet lokal häufige *Orchis boryi* blüht violett und ähnelt an unterschiedlichen Standorten zahlreichen ähnlich farbigen belohnenden Pflanzen. Honigbienen und Hummeln sind Bestäuber von *O. boryi*. Diese *Orchis*-Art ist nicht duftend. Die fehlenden Blütendüfte bringen *Orchis boryi* einen doppelten Vorteil. Die Energie für Synthese und Emission der Duftstoffe wird gespart. Und die Blütenbesucher lernen wesentlich schlechter, nicht duftende und nicht belohnende Blüten zu vermeiden als duftende, nicht belohnende Blüten. Das Duftbukett der Blüten als zusätzliche Unterscheidungsmöglichkeit fällt aus. Obwohl die Blüten von *Orchis boryi* duftlos sind, spielt Blütenduft der belohnenden Vorbilder eine Rolle in diesem Mimikrysystem. In Laborexperimenten stellten Jan Kunze und Andreas Gumbert (2001) verschiedene Blühsituationen nach. Auf einer künstlichen Blumenwiese boten sie naiven Hummeln (also solchen, die noch keine Blüten besucht hatten) zwei farblich ähnliche, aber unterscheidbare Blütenattrappen. Einen Typ von Blütenattrappen versahen sie mit einer Zuckerwasserbelohnung, den anderen nicht. Das belohnende „Vorbild" versahen sie mit einem Duft. Sie wählten Rosen- oder Nelkenduft. Besaß der unbelohnende „Nachahmer" denselben Duft wie das „Vorbild", besuchten die Hummeln häufig Blütenattrappen des „Nachahmers". Unterschieden sich „Vorbild" und „Nachahmer" im Duft, waren Verwechslungen weitaus seltener. Duftlose „Nachahmer" flogen die Hummeln mit einer mittleren Verwechslungswahrscheinlichkeit an. Damit können die Forscher die Optionen einer Nahrungstäuschblume wie *Orchis boryi* bewerten.

Voraussetzung für eine Täuschung ist die farbliche Ähnlichkeit zu belohnenden Vorbildern. Beim Besuch der violetten Blüten von *Orchis boryi* (Orchidaceae) ist totale Enttäuschung vorprogrammiert. Wie bei anderen Orchideen auch, kleben *Orchis boryi*-Blüten den gesamten Pollen als Pollinien mittels einer Klebscheibe am Blütenbesucher fest. Kein Blütenbesucher kann derartig fest und an unzugänglichen Stellen anhaftende Pollinien nutzen. Der Blütensporn ist ohne Nektar, so dass die Blüte keine Futterbelohnung bietet. Dennoch konnten Andreas Gumbert und Jan Kunze (2001) in Griechenland häufig Solitärbienen, Hummeln und Honigbienen an den Blüten beobachten. Die Hälfte der Blüten hatte am Ende der Blühzeit keine Pollinien mehr. Vermutlich hatten sie die Pollinien einem Blütenbesucher angeheftet. Der Anteil der Blüten, die befruchtet wurden und Früchte ansetzten, war abhängig von der Populationsdichte der Orchideen. Der Fruchtansatz stieg von 20 % bei einer Populationsdichte von 50 Pflanzen pro Quadratmeter auf 50 % bei einer Populationsdichte von 5 Pflanzen pro Quadratmeter. Waren die *Orchis boryi*-Blüten in einem Gebiet selten, so fruchteten an einzelnen Standorten bis zu 90 % der Blüten. Mit größer werdender Populationsdichte sinkt also die Produktion von Früchten je Pflanze. Das bedeutet, dass bei steigender Populationsdichte der Orchidee die für eine Bestäubung notwendige Täuschung der Bestäuber einem immer kleiner werdenden Anteil der Blüten gelingt. Das ist ein Beispiel für eine negativ häufigkeitsabhängige Selektion.

Welche Bienen besuchen die nicht belohnenden Orchideenblüten von *Orchis boryi*? Nach Feldstudien der beiden Biologen sind es Umsteiger von anderen zeitgleich am selben Standort blühenden Pflanzen. Wenn man in Betracht zieht, wie die Bienen Blütenfarben wahrnehmen und unterscheiden, findet man folgenden Zusammenhang: Die Bienen verwechseln die Blüten ihrer Futterpflanzen mit denen von *Orchis boryi*. Je ähnlicher die Blütenfarbe von der Futterpflanze mit der *Orchis boryi*-Blütenpflanze ist, desto höher ist die Verwechslungsmöglichkeit. Thymian (*Thymus longicauda*), Schopfhyazinthe (*Muscari comosum*) und die Wicke (*Vicia villosa*) besitzen violette Blüten wie *Orchis boryi* (Abb. 47).

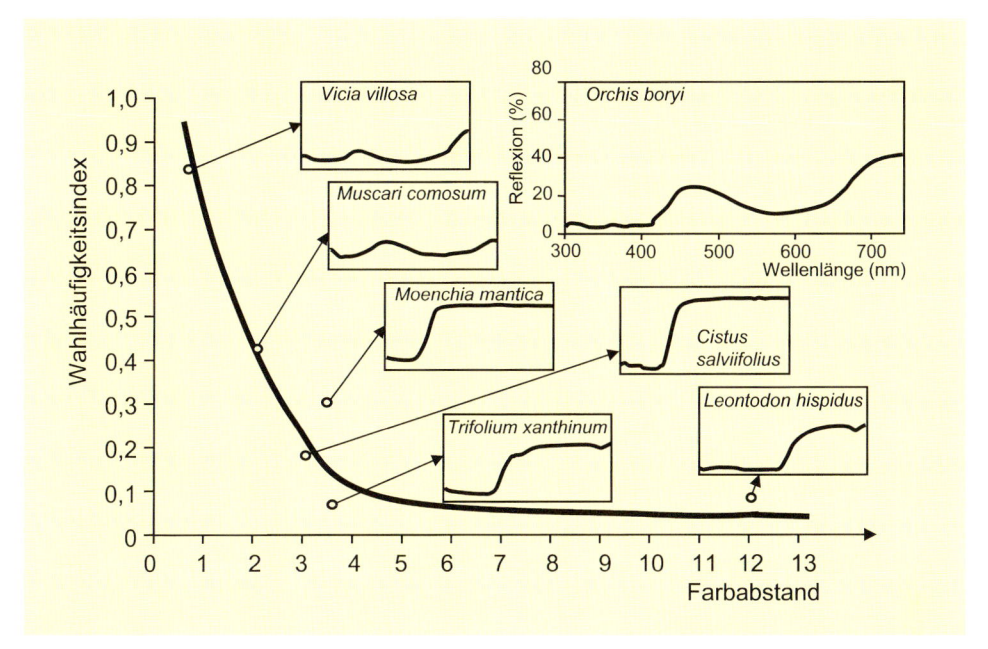

Abb. 47: Blütenmimikry der nektarlosen Orchidee *Orchis boryi*. Aufgetragen ist die Häufigkeit, mit der blütenbesuchende Hummeln von Blüten ihrer Futterpflanze auf Blüten von *Orchis boryi* wechseln (Wahlwahrscheinlichkeitsindex) gegen den subjektiven Farbunterschied zwischen den Blüten von *Orchis boryi* und denen der Futterpflanze (Farbabstand). Um die Farbunterschiede zu demonstrieren, ist die Reflexion aller Blüten in den verschiedenen Wellenlängenbereichen angegeben. Die Blüten von *Orchis boryi* imitieren kein bestimmtes Vorbild, sondern eine häufige Blütenfarbe, violett. (Kombiniert aus unveröffentlichten Daten von A. Gumbert und Gumbert und Kunze 2001)

Auf ihren Sammelflügen an diesen Blüten besuchten Bienen häufig auch einzelne *Orchis boryi*-Blüten. Identischer Duft mit einem Vorbild ist die günstigste Option in diesem Peckham'schen Mimikrysystem. Diese Option ist aber bei mehr als einem Vorbild nicht realisierbar, da die Vorbilder verschieden duften. Die nächstgünstige Option wählt *Orchis boryi*: Ihre duftlosen Blüten unterscheiden sie von allen Vorbildern, erschweren den Hummeln jedoch zu lernen, die nicht belohnenden Blüten zu vermeiden. Denn nur ein abweichender Blütenduft erlaubt den Hummeln, die Unterscheidung zwischen Vorbild und Nachahmer besonders schnell zu erlernen.

Das Treffpunktprinzip

Ein kritisches Ereignis im Leben vieler Insekten ist das Auffinden und die Auswahl eines geeigneten Paarungspartners. Treffpunkte der Geschlechter müssen so eindeutig sein, dass sich möglichst alle Individuen einer Population, einem angeborenen Suchbild folgend, dort einfinden können.

Blüten eignen sich sehr gut als Treffpunkt der Geschlechter. Kämen jedoch alle offenen Blüten eines Biotops als Rendevousplatz in Frage, wäre die Anzahl möglicher Treffpunkte unüberschaubar hoch. Die Blüten einer bestimmten Pflanzenart in einem Biotop bieten jedoch eine übersichtliche Anzahl möglicher Treffpunkte. Da Blüten vielfach Träger einer artspezifischen, also unverwechselbaren Signalkombination sind, ist die Wahrscheinlichkeit, dort einen paarungsbereiten Artgenossen zu treffen, hoch, wenn die artspezifischen Blütenmerkmale zum Auffinden des Treffpunktes genutzt werden. Insekten, die regelmäßig bestimmte Futterpflanzen besuchen, sieht man häufig auch bei einer Paarung auf den Blüten. Bei einer ganzen Reihe von Blütenpflanzen senden die Blüten Signale, die bestimmte Blütenbestäuber zur Partnersuche einladen. Es handelt sich häufig einfach um dunkle Flecken, die auf partnersuchende Männchen bereits so attraktiv wirken, dass sie bei dem vermeintlichen Weibchen auf der Blüte landen und diese dabei auch bestäuben können. Die Funktion der auffälligen, dunkel blau-grünen Blütenmale der Blüten mancher *Moraea*-Arten in Südafrika war lange unbekannt. Wegen des spektakulären Aussehens der an die so genannten Augenflecken der Schwanzfedern von Pfauhähnen erinnernden Blütenmale haben diese Arten den Namen Pfau-Moraeas bekommen (s. Abb. 42). Kim Steiner (1998) hat schließlich die Bestäuber der mit den Schwertlilien verwandten Pfau-Moraea-Blüten entdeckt. Es handelt sich um kleine südafrikanische Verwandte des Maikäfers. Blatthornkäfer der Gattungen *Peritrichia* und *Monochelus* suchten nach seinen Beobachtungen nicht nur minutenlang auf den Blüten nach Nektar und Pollen, sondern paarten sich auch auf den Blüten. Beispielsweise sind die dunklen, blau-grünen Käfer der Art *Peritrichia rufotibialis* in Form und Farbe den Blütenmalen von *Moraea villosa* so verblüffend ähnlich, dass es als sicher gilt, dass die Blütenmale Käferimitationen darstellen, die paarungsbereite Käfer anlocken. Insbesondere die sonst bei Blüten nicht bekannten irisierenden Farben der Blütenmale lassen den Schluss auf eine Signalfälschung der ebenso metallisch glänzenden Käfer zu.

Die schwarzen, oft weiß gerandeten Blütenmale des Klatschmohns (*Papaver rhoeas*) wirken nach den Blütenbiologen Amots Dafni und Martin Giurfa (1998) ebenfalls attraktiv auf bestimmte Käfer. Blatthornkäfer der Gattung *Amphicoma* nutzen in Israel die Mohnblüten zum Rendezvous. Die angeborene Präferenz für rote Blüten beschränkt den Blütenbesuch dieser Käfer auf ganz wenige Arten, denn Rot zählt in der mediterranen und europäischen Flora zu den seltensten Blütenfarben. Die Seltenheit der roten Blütenfarbe hängt mit dem Farbensehen von Insekten zusammen. Dem Menschen rot erscheinende Blütenfarben reflektieren langwelliges Licht mit einer Wellenlänge von > 600 nm. Für dieses langwellige rote Licht sind die meisten Insekten, wie beispielsweise Bienen, wenig sensitiv; die Rotempfindlichkeit der *Amphicoma*-Käfer ist eine Ausnahme. Für die *Amphicoma*-Käfer ist auch das dunkle Blütenmal attraktiv. Die Lockwirkung eines schwarzen Flecks als Käferimitation nutzen auch die wenigen anderen rotblühenden Pflanzen in Israel wie die Mittelmeeranemone (*Anemone coronaria*), der Asiatische Hahnenfuß (*Ranunculus asiaticus*) und die Tulpenart *Tulipa agenensis*. Diese vier von den Blattkäfern besuchten rotblühenden Arten mit schwarzem Blütenmal werden von Dafni zur Mohngilde gezählt. Bei allen Arten der Mohn-Gilde reflektiert die rote Blütenfarbe kein ultraviolettes Licht und das Blütenzentrum ist dunkel gefärbt. Alle Blüten der Mohn-Gilde halten, was sie versprechen. Schwarze Male locken paarungswillige Käfer auf die Blüten. Nur der erste wird getäuscht. Die nachfolgenden können bereits finden, wen sie suchen. Ein einfacher schwarzer Fleck als Locksignal für einen potentiellen Paarungspartner kann möglicherweise in seiner Signalwirkung noch verbessert werden. Auch die Käfer erscheinen uns ja nicht als einfache schwarze Farbflecken, sondern weisen bei Sonneneinstrahlung in Abhängigkeit von der Position zur Sonne an einer Stelle ein Glanzlicht auf. *Anemone coronaria* und *Ranunculus asiaticus* besitzen auffallend glänzende Blütenblätter, die bei Bestrahlung durch die Sonne auch ein Glanzlicht zeigen. Der Klatschmohn besitzt weniger glänzende Blütenblätter. Das schwarze Mal ist jedoch in seinem Randbereich zur Spitze hell gesäumt, so dass ein Glanzlicht imitiert wird.

Ein schwarzer Fleck mit einem weißen Glanzlicht ist auch von den aus Südafrika stammenden Gartenpflanzen der Gattung *Gazania* bekannt, die an der Basis ihrer Strahlenblüten ein solches Blütenmal tragen. Die Blüten der nicht näher verwandten, aber ebenfalls zu den Korbblütern zählenden Art *Gortiera diffusa* sehen denen der Gazanien verblüffend ähnlich. *Gorteria diffusa* wird unter anderem von kurzrüsseligen Wollschwebern (*Bombyliidae*) der Art *Megapalpus nitidus* besucht. Die Wollschweber paaren sich am Nachmittag auch auf den Blüten. Vier verschiedene, auf den basalen Teil der randständigen Strahlenblüten beschränkte und in anderen Bereichen der Strahlenblüten nicht vorkommende Zelltypen sind am Aufbau der nur wenige Millimeter im Durchmesser großen Blütenmale beteiligt, die perfekt die Nachbildung eines Wollschwebers erzeugen. Glattwandige Zellen im Zentrum der Flecken bilden bei Beleuchtung ein Glanzlicht, das sogar im UV-Licht sichtbar ist wie das echte Glanzlicht von den Wollschwebern. In einer Hufeisenform angeordnete papillöse Zellen ragen aus der Oberfläche des Blütenblattes heraus und rufen eine plastische Wirkung hervor. Die funkelnden Glanzlichter der einzelnen Papillen imitieren täuschend den Flügelglanz eines auf dem Blatt sitzenden Wollschwebers. Die Wirkung der einzelnen Komponenten ist äußerst effektiv. Blüten ohne Fleckenmale werden 20-mal seltener besucht als Blüten mit Fleckenmalen. Einen ähnlich signifikanten Effekt konnten Johnson und Midgley (1997) bereits nachweisen, wenn sie die Attraktivität normaler Blüten mit der manipulierter Blüten verglichen, denen nur das Glanzlicht im Fleckenmal fehlte, weil sie es mit schwarzer Farbe übermalt hatten.

Einige dunkle Fleckenmale von Blumen sind noch unverstanden. Die Wilde Möhre (*Daucus carota*) trägt in der Mitte der Blütendolde eine dunkle, so genannte Mohrenblüte, die ein wenig aus der Ebene des Blütenschirms mit ihren ansonsten weißen Blüten heraussteht (Schmidt und Magin 1997). Bei der Wilden Möhre handelt es sich um eine einzige Blüte, die die Mohrenblüte bildet (Abb. 48). Es handelt sich jedoch keineswegs um einen Einzelfall. Auch andere Arten der Doldenblüter (Apiaceae) wie *Dicyclophora persica*, *Artedia squamata* und *Exoacantha heterophylla* besitzen eine Mohrenblüte. In keinem Fall jedoch ist die Blütennatur der Mohrenblüte morphologisch mehr zu erkennen. Hypothesen zur Funktion der Mohrenblüten konzentrieren sich auf das Anlocken potentieller Bestäuberinsekten durch die Mohrenblüten. Im Laborversuch sind Mohrenblüten für Stubenfliegen (*Musca domestica*) attraktiv. Dieser Fliegenfängereffekt ließ sich im Freiland nicht nachweisen. Der natürliche Adressat dieses Blütensignals ist noch unbekannt. Möglicherweise ist der gesuchte Signalempfänger wie beim Klatschmohn in unserer Feldflur gar nicht zu entdecken: Die rotliebenden Käfer, die auf Klatschmohn fliegen, kommen in Mitteleuropa nicht vor, sie sind im Mittelmeerraum beheimatet.

Abb. 48: Die Blütendolde der Wilden Möhre (*Daucus carota*) trägt zentral eine erhabene Mohrenblüte, die auf manche Fliegen attraktiv wirkt.

Das Blütensignal ist in diesem Falle also weiter verbreitet als der Signalempfänger. Eine alternative Hypothese vermutet, dass Wildtiere wie z. B. Rehe oder Weidetiere wie z. B. Rinder durch die Mohrenblüten vom Abweiden der Pflanze abgehalten werden, da die Mohrenblüten stechende Insekten vortäuschen.

Pseudokopulation

Bienen sind prädestiniert für das geschilderte Treffpunktprinzip, denn ca. ein Drittel der 500 mitteleuropäischen Solitärbienenarten ist oligolektisch. Oligolektisch heißt, dass die Bienen ein enges Futterpflanzenspektrum nutzen, das meist aus wenigen nah verwandten Arten besteht. Bei manchen dieser spezialisierten Solitärbienen kann man tatsächlich regelmäßig schwärmende Männchen beobachten, die in schneller Folge Blüten der Futterpflanzen auf der Suche nach Weibchen besuchen, so bei der auf Zaunrüben der Gattung *Bryonia* spezialisierten Sandbiene *Andrena florea*. An den Blüten von *Bryonia* besteht vermutlich eine höhere Wahrscheinlichkeit, ein Weibchen zu finden als an anderen Stellen.

Bei Bienen sind die Duftstoffe der Sexualpheromone für die Partnerfindung überaus wichtig. Einige Blüten vermögen Sexualpheromone so spezifisch und wirksam zu imitieren, dass sie ausschließlich die Männchen einer einzigen Bienenart anlocken. Dazu zählen die zahlreichen im Mittelmeerraum vorkommenden Ragwurz-Orchideen der Gattung *Ophrys*. Einige *Ophrys*-Arten kommen sogar im nördlichen Mitteleuropa vor. Die Unterlippen dieser Ragwurze imitieren das oft aus mehr als 15 Komponenten bestehende Duftbukett der Sexualpheromone unbegatteter Weibchen so präzise, dass die bestäubenden Bienenmännchen zugleich als ethologischer Isolationsmechanismus wirken, der eine Bastardierung der miteinander kreuzbaren *Ophrys*-Arten in ausreichendem Maße verhindert (s. S. 88). Bei näherem Hinschauen fällt auf, dass die *Ophrys*-Blüten doch entfernt an Insekten erinnern. In den Namen Bienen-, Hummel-, Fliegen- und Spinnenragwurz klingt diese Ähnlichkeit mit Insekten und anderen Gliederfüßern an. Die Bezeichnungen sind freilich ungenau und stimmen in vielen Fällen nicht einmal entfernt mit dem tatsächlichen Bestäuber überein. Die Fliegenragwurz (*Ophrys insectifera*) wird von Grabwespenmännchen der Gattung *Gorytes* bestäubt. Die Männchen der sozialen Hummeln und Honigbienen bestäuben gar keine *Ophrys*-Arten. Die Imitation visueller Signale beschränkt sich offenbar auf die wenigen optischen Auslöser bei Balz und Paarung: der Flügelglanz, die erhobenen Mittelbeine des Weibchens und ganz grob die Körperform. Hinzu kommen taktile Signale des Haarpelzes vom Weibchen, die von der *Ophrys*-Blüte nachgeahmt werden. Haarstrich und -länge auf der Unterlippe entscheiden, ob sich das Männchen mit dem Kopf oder mit der Spitze des Hinterleibes zu den Staubgefäßen und zu der Narbengrube orientiert. Insgesamt ist die Weibchenmimikry der *Ophrys*-Blüten jedoch für die Bienenmännchen so perfekt, dass sie sogar versuchen, die Weibchenimitation zu begatten (Abb. 49). Die Pseudokopulation ist von intensiven Bewegungen begleitet, bei denen das Männchen in der Regel mit der Klebscheibe der Pollinien in Kontakt kommt, so dass ihm der gesamte Pollenvorrat in Form von zwei Pollinien aufgeklebt wird. Außerdem kommen bei den Kopulationsbewegungen die von einer vorher besuchten Blüte mitgebrachten Pollinien mit der Narbengrube in Kontakt, so dass einzelne Pollenpakete an der sehr klebrigen Narbenoberfläche haften bleiben. Das führt zur Bestäubung. Ein entscheidendes taktiles Signal, das die Geschlechtsorgane des Weibchens imitiert, fehlt aber den *Ophrys*-Blüten, so dass die Männchen bei der Pseudokopulation nicht zur Spermienabgabe kommen. Das ist ein wichtiger Vorteil für die

Ragwurze bei der Werbung um Blütenbestäuber, denn nur so bleiben die Nachteile für die Männchen, die auf eine Weibchenimitation hereinfallen, begrenzt. Würden die Bienenmännchen auf den *Ophrys*-Blüten Spermien abgeben, stünden ihnen weniger Spermien für die Begattung arteigener Weibchen zur Verfügung. Dieser Nachteil beim Fortpflanzungserfolg würde einen starken Selektionsvorteil für Männchen bedeuten, die *Ophrys*-Blüten nicht mit arteigenen Weibchen verwechseln würden. Aus denselben Gründen bedeutet die Schadensbegrenzung für die Bienenmännchen durch die Pseudokopulation mit der *Ophrys*-Blüte einen Fortpflanzungsvorteil für die Orchidee. Dennoch lernen die Bienenmännchen bald, die *Ophrys*-Blüten zu vermeiden, so dass das einzelne Bienenmännchen nur wenig Bestäubungschancen bietet (Paulus und Gack 1990, 1999; Schiestl et al. 1999).

Ausgangspunkt für die Entwicklung zur Sexualtäuschblume könnte eine grobe Übereinstimmung mancher Blütenduftstoffe mit Sexualpheromonen von Hautflüglern (Hymenopteren) gewesen sein. Hymenopteren kommunizieren bei Balz, Partnererkennung, Nestmarkierung usw. mit Hilfe von Pheromonen. Es handelt sich bei den Pheromonkomponenten meist um Mono- und Sesquiterpene, aliphatische Alkohole oder Hydrokarbone. Mit geringem Aufwand lassen sich bereits aus wenigen Komponenten artspezifische Duftbuketts herstellen. Wegen der sehr effektiven Kodierungsmöglichkeiten mit nur wenigen Komponenten in wenigen Konzentrationen, wundert es nicht, dass viele Organismen dieselben leicht zu synthetisierenden „Allerweltsduftstoffe" benutzen. Ein Analysesystem, das im Prinzip eine Unterscheidung aller Duftbuketts nach Substanzen und ihren Konzentrationen erlaubt, generiert jedoch auch Duftgemische abgestufter Ähnlichkeit, also Duftgemische, die in einigen Komponenten und deren Konzentrationen ähnlich sind. Das System abgestufter Ähnlichkeit bewirkt, dass ein zufällig entstandenes Terpenduftstoffgemisch beispielsweise einer Blüte zwar nur sehr geringe Chancen hat, genau identisch mit dem Pheromonbukett einer von ca. 500 mitteleuropäischen Bienenarten zu sein, jedoch gute Chancen hat, wenigstens mit dem Pheromongemisch einer dieser Bienenarten eine so große Ähnlichkeit aufzuweisen, dass eine gewisse, wenn auch geringe Verwechslungsmöglichkeit besteht. Dass unter Umständen bereits wenige Komponenten eines Buketts ausreichen, um wenigstens das Interesse der Bienenmännchen zu wecken, zeigt ein wissenschaftliches Experiment, das Manfred Ayasse an der Universität Wien durchgeführt hat (Ayasse et al. 1999). Er hat synthetische Pheromongemische der Furchen-

Abb. 49: Ein Langhornbienenmännchen der Art *Eucera barbiventris* bei der Pseudokopulation auf dem Labellum der Ragwurz *Ophrys scolopax*.

biene *Lasioglossum malachurum* getestet. Zunächst hat er die Duftstoffe unbegatteter Weibchen analysiert. Dann testete er die Reaktionen der Männchen auf Weibchenattrappen, die er mit Gemischen synthetisch hergestellter Komponenten beduftet hatte. Er fand, dass Weibchenattrappen, die ein komplettes synthetisches Duftstoffgemisch emittierten, für Männchen sehr attraktiv waren. Die Männchen inspizierten die Attrappe, flogen sie an, berührten sie und führten sogar Kopulationsversuche durch. Inspektionen der Weibchenattrappen konnte er aber auch noch beobachten, wenn nur drei von insgesamt 34 Duftstoffkomponenten eingesetzt wurden.

Bei einem *Ophrys*-Mimikrysystem sind die Duftstoffe bereits entschlüsselt. Die Unterlippen der Art *Ophrys sphegodes* und die cuticulären Sexualpheromone jungfräulicher Weibchen der bestäubenden Sandbiene *Andrena nigroaena* gleichen sich in allen zwölf Komponenten und unterscheiden sich nur geringfügig in den Häufigkeiten der Komponenten. Genau wie echte Weibchen von *Andrena nigroaena* nach der Begattung ändern *Ophrys sphegodes*-Blüten nach der Bestäubung ihr Duftgemisch, indem die Komponente Farnesylhexanoat neu hinzukommt. Ein Bienenweibchen signalisiert damit Männchen nach der ersten und einzigen Paarung, dass sie bereits begattet ist. Die Orchideenblüte imitiert dieses Duftsignal. Bienenmännchen werden zwar von solchen Blüten angelockt, versuchen jedoch keine Pseudokopulation an diesen Blüten, sondern widmen sich den noch nicht bestäubten Blüten desselben Blütenstands, so vermuten Schiestl und Ayasse (2001).

Meist sind es die Männchen von bestimmten Arten der Solitärbienen, die als spezifische Bestäuber dienen. Die Fliegenragwurz (*Ophrys insectifera*) wird jedoch von Grabwespen der Gattung *Gorytes* und die Spiegelragwurz (*Ophrys speculum*) von Dolchwespen der Art *Campsoscolia ciliata* bestäubt. Mehrfach unabhängig ist es sogar zur konvergenten Evolution von Blütenbestäubung via Pseudokopulation gekommen. Bei australischen Erdorchideen der Gattungen *Drakaea*, *Cryptostylis*, *Caladernia* und *Chiloglottis*, die von Erdwespen (*Thynnidae*) bestäubt werden, sowie bei der ebenfalls in Australien vorkommenden Orchidee *Leporella fimbriata,* die von den geflügelten Ameisenmännchen der Species *Myrmecia ureus* bestäubt wird, sind vergleichbare Sexualtäuschblumen entstanden.

Die Blüten verschiedener Pflanzen einer Art in einem Gebiet unterscheiden sich zum Teil erheblich, vor allem im Zeichnungsmuster der Unterlippe, aber auch in der Zusammensetzung der Duftstoffbuketts. Sogar bei verschiedenen Blüten einer Pflanze sind deutliche Unterschiede registrierbar. Beobachtungen im Freiland zeigten den biologischen Effekt dieser hohen innerartlichen Variabilität von Blütenmerkmalen. Zum Zeitpunkt der Ragwurzblüte sind noch keine Weibchen der Bestäuber aktiv, wohl aber die Männchen. Dennoch lernen einzelne Bienenmännchen sehr schnell, dass sie von den Weibchenattrappen bei der Pseudokopulation getäuscht wurden. Mindestens zwei Blütenbesuche eines Männchens sind jedoch für eine Fremdbestäubung erforderlich. Meist ist auch ein Zeitintervall von wenigen Minuten nach dem Herausziehen der Pollinien und dem Eintreffen auf einer anderen Blüte erforderlich. In diesen Minuten senken sich die am Bienenmännchen angehefteten Pollinien in eine Position, mit der sie bei einem erneuten Blütenbesuch in der Narbengrube zu liegen kommen. Das ist die Voraussetzung für eine erfolgreiche Bestäubung. Dieser Mechanismus ist nötig, um Selbstbestäubung auszuschließen. Er soll die Abgabe von Pollen auf die Narbe der Blüte, von der er stammt, oder die Abgabe auf eine andere Blüte derselben Pflanze, die manchmal kurz nach dem Verlassen der ersten

Blüte aufgesucht wird, verhindern. Bei den wiederholten Kopulationsversuchen eines Männchens könnte es sonst leicht zur Selbstbestäubung kommen. Nach der Zeitspanne, die die Pollinienabsenkung dauert, hat das Bienenmännchen die Pflanze jedoch mit hoher Wahrscheinlichkeit bereits wieder verlassen. Hohe Variabilität der den Besuch auslösenden Signale erschwert den Bienenmännchen das Erlernen der Signalkombination, die „kein Weibchen" bedeutet (Abb. 50). Denn ein geringfügig anderes Zeichnungsmuster und ein wenig verändertes Duftbukett könnten ja bedeuten, dass es sich diesmal um ein echtes Weibchen handelt. Die Variabilität dieser Signale ist aber natürlich nur in den Grenzen möglich, die eine Verwechslung mit anderen *Ophrys*-Arten ausschließen. Sie muss sich innerhalb der Bandbreite bewegen, die die Männchen als Paarungssignal akzeptieren. Die Variabilität von Blütenmerkmalen ist dabei vermutlich einer starken Dynamik unterworfen. Stets ist der Erfolg und damit der Fortpflanzungserfolg von Blüten mit seltenen Merkmalskombinationen höher, bis diese so häufig sind, dass sie durch Lernen der Besucher gemieden werden. Nun sind Blüten mit anderen selteneren Merkmalskombinationen attraktiver für die Bienenmännchen, bis auch sie durch überproportionalen Reproduktionserfolg zur häufigen Varietät geworden sind.

Abb. 50: Die hohe Variabilität im Lippenzeichnungsmuster von *Ophrys*-Arten erschwert es den bestäubenden Solitärbienenmännchen zu lernen, dass es sich bei den Unterlippen der Orchideenblüten nicht um paarungsbereite arteigene Weibchen handelt. Die Variabilität der Unterlippenzeichnung ist hier am Beispiel von 9 Blüten der Art *Ophrys mammosa* dargestellt.

Imitation eines dunklen Loches?

Können Sie sich eine Orchidee vorstellen, die ein dunkles Loch imitiert? Claudia Gack von der Universität Freiburg und Hannes Paulus von der Universität Wien können es und sie haben ihre Vorstellung gut begründet (Paulus und Gack 1993), dass eine der Ragwurzarten kein Bienenweibchen, sondern den Eingangsbereich zu einem Schlupfloch nachahmt. Die beiden Zoologen haben über Jahrzehnte die Bestäubungsbiologie der Ragwurze aus der Gattung *Ophrys* studiert. Deren Blüten imitieren mit Duft-, Farb- und Formsignalen sowie mit taktilen Signalen des Haarstriches auf ihrer Unterlippe Weibchen von Solitärwespen- und Solitärbienenarten so erfolgreich, dass die entsprechenden Männchen auf ihrer Suche nach Paarungspartnern getäuscht werden. Bei der Pseudokopulation mit einer ersten Unterlippe der Ragwurzblüte werden ihnen „Hörner" in Form von Pollinien aufgesetzt, beim zweiten Versuch bestäuben sie die Blüte. Die beiden Forscher haben das Phänomen der Pseudokopulation zwischen Ragwurzblüten und Solitärwespe, bzw. -biene vermutlich häufiger beobachtet als irgendein anderer Mensch auf unserer Erde. Statt stunden- und tagelang zumeist vergeblich an einer Ragwurzblüte auf einen Bestäuber zu warten und in einem unachtsamen Moment das entscheidende Ereignis womöglich doch noch zu versäumen, bedienten sie sich eines Tricks. Sie gruben blühende Ragwurzpflanzen aus und transportierten sie über kleine Strecken zu den Schwarmplätzen der Bestäuber, die dann in aller Regel sofort auf die Weibchenimitationen reagierten. Bei einer Exkursion nach Südspanien, auf die ich als Student die beiden begleitete, kam es in einigen Fällen gar nicht dazu, dass wir mit den getopften Ragwurzpflanzen zu den Schwarmplätzen vermuteter Bestäuber gehen konnten. Bereits am geöffneten Kofferraum unseres Autos standen die Bienenmännchen in der Luft schwebend Schlange. Bei der griechischen Species *Ophrys helenae* versagte jedoch ihre Trickkiste. Auffällig bei *Ophrys helenae* ist die einfarbig dunkelbraune, fast kreisrunde Unterlippe, die nicht an irgendeine andere *Ophrys*-Art erinnert. Die Blüten werden tagsüber auch nicht von partnersuchenden Männchen irgendeiner Wespen- oder Bienenart besucht. In den Morgenstunden aber fanden sie Langhornbienenmännchen schlafend an den Blüten von *Ophrys helenae*. Die *Tetralonia lucasi-* und *T. berlandi-*Männchen hatten bereits Pollinien von *Ophrys helenae* am Kopf angeheftet und/oder die Narbengruben waren bestäubt. Genauere Beobachtungen ergaben, dass die Blüten in der Abenddämmerung von Männchen der Gattung *Tetralonia* angeflogen werden, die zwar Pollinien übertragen, jedoch keine Pseudokopulation durchführen. Paulus und Gack entwickelten die Hypothese, dass es sich bei den *Tetralonia*-Bienen um Männchen auf der Suche nach einem Schlafplatz handelt.

Als Schlafplätze dienen vielen Solitärbienen kleine Höhlungen oder Ritzen, aber auch höhlenförmige Blüten verschiedener *Serapias*-Orchidaceen, in denen die Männchen bevorzugt gemeinschaftlich übernachten. Die Blüte von *Ophrys helenae* könnte einen solchen Schlafplatz vortäuschen, meinen Paulus und Gack, wobei möglicherweise Aggregationspheromone als olfaktorisches und das dunkle, runde Labellum (Unterlippe) als optisches Signal eine Rolle bei der Anlockung von Bienenmännchen spielen. Da *Serapias*-Orchideen von Bienenmännchen bestäubt werden, die dort Schlafplätze aufsuchen, könnten die Männchen bei der Suche nach solchen dunklen *Serapias*-Löchern – den Eingängen zu Blüte und Schlafplatz – von den vorgetäuschten dunklen Löchern der *Ophrys helenae*-Labellen angelockt werden. Dass bei *Ophrys helenae* ausnahmsweise das Pheromon von Bienenmännchen attraktiv sein könnte, ist spekulativ. Da Bienenmännchen häufig in Schlafgemeinschaften gefunden werden, ist eine Orientierung nach einem Männchen-Duftbukett, das als Aggregationspheromon wirkt, jedoch nahe liegend. Das könnte allen Männchen, die sich in der späten Abenddämmerung um einem Schlafplatz kümmern, die Suche erleichtern, denn ein nach Männchen duftendes schwarzes Loch ist sicher leichter zu finden als ein duftloses schwarzes Loch.

Tödliche Pilze

Spaziergänger finden im Wald nicht selten einen Fliegenpilz (*Amanita muscaria*). Sein leuchtend roter Hut mit den warzigen weißen Flecken macht ihn zum wohl bekanntesten Giftpilz. Der Genuss von mehreren Exemplaren dieser Pilze kann für einen Menschen tödlich sein. In Milch gekochter Fliegenpilz lockt Fliegen an und tötet sie. Daher rührt der deutsche Name des Pilzes, dessen Gift früher als praktischer und wirksamer Fliegenfänger eingesetzt wurde. Und auch der wissenschaftliche Artname „*muscaria*" sowie der Name seines tödlichen Giftes „Muscarin" erinnern an die Fliegen der Gattung *Musca,* zu denen die Stubenfliege *Musca domestica* gehört. Unerfahrene Pilzsammler freuen sich über jeden Fliegenpilz, den sie aufgrund seiner Färbung so leicht erkennen können. Schwieriger ist dagegen die Begegnung mit den ebenfalls tödlichen Knollenblätterpilzen (*Amanita phalloides*). Sie können ausgerechnet mit Champignons verwechselt werden. Knabberspuren von Wildschweinen, Hasen und Schnecken finden sich auch an Giftpilzen und sind daher kein Indiz für die Genießbarkeit. Durch den Besitz von neutralisierenden Antitoxinen sind viele pilzfressende Tiere vor Pilzvergiftungen geschützt.

Manche Insekten ernähren sich gar von Pilzen. Zu ihnen zählen die Pilzfresser oder Pilzmücken (Fungivoridae). Pilzmücken sind tatsächlich Verwandte der Stechmücken; sie stechen jedoch nicht. Die kleinen und zarten Mücken findet man häufig an feuchten und schattigen Stellen. Die Larven der Pilzmücken machen den Großteil der Maden aus, die man in aufgeschnittenen, madigen Pilzen beim Putzen finden kann. Die beinlosen Larven der Pilzmücken ernähren sich von Pilzen. Sie sind meist wenig spezialisiert und fressen Speisepilze ebenso wie Giftpilze. Aufgabe der flugfähigen Weibchen ist es, im Rahmen der Brutfürsorge die Eier an Hutpilze zu legen, so dass die ausschlüpfenden Larven sich wie im Schlaraffenland fühlen können. Sie brauchen nicht erst einen Pilz zu suchen, sondern können sofort nach dem Schlupf mit dem Fressen beginnen. Auf ihrer Suche nach Eiablageplätzen besuchen die Pilzmückenweibchen gelegentlich auch Blüten. Meist sind diese Blüten auf die Bestäubung durch Pilzmücken spezialisiert und locken Pilzmückenweibchen gezielt durch ihren pilzähnlichen Duft an. Der Wiener Botaniker Stephan Vogel (1978) hat das Phänomen der pilzimitierenden Blüten entdeckt. Seine vergleichenden Untersuchungen an Pilznachahmern enthalten die Befunde, an denen sich eine Modellreihe der Evolution von pilzimitierenden Blüten nachzeichnen lässt.

Unsere im Mittelmeergebiet vorkommenden, von Pilzmücken bestäubten Aronstabgewächse (Araceae), wie z.B. *Asarum caudatum,* haben bis auf den Pilzgeruch keine Merkmale von Hutpilzen. Die Blüten fungieren in der Regel als Kesselfallen, die ihre Besucher an eine Pilzduft verströmende Öffnung locken, wo eine raffinierte Fensterfalle, ein transparenter Bereich der Kesselwand, die Mücken ins Helle lockt. Von der glatten Wand des Fensters fallen sie in den Kessel. Sie streifen mitgebrachten Pollen an der Narbe ab und werden erneut mit Pollen beladen, bevor die Kesselfalle sich nach Tagen neigt und die Besucher freigibt. Die angelockten Weibchen legen oft einige Eier. Jedoch werden auch Männchen in die nach Pilz duftenden Kesselfallen gelockt. Offenbar auf der Suche nach Weibchen fliegen die Pilzmückenmännchen auf Pilze oder was sie dafür halten, um sich durch eine Paarung mit Weibchen unmittelbar vor der Eiablage die Vaterschaft zu sichern.

Einige Arten der Osterluzeigewächse (Aristolochiaceae) haben die Pilznachahmung so weit entwickelt, dass Pilzmücken regelmäßig Eier an die Blüten legen. Die geschlüpften Pilzmückenmaden brauchen jedoch echte Pilze für ihre Entwicklung und sterben den Hungertod in den pilzimitierenden Blüten. Damit beginnt ein tödlicher coevolutiver Wettlauf. Jedes Pilzmückenweibchen, das durch eine neu erworbene Eigenschaft weitere Schlüsselreize von Hutpilzen vor der Eiablage prüft, bewahrt ihren Nachwuchs vor dem Hungertod, wenn sie keine Eier an Pilzmückenblumen legt. Jede Pilzmückenblüte, die weitere Schlüsselreize, die Pilzmückenweibchen zur Eiablage veranlassen, nachahmt, verbessert ihren Bestäubungserfolg.

Die Art *Asarum costatum* imitiert außer dem Pilzduft auch die Lamellen eines Hutpilzes, offenbar, weil Pilzmücken die Lamellen als taktilen Schlüsselreiz bei der Eiablage nutzen. Die Blüten werden ganz bodennah ausgebildet an bevorzugten Standorten von Hutpilzen. Die aus Mexico und Guatemala bekannte baumartige *Aristolochia arborea* imitiert sogar einen kompletten Hutpilz am Eingang zur Blütenröhre (Abb. 51) und täuscht damit sicherlich Pilzmücken, die neben olfaktorischen und taktilen nun auch optische Schlüsselreize in die Suche nach Hutpilzen einbezogen haben. Die Blüten, die am Stammfuß in unmittelbarer Bodennähe blühen, verblüffen sogar Pilzkenner, die in dem Pilzfortsatz am Kesseleingang unschwer einen imitierten Blätterstreupilz der Gattung *Marasmius* erkennen können. Der Wettlauf hält an, solange einige Individuen der betreffenden Pilzmückenarten sich durch verbesserte Erkennungsmechanismen nicht von den pilzimitierenden Blüten täuschen lassen, so dass diese „nachrüsten", um möglichst viele Bestäuber zu täuschen. Wie irritiert die Botaniker bei der Entdeckung, Beschreibung und Benennung der Arten gewesen sein mögen, wird vielleicht an dem Namen einer ebenfalls die Lamellen eines Hutpilzes imitierenden Orchidee deutlich. Der Name *Dracula vampira* ist schon recht ungewöhnlich für eine Blütenpflanze.

Abb. 51: Die Blüten von *Aristolochia arborea* imitieren einen Hutpilz und locken Pilzmücken zur Eiablage an.

Die fremdgesteuerte Schnecke

Viele Schnecken sind nur bei hoher Luftfeuchtigkeit aktiv und ziehen sich bei trockenem Wetter während der warmen Mittagsstunden an kühle und feuchte Orte zurück oder verkriechen sich in ihrem Gehäuse. Erst in der Dämmerung, wenn bei der Abkühlung die relative Luftfeuchtigkeit steigt, werden sie aktiv. So auch die zarten Bernsteinschnecken der Gattung *Succinea*, die bei Schneckenwetter oft massenhaft in Gewässernähe angetroffen werden können. Sie ernähren sich von verschiedenem organischem Material, darunter auch Vogelkot. Sehr selten findet man einzelne Exemplare im Frühsommer im prallen Sonnenschein auf der Vegetation herumkriechen, wo sie leicht von tagaktiven Singvögeln entdeckt und gefressen werden können. Die solchermaßen im Sonnenschein aktiven Bernsteinschnecken sind meist von einem Saugwurm parasitiert, der die Aktivitätszeiten der Schnecken beeinflusst. Der Saugwurm *Leucochloridium macrostomum* manipuliert die Schnecke zu seinem Vorteil (Abb. 52).

Aus der Perspektive des Saugwurms sieht der Vorgang so aus: Mit dem Kot infizierter Singvögel gelangen die Eier des Saugwurmes ins Freie. Werden die Eier mit dem Kot von einer Bernsteinschnecke gefressen, schlüpfen die *Miracidium*larven des Saugwurms in der

Schnecke und entwickeln sich zu Sporocysten. Die Sporocysten sehen aus wie mehrere zentimeterlange Säcke, die wie ein Wurzelgeflecht miteinander verbunden sind. Diese Säcke sind grün und gelb geringelt und wandern bei Belichtung in die Schneckenfühler ein, wo sie sich 40 bis 70-mal in der Minute heftig zusammenziehen. Die sich bewegenden bunten Sporocystenschläuche in den bald stark überdehnten und durchscheinenden Schneckenfühlern sind sehr auffällig. Hinzu kommt das veränderte Verhalten der infizierten Schnecken, die im Sonnenschein leicht von Singvögeln entdeckt werden können. Offenbar picken verschiedene Singvögel die an Raupen oder Fliegenmaden erinnernden Sporocystenschläuche ab und verfüttern sie an ihre Jungen. Nur so können die Nestlinge von den *Cercarien*, die sich als zusätzliche Vermehrungsgeneration in den Sporocystenschläuchen befinden, infiziert werden. Im Darm der Vögel entwickelt sich aus den Cercarienlarven die sich sexuell fortpflanzende Generation des Saugwurms. Die mit dem Kot abgegebenen Eier müssen wieder die abenteuerliche Reise durch die Schnecke antreten (Osche 1966).

Abb. 52: Die Sporocystenschläuche des parasitischen Saugwurms *Leucocloridium macrostomum* sind in die Fühler einer Bernsteinschnecke (*Succinea putris*) eingedrungen. Durch ihre Färbung und zuckenden Bewegungen locken sie Singvögel an, die das Objekt für einen Wurm halten.

Blütenmimikry einmal anders: Rostpilz narrt Blütenbesucher

Für sessile Lebewesen wie Pilze und Pflanzen sind Partnerfindung und Ausbreitung sehr viel schwieriger als für mobile Tiere. Zur Verbreitung dienen Diasporen bei Blütenpflanzen. Beim Klatschmohn handelt es sich um Samen, die aus einer Kapsel bei Erschütterung ausgestreut werden. Klettfrüchte mit vielen Samen nutzen die Fellhaare von Säugetieren, um sich dort für den Transport festzuhaken. Saftige Früchte mit Samen wie Kirschen, Erdbeeren und Hagebutten werden von früchtefressenden Vögeln verzehrt, die die Samen verbreiten. Die Samen von Magnolien und Paeonien leuchten zwar ebenso rot wie der Arillus von Eiben, wie Kirschen, Himbeeren oder Sanddornfrüchte, sind aber hartschalig und täuschen ein Fruchtfleisch nur vor. Die Verbreitung der Samen erfolgt hier über Endozoochorie, also im Darm von samenfressenden Tieren. Die Flugsamen des Löwenzahns segeln mit dem Wind an neue Standorte. Auch die meisten Pilze nutzen den Wind, um ihre superleichten, winzigen Sporen zu verbreiten. Ausnahmen wie die Stinkmorchel (*Phallus impudicus*) in unseren Nadelwäldern nutzen wiederum Tiere zur Sporenverbreitung (Abb. 53). Der übel riechende, Sporen durchsetzte Schleim am Pilzkörper imitiert die Lieblingsspeise von Schmeißfliegen, die sich gern an verwesenden Kadavern und Kot einfinden. Die klebrigen Sporen bleiben an den Tarsen der Schmeißfliegen hängen und werden von ihnen verbreitet.

Das ist kein Einzelfall. Fadenpilze der Gattung *Monilinia*, die auf Blättern von Blaubeeren (*Vaccinium*) parasitieren, bilden dort dunkle Lager, in denen Konidiosporen gebildet werden. Konidiosporen sind zur Verbreitung und Fortpflanzung dienende Sporen, die durch mitotische Zellteilungen entstanden sind. Die Konidienlager bilden sogar Nektar, der für Bienen attraktiv ist. Aufgrund ihrer Reflexion von ultraviolettem Licht und der emittierten Duftstoffe sind sie für Bienen auch leicht ausfindig zu machen. In diesem Fall übertragen die Blütenbesucher die Konidiosporen auf Blaubeerenblüten, wenn sie auf ihren Sammelflügen sowohl Konidienlager als auch Blaubeerenblüten besuchen. Die Konidiosporen infizieren die Samenanlagen und die Blüte entwickelt dann eine samenlose, nicht essbare Frucht (Batra und Batra 1985).

Partnerfindung bei sessilen Lebewesen ist noch schwieriger als Verbreitung. Nicht ein Transport beliebiger Länge ist erforderlich, sondern im Falle der Blütenpflanzen eine gezielte Übertragung von Pollen einer Blüte auf die Narbe einer anderen Blüte. Wind und Wasser sind wenig verlässliche Transporteure, Tiere verlangen einen Fuhrlohn in Form einer Blütenbelohnung. Rostpilze haben, wie manche Blütenpflanzen, Inkompatibilitäts- (= Unverträglichkeits-)mechanismen eingebaut, die an bestimmter Stelle im Entwicklungszyklus eine „Fremdbefruchtung" erforderlich macht.

Abb. 53: Die Stinkmorchel (*Phallus impudicus*) lockt durch ihren Gestank Schmeißfliegen an, die die klebrige Sporenmasse an ihren Tarsen verbreiten.

Rostpilze der Art *Puccinia monoica* nutzen ebenfalls Tiere zur Partnerfindung. Bei Rostpilzen müssen unterschiedlich differenzierte Spermatien (Gameten = Geschlechtszellen) für eine sexuelle Fortpflanzung zusammentreffen. *Puccinia monoica* infiziert Gänsekressearten aus der Gattung *Arabis* als Wirtspflanzen. Die Pilzhyphen leben nicht nur in den Zellzwischenräumen der Wirtspflanze und zapfen einzelne Zellen zur Nährstoff- und Wasserversorgung an, sondern sie verändern ihre Wirtspflanze auch in dramatischer Weise. *Puccinia monoica* überwintert in seiner Wirtspflanze, befällt meristematische Bildungsgewebe und beeinflusst dann das Wachstum der Wirtspflanze. Infizierte Wirtspflanzen produzieren doppelt so viele Blätter und wachsen doppelt so hoch wie normale Wirtspflanzen. Gleichzeitig unterdrückt der pathogene Rostpilz die Blütenbildung seines Wirtes. Stattdessen bildet die Wirtspflanze an der Stängelspitze Blattrosetten aus, die sich gelb verfärben (Tafel VIII). Diese Blattrosetten ähneln täuschend gelben Hahnenfußblüten und emittieren Blütenduftstoffe, die bei Gänsekressearten normalerweise nicht vorkommen, sondern denen von Nachtfalterblüten ähneln. Die durch den Rostpilz induzierten Scheinblüten locken auf diese Weise so effektiv Blüten besuchende Fliegen, Bienen und Schmetterlinge an, dass Barbara Roy und Robert Raguso (1997) eine negative Wirkung auf die Bestäubung von ähnlich aussehenden Blütenpflanzen vermutet. Die Spermatientransporteure des Rostpilzes werden nämlich nicht betrogen, denn der Rostpilz veranlasst die Scheinblüte sogar zur Nektarbildung. Die

Tafel VIII: Morphologische Umgestaltung der Blütenstände der Gänsekresse (*Arabis holboellii*) nach Rostpilzinfektion. Links: Nicht infizierter Blütenstand von *Arabis holboellii*. Rechts: *Arabis holboellii* mit einer Infektion des Rostpilzes *Puccinia monoica* bildet attraktiv duftende, gelbe, nektarführende Scheinblüten. (Originalphotos B. Roy, Eugene, USA)

angelockten Insekten bleiben den nektarhaltigen Scheinblüten treu und transportieren dabei die Spermatien der Rostpilze zwischen den Scheinblüten. Nach der Paarung der Spermatien wird die Scheinblüte unattraktiv. Die nach sexueller Fortpflanzung entstehenden Sporen werden mit dem Wind verbreitet. Rostpilze sind wahre Verbreitungskünstler. Die Entwicklung von *Puccinia monoica* beginnt auf dem Gras *Trisetum spicatum* und führt über einen komplizierten Generationswechsel mit vier verschiedenen Verbreitungsstadien (Sporen) zur Besiedlung einer Gänsekresse (*Arabis*). Das Wachstum der Gänsekresse wird durch den Einfluss des Pilzmycels umgestimmt. An den Pseudoblumen bilden sich bestimmte sporenbildende Organe (Spermogonien), die Nektar produzieren und nach Meiose einen fünften Sporentyp, die Spermatien (Pyknosporen) sowie Empfängnishyphen bilden. Die Pyknosporen gelangen, wie geschildert, mit Insekten an die Empfängnishyphen anderer Kreuzungstypen und ein zweikerniges Mycel wird gebildet. Wie risikoreich solch ein Generations- und Wirtswechsel ist, zeigt sich an dem geringen Prozentsatz von Gänsekressepflanzen, die von dem Rostpilz befallen werden. Die erhöhte Übertragungswahrscheinlichkeit der Pyknosporen durch Blüten besuchende Insekten war vermutlich der evolutive Schrittmacher für Anpassungen, die zur Umstimmung der Wirtspflanzen führten.

Geborgte Beweglichkeit

Pflanzen nutzen ihre Wurzeln, um aus dem Boden Wasser und Nährstoffe zu entnehmen. Sie halten die Pflanze jedoch auch am Ort fest, verwurzeln sie mit ihrem Standort. Aus dieser Sessilität entstehen den Pflanzen große Probleme. Nur wenige Pflanzen wie die bekannte Rose von Jericho (*Anastatica hierochuntica*, Brassicaceae) vermögen als sogenannte „Bodenroller" oder „Steppenhexen" ihren Standort zu wechseln. Wie bei der Pollen-

und Samenverbreitung durch den Wind besteht eine Abhängigkeit von Richtung und Intensität der Luftströmungen. Viele Blütenpflanzen borgen sich daher die Beweglichkeit von Tieren für die Bestäubung (Zoophilie) und Samenverbreitung (Zoochorie).

Nur wenige Früchte bleiben grün, auch wenn sie reif sind: Weintrauben, Stachelbeeren, Avocado. Sie nutzen offenbar ihr Chlorophyll zur Photosynthese und Energiegewinnung. Im Vergleich zu farbigen Früchten haben grün-reife Früchte im Mittel größere Samen und mehr Fruchtfleisch (Cipollini u. Levy 1991). Die Ausbildung farbiger Früchte ist mit Kosten durch die fehlende Photosynthese und Kosten für die Pigmentproduktion verbunden; der Nutzen farbiger Früchte besteht in der besseren visuellen Wahrnehmbarkeit für früchtefressende Vögel. Rot, schwarz, gelb, weiß und blau leuchten von Vögeln verbreitete (ornithochore) Früchte, wenn sie reif sind. Sie locken damit Vögel an, die die Früchte fressen, das Fruchtfleisch verdauen und einen Teil der Samen unverdaut wieder ausscheiden. Wenn es klappt, ist das Samenverbreitung und Grunddüngung in einem. Die Vorteile der Vogelverbreitung von Früchten (Ornithochorie) nutzen auch Pflanzen mit anderen Verbreitungseinheiten. Bei Nacktsamern (Gymnospermae) entwickeln sich die Samen frei (ohne Fruchthülle). Die Eibe (*Taxus baccata*) bildet „Scheinfrüchte" aus dem roten Samenmantel (Arillus). Bei Bedecktsamern (Angiospermen) entwickeln sich aus den Fruchtblättern die Fruchthüllen. Kirsche, Hagebutte, Erdbeere und Tollkirsche sind Beispiele für ornithochore Früchte. Bei der Pfingstrose (*Paeonia maculata*) haben die Samen fruchttypische Merkmale entwickelt. Die Samen sind nicht wie üblich hartschalig, sondern besitzen eine äußere, fleischige Samenschale. In den geöffneten Balgfrüchten bilden blaue und rote Samen ein besonders kontrastreiches Signal. Nur die blauen Samen sind keimfähig. Die sterilen roten Samen haben nur noch Reklamefunktion. Leguminosen besitzen Hülsen mit hartschaligen Samen. Die Korallensträucher der Gattung *Erythrina* haben ihre hartschaligen Samen zu leuchtend roten Fruchtimitationen entwickelt. Es gibt sogar regelrechte Mimikryfälle. *Afzelia africana*-Samen besitzen einen fleischigen Samenmantel, der für Vögel attraktiv ist. Die Paternostererbse (*Arus precatorius*) imitiert mit ihren hartschaligen Samen einen roten fleischigen Samenmantel mit einem herausschauenden schwarzen Samen.

Täuschblumen

Tierbestäubte Blumen besitzen stets Einrichtungen, die mit ihrer sexuellen Fortpflanzung in Zusammenhang stehen, wie Pollen produzierende Blattorgane, rezeptive Organe zur Pollenaufnahme und Samenanlagen sowie Einrichtungen, die mit der Manipulation der Blütenbesucher im Zusammenhang stehen, wie fress- oder sammelbare Blütenbelohnungen, Lockmittel optischer, olfaktorischer (Geruch), gustatorischer (Geschmack) oder taktiler (Berührung) Art, und außerdem besitzen sie Landeplätze. Blütenbestäubung ist lediglich in erster Näherung ein interaktives System mit Nutzen auf der Seite der Blütenpflanzen und auf der Seite der Blütenbesucher. Das Tauschgeschäft „Bestäubung gegen Belohnung" wird von den Beteiligten nur selten optimal umgesetzt. Vielmehr versucht jeder Partner, seinen Vorteil zu maximieren.

Die Blütenbesuchsstrategien der Blütenbesucher sind nicht auf Optimierung der Bestäubung ausgerichtet: Illegitimer Blütenbesuch von Blütenbesuchern führt nicht zur Pollenübertragung. Nektarraub, das Aufbeißen von Nektarspornen und die Nektarentnahme durch die Bisslöcher, führen Hummeln ohne Kontakt zu Staubgefäßen und Narben durch. Lernvermögen und Sammelstrategien, Steigerung der Effizienz der Nahrungsaufnahme und des Nahrungssammelns durch Lernen werden ohne Rücksicht auf eine verbesserte Pollenübertragung optimiert.

Signalfälschung wird von Blüten oft eingesetzt, um Blütenbesucher zu manipulieren. Viele Blütenbesucher verhalten sich blumenstet, d. h., sie lernen, für eine kurze Zeit nur bestimmte Blüten mit hoher Belohnungsrate zu besuchen. Blüten, die weniger Belohnung anbieten, sind reichlich belohnenden Blüten oftmals so ähnlich, dass ein blumenstet sammelnder Blütenbesucher sie verwechseln und beide auf einem Sammelflug besuchen kann. Diese Ähnlichkeit muss nicht auf Betrug hinauslaufen: Die Besuchsrate häufiger Blütenpflanzen ist vor allem von ihrer Belohnungsmenge abhängig, aber unabhängig von den Blütensignalen anderer gleichzeitig blühender Arten. Die Besuchsrate seltener Arten ist jedoch stark von den Blütensignalen häufiger Arten abhängig, da viele Besucher Umsteiger von häufigen und belohnenden Arten sind (Gumbert et al. 1999; Kap. 5, S. 90). Durch ihre Ähnlichkeit können Blüten mehrerer belohnender seltener Arten zusammen auch eine kritische Menge erreichen, die das Sammeln lohnt. Der Fortpflanzungserfolg von Pflanzen mit Blütenmimikry ist von ihrer Häufigkeit abhängig. Das wird besonders deutlich bei polymorphen Nachahmern, also Arten die mit ihren Blüten andere Blüten imitieren und in verschiedenen Morphen auftreten. Bei belohnenden Nachahmern hat diejenige Morphe den größten Fortpflanzungserfolg und wird daher positiv häufigkeitsabhängig selektioniert, die am häufigsten von Bestäubern mit dem Vorbild verwechselt wird. Diese Morphe kann sich schließlich durchsetzen und die Art wird monomorph.

Bei nicht belohnenden Nachahmern sind dagegen seltene Morphen selektionsbegünstigt gegenüber einer bereits häufigen Morphe. Seltenheit erschwert den Blütenbesuchern das Erlernen der nicht belohnenden Formen. Da neu entstehende Morphen mit einem anderen Vorbild Selektionsvorteile haben, wird der Polymorphismus sogar vergrößert. Für einen belohnenden Nachahmer lohnt sich also die Allianz mit weiteren belohnenden Nachahmern; für einen nicht belohnenden Nachahmer lohnt sich das Umsteigen auf ein anderes Vorbild, wenn weitere nicht belohnende Nachahmer häufig sind (Roy und Widmer 1999). Da die Blütensignale oft in ein Suchschema von Blütenbesuchern passen, deren Motivation für den Blütenbesuch der Nahrungserwerb ist, werden nektarlose Blüten generell zu den Nahrungstäuschblumen gerechnet.

Der Frauenschuh

Die vielleicht bekannteste, eigentümlichste und schönste Orchidee in Mitteleuropa ist der Frauenschuh (*Cypripedium calceolus*). Carl von Linné (1753) wählte den Gattungsnamen nach der griechischen Liebesgöttin Aphrodite, die auch Kypris genannt wurde. Der Volksmund sagt vom Frauenschuh, man könne ihn nur finden, wenn man ihn nicht sucht. In einem handschriftlichen Rezeptierbüchlein der Stadt Brugg findet sich folgende Notiz: „Hat man aber das Glück, ein *Cypripedium* in voller Blüte zu entdecken, dann bekommt man eine besonders schöne Frau." Das untere Blütenkronblatt des Frauenschuhs ist zu einer Lippe (Labellum) umgebildet und tatsächlich schuhförmig aufgetrieben. Es ähnelt weniger einem eleganten Damenschuh als einer holländischen Holzpantine. Mehr als 120 verwandte Orchideenarten haben solch eine schuhähnliche Lippe: Der Frauenschuh ist der einzige Vertreter in Mitteleuropa. Er ist selten und nur in lichten Laub- und Nadelwäldern auf kalkhaltigem Boden anzutreffen.

Ein Blick in den Schuh offenbart häufig Insekten, die im Inneren des Schuhs herumkrabbeln oder dort verendet sind. Die Schuhöffnung ist eine Falle, die zwar den Einschlupf ermöglicht, jedoch keinen Ausgang gewährt, denn der Rand ist umgeschlagen und glatt, so dass es dort für viele Besucher kein Entkommen gibt. Lediglich Krabbenspinnen können am Fadenseil zur Schuhöffnung hinuntergleiten, einen gefangenen Blütenbesucher schnappen und sich wieder hochseilen, um ihn zu verzehren (Abb. 54). Der Frauenschuh ist jedoch keine Fleisch fressende Pflanze wie man meinen könnte. Jede Blüte hat sogar zwei Ausgänge, die neben der Schuhöffnung liegen. Die Ausgänge sind jedoch eng und von Haaren verstellt, so dass sich nur kräftige kleinere Insekten dort hinauszwängen können. Auf ihrem Weg kommen sie an der Narbe und an einem Staubblatt vorbei, das an jedem Ausgang so positioniert liegt, dass die Pollenmassen dem Besucher angeklebt werden, bevor dieser die Blüte verlässt. Nilsson (1979) zählte die Besucher von Hunderten von Frauenschuhblüten in Schweden. Die Blutrote Sandbiene (*Andrena haemorrhoa*) und weitere solitäre Sandbienen waren nach seinen Zählungen die häufigsten Bestäuber. Daneben fand er in den Blüten auch Bienen aus der Gattung *Nomada*. Die *Nomada*-Arten sind allesamt Kleptoparasiten, also Tiere, die anderen Nahrung stehlen. Sie sammeln selbst keinen Pollen, sondern dringen in die Nester ihrer Wirtsbiene ein und legen ein Ei an den Pollenvorrat der Wirtsbiene, während die Wirtsbiene nicht im Nest ist. Solch eine Brutzelle ist für die Wirtsbiene verloren. In ihr wird eine *Nomada*-Biene heranwachsen. *Nomada*-Bienen erkennen ihre Wirte meist an Duftmarkierungen des Nesteinganges.

Abb. 54: Der Frauenschuh (*Cypripedium calceolus*) gehört zu den attraktivsten europäischen Orchideen. Seine Bestäubung beruht auf der Nesteingangsmimikry von einer Sandbiene. Die Krabbenspinne ernährt sich von Blütenbesuchern, die sich nicht aus dem Schuh befreien können.

Die wichtigsten Kommunikationssignale von Solitärbienen sind Duftsignale. Und nun wird's knifflig. Nilsson fand als Duftstoffe in Frauenschuhblüten Decyl-, Dodecyl- und Octyldecylacetat sowie α-Farnesen. Solche Alkylacetate sind nur in Ausnahmefällen auch Pheromone (Lockstoffe) von Bienen, kommen aber ausgerechnet bei Sandbienen vor. Decyl- und Dodecylacetat sind in den Kopfdrüsen der Blutroten Sandbiene (*Andrena haemorrhoa*), Octyldecylacetat ist in den Kopfdrüsen von *Andrena nigroaena*, einer anderen Sandbienenart, und einem weiteren, weniger häufigen Bestäuber vom Frauenschuh. Wie viele Solitärbienen benutzen auch *Andrena*-Arten die Sekrete aus den Kopfdrüsen und aus den Dufourdrüsen am Hinterleib, um die Nestzellen zu präparieren und eine Duftmarke am Nesteingang zu setzen. Die Nestmarkierung ist ein Landesignal. Mit einem Schlag sind Duft und Form der Frauenschuhblüte zu verstehen: Der Schuh imitiert einen Nesteingang von *Andrena haemorrhoa;* dazu gehören der imitierte Markierungsduft und die perfekte Nachahmung des Einschlupfloches, das bei echten Nestern im Sandboden liegt. Nun ist zu erwarten, dass die *Andrena*-Weibchen den Standort ihres Nestes ganz genau kennen und eine Frauenschuhblüte nicht mit ihrem eigenen Nest verwechseln. Aber die Weibchen legen vielleicht auch gern einmal ein Ei in ein fremdes Nest und ersparen sich auf diese Weise das mühevolle Pollensammeln, allerdings auf Kosten eines anderen Weibchens. Die Frauenschuhlippe bietet scheinbar diese Gelegenheit. Die Tatsache, dass auch der Kleptoparasit *Nomada bifida* darauf hereinfällt, ist nicht erstaunlich, denn schließlich ist er spezialisiert darauf, *Andrena*-Nester zu finden und wie ein Kuckuck ein Ei hineinzuschmuggeln.

Die Geschichte ist noch nicht zu Ende, denn wir sind noch nicht auf Farnesen als Duftstoffkomponente eingegangen. α-Farnesen ist eine Komponente der Dufourdrüsensekrete der *Andrena*-Weibchen. Farnesen-Isomere treten aber auch in den Kopfdrüsensekreten von *Nomada bifida*-Männchen auf. Die Dufourdrüsensekrete von *Andrena*-Weibchen ähneln den Kopfdrüsensekreten der Männchen ihrer Parasiten verblüffend genau. Tengö und Bergström (1977) vermuten, dass hier Sparsamkeit am Werke ist: Ein einheitliches Landesignal, an denen die *Nomada*-Weibchen die Nester ihrer Wirte erkennen, nutzen auch die *Nomada*-Männchen zur Anlockung von Geschlechtspartnerinnen. Sensorische Ausbeutung nannten später Ryan und Rand (1993) dieses Prinzip, altbewährte Signale, die ein bestimmtes Verhalten auslösen, in anderem Kontext einzusetzen.

6 Imitation ohne Mimikry

Abb. 55: Der Baumfrosch *Hyla calcarata* aus dem peruanischen Regenwald weist eine detailgenaue Blattmimese auf.

Mate Copy

Imitationen begegnen uns in der Biologie auch außerhalb von Mimikryfällen. In diesem Kapitel sollen einige solcher Fälle besprochen werden. Es handelt sich um einige interessante Beispiele des Lernens von Signalen, um Mimese und Tarnung.

Eine Arenabalz zur Partnerfindung haben Birkhühner (*Tetrao tetrix*) und andere Hühnervögel entwickelt. In der Balzarena können Weibchen unter mehreren Männchen einen Partner wählen. Wie bei allen Arenabalzvögeln beschränkt sich die väterliche Investition in die Nachkommen auf Balz und Paarung, während die Weibchen Nestbau, Brüten, Füttern und Verteidigung der Jungen allein durchführen. Die mehrere Tage dauernde Arenabalz gleicht einem Heiratsmarkt mit ungewöhnlichem Ausgang. Während die Hähne in der Arena feste Balzplätze einnehmen, gehen die Hennen zwischen den balzenden Hähnen umher und treffen ihre Wahl. Die Wahlentscheidungen sind verblüffend: Meist entscheidet sich die Mehrzahl der Hennen für denselben Hahn zur Begattung. Wenige andere Hähne haben immerhin noch bei einigen Hennen Erfolg. Die meisten Hähne gehen leer aus (siehe Kap. 8, S. 154). Da der Erfolg der Hähne mit Qualitätsmerkmalen wie Gefiederglanz, Größe und Kampfkraft korreliert ist, wie aus Untersuchungen an verschiedenen in einer Arena

6 Imitation ohne Mimikry

balzenden Vögeln bekannt ist, sind die Wahlentscheidungen der Hennen im Sinne einer Optimierung des Fortpflanzungserfolges zu verstehen. Dabei ist es nahezu selbstverständlich, dass jede Henne ihre eigene Wahlentscheidung trifft.

Wählen ist jedoch kostspielig. Wählen kostet nicht nur Zeit, die mit Nahrungsaufnahme und Gefiederpflege unter Umständen besser in den eigenen Fortpflanzungserfolg investiert wäre. Wählen erhöht auch das Risiko, durch Unaufmerksamkeit einen Räuber zu übersehen und kann dann das Leben kosten. Eine einfache Taktik kann die Kosten der Partnerwahl reduzieren: *Mate Copy*. Unter Mate Copy verstehen wir das Kopieren der Partnerwahlentscheidung eines anderen Tieres. Tatsächlich wurde Mate Copy nicht nur bei Birkhennen beobachtet, sondern auch bei Rothirschen und Guppys, wie das folgende Beispiel zeigt.

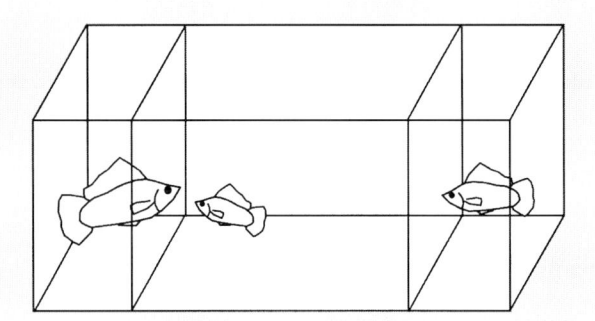

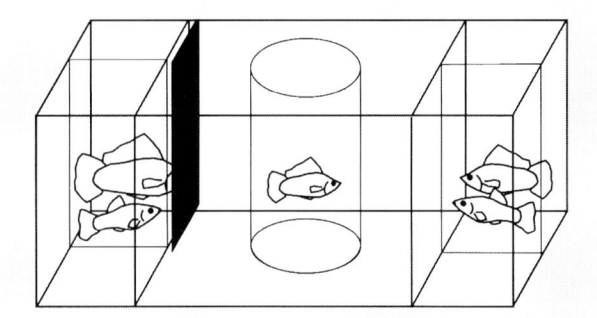

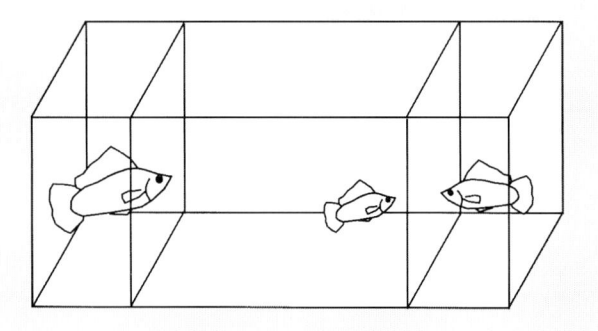

Unvorstellbar schwierig ist die Partnerwahl bei dem Amazonas-Molly (*Poecilia formosa*), bei dem keine Männchen vorkommen. Die Weibchen von *P. formosa* pflanzen sich parthenogenetisch durch die Entwicklung unbefruchteter Eier fort. Die Eier benötigen jedoch zur Induktion der Zellteilung die Besamung durch ein Spermium des nah verwandten Segelflossenmolly (*Poecilia latipinna*). Da das Spermium nicht zur Befruchtung der Eizelle gelangt, sollten Männchen von *P. latipinna* nur Nachteile von einer Paarung mit einem *P. formosa*-Weibchen haben und diese zu vermeiden suchen. Ingo Schlupp aus Hamburg und Michael Ryan aus Austin in Texas (1996) konnten zeigen, dass Segelflossenmollymännchen aber durchaus einen Vorteil von

Abb. 56: Versuchsdesign zum experimentellen Nachweis der Partnerwahlentscheidungskopie (mate copy) beim Segelflossenmolly (*Poecilia latipinna*) mit den drei zwanzigminütigen Versuchsphasen. Oben: Ein Weibchen des Segelflossenmolly wählt zwischen zwei arteigenen Männchen. Die meisten Weibchen bevorzugen eines der Männchen, meist das größere, deutlich. Mitte: Dasselbe Weibchen kann nun das vorher nicht bevorzugte Männchen bei der Balz mit einem Weibchen des Amazonas-Molly (*Poecilia formosa*) beobachten, während das vorher bevorzugte Männchen hinter einer undurchsichtigen Scheibe verborgen ist und lediglich die Balzhandlungen eines zweiten Weibchens des Amazonas-Molly zu sehen sind. Unten: Das Weibchen des Segelflossenmolly kann nun wieder zwischen denselben beiden arteigenen Männchen wählen wie in der 1. Versuchsphase. Sie zeigt jetzt eine signifikant stärkere Präferenz für das vorher nicht präferierte Männchen.

einer Paarung mit einem artfremden Weibchen haben können. Bei Segelflossenmollies treffen beide Geschlechter Partnerwahlentscheidungen: Die Männchen wählen Weibchen, die sie anbalzen; die Weibchen wählen Männchen, die sie zur Paarung zulassen. Segelflossenmollyweibchen wählen ihre Partner oft nach der Taktik des Mate Copy. In eleganten Aquariumwahlversuchen konnten die beiden Ichthyologen zeigen, dass Segelflossenmollyweibchen sich bevorzugt für Männchen interessieren, die auch andere Weibchen attraktiv fanden, unabhängig davon, ob es sich um Weibchen von Segelflossenmollies oder Amazonas-Mollies handelte (Abb. 56). Ein für die Männchen scheinbar nutzloses, in jedem Falle folgenloses, aber nicht kostenloses Techtelmechtel über die Artgrenzen hinweg kann auf diese Weise die zukünftigen Fortpflanzungschancen eines Segelflossenmollymännchens verbessern. Das das Techtelmechtel beobachtende Weibchen nutzt den Vorteil der kostengünstigeren Wahlentscheidung zur vermeintlichen Verbesserung eines eigenen Fortpflanzungserfolges.

Mate Copy kann jedoch ebenso eine erfolgreiche Paarungstaktik von Männchen sein. In Aquarienexperimenten wählen Segelflossenmollymännchen spontan zu 80 % arteigene Weibchen und zu 20 % Amazonas-Molly-Weibchen. Als Wahlentscheidung gilt in diesem Zweifachwahlversuch nicht die Paarung, sondern der Aufenthalt in der Nähe des betreffenden Weibchens, da die Fische durch Glasscheiben voneinander getrennt sind. Haben Männchen für kurze Zeit Gelegenheit, an einem Ende des Aquariums ein einzelnes arteigenes Weibchen und am anderen Ende des Aquariums ein artfremdes Weibchen mit einem arteigenen Männchen zusammen zu sehen, so ändern sie die vormals gezeigte eindeutige Bevorzugung für arteigene Weibchen und interessieren sich danach signifikant häufiger für artfremde Weibchen. Auch in diesem Fall nehmen die beiden Verhaltensforscher einen Vorteil für das Männchen mit der Mate-Copy-Taktik an. Durch die Beobachtung der Balz können die Männchen sicher sein, dass sie bei der kopierten Partnerwahl ein paarungsbereites Weibchen wählen und sich das Zeit raubende Feststellen der Paarungsbereitschaft sparen. In einen Fortpflanzungserfolg ummünzen lässt sich dieses Verhalten allerdings nur, wenn es sich bei dem durch kopierte Wahlentscheidung gefundenen Weibchen um ein Segelflossenmollyweibchen handelt oder wenn ein solches paarungsbereites Weibchen seinerseits die Mate-Copy-Taktik verfolgt und das Männchen bei der Paarung mit einem Amazonas-Molly-Weibchen beobachtet.

Lernen durch Nachahmung

Im Gegensatz zu vielen anderen Singvögeln setzen Gimpel (*Pyrrhula pyrrhula*) ihren Gesang nicht zur Reviermarkierung, sondern als Lockruf und Lockgesang für Paarungspartner ein. Ähnlich wie bei Würgern (Laniidae) und Krähen (Corvidae), die sich ebenso verhalten, zeichnet sich auch der Gimpel durch einen variablen und plastischen Gesang aus. Gimpelmännchen verschiedener Herkunft haben unterschiedliche Gesangsstrophen und Motive. Angeboren ist nur der knarrend-flötende Charakter des Gesangsvortrages und die Reihung bestimmter Motive. Isoliert aufgezogene Gimpel, die keine Gelegenheit hatten, den Gesang von frei lebenden Artgenossen zu hören, entwickeln einen einsilbigen Lockruf ohne die typische Klangfarbe.

Jürgen Nicolai (1959) bekam 1953 einen achttägigen Gimpel gebracht, der der einzige Überlebende aus einem von Eichelhähern geplünderten Nest war. Er ließ den Nestling von einem Kanarienvogelweibchen aufziehen. Drei Wochen war der junge Gimpel mit seiner

Pflegemutter allein. In einem Jungvogelkäfig mit anderen Vögeln schloss er sich sofort einem Kanarienvogelmännchen an. Bereits im Alter von sieben Wochen überhäufte der junge Gimpel in Paarbildungsstimmung den Kanarienmann mit Anträgen zum Schnabelflirt. Sang das Kanarienmännchen, kam der junge Gimpel nahe heran und hörte aufmerksam zu. Bereits der Jugendgesang des Gimpels enthielt Kanarienelemente. Gegen Jahresende war der Gesang des Gimpels kaum noch von dem des Kanarienmännchens zu unterscheiden. Das junge Gimpelmännchen verpaarte sich im Spätwinter mit einem Gimpelweibchen und zog im darauf folgenden Frühjahr vier Jungvögel auf. Zwei der drei Männchen aus dieser Brut übernahmen den Kanariengesang des Vaters. Einen dieser Söhne gab Nicolai an einen befreundeten Vogelzüchter. Nach zweieinhalb Jahren erhielt er einen Urenkel des von dem Kanarienweibchen aufgezogenen Gimpels zurück, der noch die Strophen des Kanarienurgroßvaters beherrschte.

Dieses Nachahmungslernen führt zu einer Gesangstradierung. Junge Gimpelweibchen lernen Gesangselemente von ihrem Vater und von ihrem ersten Partner. Junge Gimpelmännchen lernen ausschließlich von ihrem Vater. Bringt sich ein Pfleger durch isolierte Aufzucht von Gimpeln in die Elternrolle, so kann er durch Vorpfeifen von Melodien erstaunliches bewirken. Bis zu drei kurzen Volksliedern lernt ein Gimpelmännchen durch Nachahmung von seinem Gesangstutor.

Welche Probleme durch Gesangstradierung von Singvögeln entstehen können, zeigt folgende Anekdote. Der Berliner Konzeptkünstler Wolfgang Müller hatte auf einer Norwegenreise nach Spuren des Dadaisten Kurt Schwitters gesucht. Auf der kleinen Insel Hjertoya im Molde-Fjord, dem ehemaligen Sommersitz des Dada-Meisters, wurde er unerwartet fündig. Die im Jahre 1932 geschaffene Ursonate Schwitters pfiffen auf Hjertoya noch die Stare. Die Ausgabe der ZEIT vom 21.6.2001 gibt eine typische Tonfolge mit „Rinnzekete bee bee nnz rrk müüüü ziiuu ennze ziiuu" wieder. Eine Einspielung des Starengesangs warf überraschend urheberrechtliche Probleme auf. Hätten die Stare Schwitter die Ursonate abgelauscht und über Generationen von Star zu Star weitergegeben, könnte die Einspielung der Ursonate über den Umweg der Stare eine Urheberrechtsverletzung darstellen. Hätte allerdings Schwitter selbst Gesangselemente der Stare bei der Komposition der Sonate in Urlauten verwendet, was wahrscheinlich ist, handelte es sich um in der Natur vorgefundenes Material. Der Verleger Gustav Kiepenheuer Bühnenvertrieb GmbH hat sich für die letzte Variante entschieden.

Die polyglotte Spottdrossel

Lernen durch Nachahmung ist die Grundlage aller Tradition. Wir wollen uns die Bedeutung des Nachahmungslernens für Vögel anhand einiger Beispiele klarmachen. Zu Beginn des 20. Jahrhunderts wurde in England wie auch in anderen Ländern Milch zum Frühstück frühmorgens in Glasflaschen an die Häuser geliefert, ebenso wie früher Brötchen und heute noch die Tageszeitung. Die Milchflaschen waren nicht verdeckelt, sondern durch eine dünne Aluminiumfolie geschützt.

Vermutlich hat nur eine einzige Meise einmal angefangen, den Aludeckel aufzuhacken und von der oben abgesetzten Sahne zu fressen. Ob bereits ein Loch im Aluverschluss war, das die Meise nur zu erweitern brauchte oder ob sie tatsächlich den intakten Deckel aufgebrochen hat, werden wir nie herausbekommen. Mit Sicherheit aber breitete sich dieses Verhalten der lernfähigen Meisen in wenigen Jahren über ganz England aus. Es hat sogar die Artgrenzen übersprungen und konnte bei Blaumeisen und bei Kohlmeisen beobachtet werden. Die englischen Milchmänner waren aus ökonomischen Gründen schließlich gezwungen, diese Entwicklung durch Einführung eines meisensicheren Deckels zu stoppen (Fisher und Hinde 1949).

Eine besondere Form des Lernens ist die Prägung. Vor allem bei Vögeln ist sie so effektiv, dass geprägte, sehr komplexe Signale scheinbar angeboren sind. Bei der Prägung lernen Jungvögel in einer sensiblen Phase ihre Mutter, ihren Sexualpartner oder ihren arteigenen Gesang kennen. Die sensible Phase kann lange vor dem Zeitpunkt liegen, an dem das Erlernte eingesetzt wird.

Ein nicht von seinen Eltern, sondern von artverschiedenen Zieheltern erbrüteter und aufgezogener Buchfink, der nicht den typischen Buchfinkgesang hört, entwickelt ein untypisches, dem Gesang der Zieheltern ähnliches Gesangsrepertoire. Ein einzeln und schallisoliert aufgezogener Buchfink, ein so genannter Gesangs-Kaspar-Hauser, entwickelt zwar einen Gesang von arttypischer Dauer und Anzahl der Gesangselemente, aber die arttypische Gliederung des Gesanges fehlt völlig. Der Sommer des ersten Lebensjahres und auch der folgende Frühling sind die sensiblen Phasen für die Gesangsprägung der Buchfinken.

Es ist kein Wunder, dass sich bei dieser Form des Gesanglernens lokale Dialekte bilden können, so beispielsweise der Eggedialekt im Eggegebirge am Südrand des Teutoburger Waldes.

Wer nun aber glaubt, ein Buchfinkenmännchen würde einen einzigen Gesang stur heruntersingen, sieht sich getäuscht. So genannte „Einschaller" sind ausgesprochen selten, drei oder vier, bis zu sechs verschiedene Gesänge, die von Zeit zu Zeit abwechselnd vorgetragen werden, sind die Regel. Der Vorteil dieser Abwechslung ist, dass sich sowohl der Reviernachbar als auch das eigene Weibchen nicht zu sehr an einen bestimmten Gesang gewöhnen und immer wieder auf einen anderen neuen Gesang aufmerksam werden. Das ist ganz im Sinne des Sängers. Es ist interessant, dass der Buchfink ein offenes Teilprogramm für seinen Gesang besitzt: Das letzte Gesangselement ist dem häufig zu hörenden Buntspechtruf sehr ähnlich. In anderen Gegenden kann an dieser Stelle eine andere Fremdimitation eingefügt sein, z. B. in Nordostgriechenland der Erregungsruf des dortigen Berglaubsängers.

Die Fähigkeit des Buchfinks, Gesangselemente anderer Arten zu übernehmen, bezeichnet man als Spottbegabung. Vogelarten, die in ihrem Gesang viele artfremde Motive nachahmen, nennen wir Spottsänger. Viele bekannte und häufige Singvögel übernehmen Elemente aus Gesängen anderer Arten. Singdrossel, Grünfink, Feldlerche und Star sind mit ihrem Spottgesang häufig zu hören. Der berühmteste Spottsänger in Mitteleuropa ist der Sumpfrohrsänger, dessen Spottgesang so viele Fremdimitationen enthält, dass man gar nicht weiß, ob sein Gesang auch arteigene Elemente aufweist. Die Herkunft der Fremdimitationen muss nicht in jedem Fall ein anderer Vogelgesang sein. In England wurde vor einigen Jahren ein neuer Telefontyp eingeführt mit einem charakteristischen zweisilbigen Klingeln. Singdrosseln ahmten dieses Klingeln teilweise so perfekt nach, dass Telefonbesitzer getäuscht wurden und zu ihren Telefonen eilten, wenn der Vogel in der Nähe des Hauses sang. Heutzutage mehren sich Nachrichten, dass Singvogelmännchen wie Stare, aber auch Amseln und Drosseln, Klingelzeichen von Mobiltelefonen in ihre Gesänge einbauen.

Liegt im Spottgesang ein Fall von Mimikry vor? In diesem Fall müsste es einen getäuschten Hörer der Spottgesänge geben. Die Imitation von Rufen aggressiver Vögel könnte den

Spötter vor Störung und Beutegreifern schützen. Man könnte auch an eine zwischenartliche Territorialität denken in der Weise, dass der Spottsänger durch die Imitationen von Gesangselementen anderer Singvogelarten diese aus seinem Revier fernhalten kann. Das Vorbild für den Spottgesang würde durch den Spottsänger mit seinem eigenen Reviergesang konfrontiert werden. Spottsänger imitieren jedoch scheinbar wahllos und nicht, wie man im Falle einer zwischenartlichen Revierabgrenzung annehmen würde, bevorzugt Nahrungs- oder Nistplatzkonkurrenten. Im Experiment reagieren die Vorbilder zwar auf die entsprechenden Elemente der Spottgesänge. Sie tun dies jedoch nur, wenn ihnen die Spottelemente isoliert vorgespielt werden, aber nicht, wenn sie ihnen im babylonischen Sprachgewirr eines normalen Spottgesanges vorgespielt werden.

Der Umfang des Repertoires eines Spottsängers dient als Indikator für die Qualität des Sängers, wie an der amerikanischen Spottdrossel (*Mimus polyglottos*) von Howard (1974) festgestellt wurde. Polyglotte Männchen, also solche, die ein umfangreiches Repertoire an Spottelementen besitzen, besetzen nicht nur die besten Reviere, sondern verpaaren sich auch früher im Jahr, da die Weibchen diese Männchen bevorzugen. Durch diese Form der geschlechtlichen Zuchtwahl wird der Trend zur Variabilität des Gesangs noch verstärkt. Warum Spottdrosselhähne mit reichhaltigerem Spottrepertoire die besseren Reviere besetzen, ist nicht bekannt. Wenn aber sowohl die Spottgesänge als auch die Revierverteidigung energieverbrauchend sind, könnte das Spottrepertoire einen Zeigerwert für die Stärke der Männchen darstellen. Möglich ist auch eine Kopplung über das Lernvermögen: Hähne mit großem erlernten Gesangsrepertoire könnten auch Futterplätze und andere Zusammenhänge besser lernen. In diesem Fall würde der Spottgesang als Indikator für das Lernvermögen dienen. Denkbar ist auch, dass hier ein einfacher akustischer Indikator in Form der Anzahl erlernter fremder Gesangselemente dafür vorliegt, wie weit die Männchen schon herumgekommen sind.

Einen ähnlichen Indikator auf optischer Basis könnten die australischen Laubenvögel (Ptilonorhynchidae) mit den gesammelten Schauobjekten in ihren Lauben präsentieren. Auf olfaktorischer Grundlage wirken die Duftbuketts der neotropischen Prachtbienenmännchen (Euglossinae; s. S. 89), die Duftgemische aus ätherischen Ölen zum Anlocken der Weibchen an verschiedenen Parfümorchideen und duftenden Naturmaterialien sammeln. Aus der Ernährung der Prachtbienen geht hervor, dass die Indikation von Flugleistungen ein geeignetes Partnerwahlkriterium darstellen könnte. Prachtbienen besuchen Blüten als so genannte trap-liner, das heißt, sie beuten Blüten einer bestimmten Art entlang kilometerlanger im Flug zurückgelegter fester Routen aus. Für diese Form des Nahrungserwerbs ist eine sehr hohe Flugleistung erforderlich. Die Vielfalt der gesammelten Duftstoffe könnte also als Zeiger der Flugleistungen dienen.

Bei Brutparasiten ergibt sich eine weiterere Komplikation. Afrikanische Witwenvögel (Viduinae), die ihre Eier wie unser Kuckuck in die Nester anderer Arten legen und den Nachwuchs von den Wirtseltern aufziehen lassen, erlernen als Jungvögel den Gesang ihrer Wirtseltern, den Prachtfinken (Estrildidae; siehe auch Kap. 5, S. 84). Da es mehrere nah verwandte Witwen gibt, die jeweils bei unterschiedlichen Wirtsvogelarten parasitieren, können die Witwenvögelweibchen den Gesang nutzen, um ihre spezifische Wirtsvogelart zu erkennen. Der Gesang des Wirtsvogelmännchens spielt möglicherweise auch eine Rolle für die Synchronisation der Eiablage der Witwe, die das nestbauende Männchen des Wirtes beobachtet, um zum günstigsten Zeitpunkt eiablagebereit zu sein, denn der Gesang ändert sich in charakteristischer Weise bis zur Eiablage.

Tarnung im Industriezeitalter

Der Vergleich zweier Morphen des Birkenspanners (*Biston betularia*) spiegelt die Selektionsbedingungen am Standort wider. Der Birkenspanner besitzt typischerweise eine helle Färbung (*B. b. typica*). Auf der von Flechten überzogenen hellen Borke von Birken sind die hellen Falter mit ihrer schwarzen Sprenkelung für Vögel, ihre Fressfeinde, kaum zu entdecken. Das änderte sich gegen Ende des 19. Jahrhunderts in den Industriegebieten Englands, als im Zuge zunehmender Luftverschmutzung der Flechtenbewuchs an den Bäumen drastisch zurückging und eine Rußschicht die Borke der Bäume schwarz färbte. Im Jahre 1848 wurden in der Nähe von Manchester die erste größere Zahl dunkel gefärbter Exemplare gefangen (Abb. 57). Dunkle Varianten (*B. betularia carbonaria*) verdrängten in den Steinkohlerevieren die *typica*-Form innerhalb weniger Jahrzehnte fast völlig. Bereits 1895 machten sie 98 % der Gesamtpopulation bei Manchester aus. Die bessere Tarnung der *carbonaria*-Form auf dunklem Untergrund erwies sich auch in Fraßversuchen mit Vögeln als vorteilhaft. Vögel entdeckten die *typica*-Form an verrußten Baumstämmen häufiger als die *carbonaria*-Form. Von freigelassenen Birkenspannern konnte Kettlewell (1973) nur 13 % der hellen Form, aber 27 % der dunklen Form nach dem Experiment wiederfangen. Mindestens 70 andere Schmetterlingsarten entwickelten ähnliche melanistische Formen. Das Phänomen bekam den Namen Industriemelanismus und gilt in vielen Lehrbüchern als ein besonders anschauliches Beispiel für Evolution in Aktion. Dabei spielt allerdings die Entstehung neuer Merkmale keine Rolle, sondern lediglich die Änderung der Häufigkeit zweier Morphen durch drastisch veränderte Selektionsbedingungen. Melanistische Formen sind als Raritäten in vielen alten Schmetterlingssammlungen nachzuweisen. Sie konnten sich nie durchsetzen, bis die Industrialisierung die Umweltbedingungen änderte. Seit der Mitte des 20. Jahrhunderts hat sich der Trend umgekehrt. Dem Rückgang der Schadstoffbelastung der Luft folgte der Rückgang der melanistischen Form (s. Abb. 57).

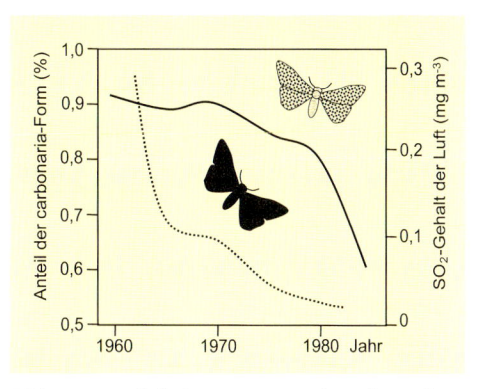

Abb. 57: Häufigkeit zweier Morphen des Birkenspanners (*Biston betularia*) im britischen Industrierevier bei Liverpool. Die *typica*-Form ist hell und gemustert, die *carbonaria*-Form ist einfarbig dunkel. Mit dem Rückgang des SO_2-Gehaltes der Luft (gepunktete Kurve) sinkt der relative Anteil der melanistischen Form (durchgezogene Kurve) und steigt der relative Anteil der hellen Form. (Verändert nach Clarke et al. 1985)

Mit dem Rückgang der Schadstoffbelastung der Luft wurde zwar die *typica*-Form des Birkenspanners wieder häufiger; die Flechten kehrten jedoch nicht in gleichem Maße als Besiedler der Baumstämme zurück. Der Vorteil für die *typica*-Form mit Flechtenmimese ist somit gar nicht mehr so offensichtlich. Zudem fand man heraus, dass Birkenspanner den Tag vorzugsweise auf der Unterseite kleinerer Zweige hoch oben in den Baumkronen verbringen. Wie die Formen dort vor Vogelfraß geschützt sind, geht aus den Beobachtungen nicht hervor. Diese Unstimmigkeiten zwischen der Rückkehr der Flechten und dem

Rückgang der melanistischen Form sowie zwischen dem angenommenen Schutz durch Flechtenmimese auf der Baumborke und dem tatsächlichen Ruheort während des Tages weisen darauf hin, dass weitere bislang unbekannte Faktoren die Morphenhäufigkeit beeinflussen.

Blattmimese und Blattmimikry

Hinter den Begriffen Blattmimese und Blattmimikry verbergen sich sehr unterschiedliche Phänomene, die nur zum Teil echte Mimikryfälle darstellen. So sehr Blätter sich vor dem Zugriff von Blattfressern schützen müssen, so sehr eignen sie sich für Tiere zur mimetischen Tarnung vor Raubfeinden. Die Anzahl von Tierarten, die Ästchen oder Blätter imitieren, ist beachtlich (Abb. 58). Die Schutzwirkung ist verständlich: Kein räuberisches Tier interessiert sich für Blätter als Nahrung. Blatt fressende Tiere hingegen, sollten sie einmal auf ein imitiertes Blatt hereinfallen, werden das Tier in der Blattverkleidung nicht angreifen. Kennzeichnend für diese Blattmimese ist der Umstand, dass keine Signale gesendet werden, die in das Suchbild räuberischer Tiere passen.

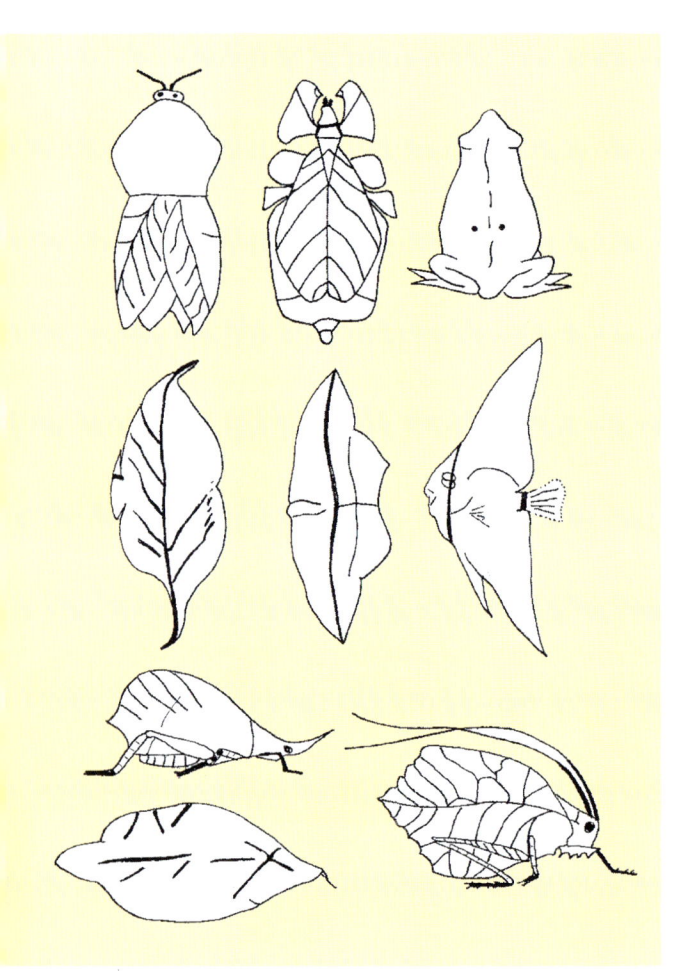

Eine einfache Grünfärbung reicht als Schutz für Insekten oft schon aus, um im Laub getarnt zu sein, solange sie sich nicht bewegen. Blattform des Körpers und eine an Blattadern erinnernde Zeichnung verbessern die Schutzwirkung. Offensichtlich ist der Schutz dennoch unvollständig. Einige Blatt imitierende Tiere ahmen zusätzlich welke Flecken und Fraßstellen nach, um die Schutzwirkung zu erhöhen.

Manchmal ist die Schutzwirkung verblüffend. Der Baumfrosch *Hyla calcarata* aus dem tropischen Regenwald in Peru sieht einem welken Blatt täuschend ähnlich (s. Abb. 55): Das Zeichnungsmuster von Rücken, Ober- und Unterschenkel ist so perfekt aufeinander abgestimmt, dass in Ruhehaltung ein Blattnervenmuster entsteht. Gekrümmte Zehen und Hautzipfel am Oberschenkel bewirken

Abb. 58: Blattmimese bei verschiedenen Tieren. Die Schemazeichnungen geben die Umrisse und die das Blattgeäder imitierenden Strukturen an. Von links, 1. Reihe: die Fangschrecke *Choeradodis rhomboidea*, das Wandelnde Blatt (*Phyllium crurifolium*), die Kröte *Bufo typhonius*; 2. Reihe: der Blattschmetterling *Kallima paralekta*, der Nachtfalter *Timandra amata*, der Fledermausfisch (*Platax vespertilio*); 3. Reihe: die Feldheuschrecke *Systella rafflesii*; 4. Reihe: der Blattfisch (*Monocirrhus polyacanthus*), die Langfühlerschrecke *Cycloptera spec.* (Verändert nach Cott 1940)

die Entstehung eines nahezu perfekten Blattumrisses. Allerdings sitzt der Frosch völlig auffällig auf einem grünen Laubblatt. In einem sommergrünen Wald Mitteleuropas würde er sofort auffallen. In einem tropischen Regenwald handelt es sich dabei um eine nahezu perfekte Tarnung. Zu allen Jahreszeiten fallen täglich einzelne welke Blätter, so dass ein welkes Blatt auf einem grünen Laubblatt eine alltägliche Situation darstellt.

Eine geeignete Überlebensstrategie ist die Anpassung an den Hintergrund im jeweiligen Lebensraum sein. Pappelschwärmer (*Laothoe populi*, Sphingidae) legen Eier an verschiedene Arten von Weiden und Pappeln, die die Raupenfutterpflanzen sind. Die Raupen halten sich an der Unterseite der Laubblätter auf. Natürlich sind sie umso besser vor Vogelfraß geschützt, je ähnlicher sie der Blattunterseite in der Färbung sind. Die Blattunterseiten der Futterpflanzen können jedoch ganz verschieden gefärbt sein: hellgrün bei der Knackweide (*Salix fragilis*), gelbgrün bei der Grauweide (*Salix cinerea*), graugrün bei der Korkweide (*Salix viminalis*) und weiß bei der Silberpappel (*Populus alba*). Malcolm Edmunds und Joy Grayson (1991) züchteten Pappelschwärmer auf verschiedenen Futterpflanzen. Stets waren die Raupen, nachdem sie einige Zeit Blätter gefressen hatten, entsprechend der Blattfarbe hervorragend getarnt. Die Forscher konnten experimentell feststellen, dass es keine genetische Basis für die Ausbildung der Raupenfärbung gibt. Auch das Futter war nicht für die Färbung der Raupen verantwortlich. Wenn sie die Raupen nämlich im Dunkeln fressen und tagsüber auf verschiedenfarbigen Farbpapieren ruhen ließen, färbten sich die Raupen entsprechend um. Spätestens im dritten Larvenstadium hatten die meisten die Farbe des „Ruhekissens" angenommen. Es liegt also ein Farbpolyphänismus vor. Farbpolyphänismus bezeichnet eine farbliche Vielgestaltigkeit von Arten auf Grund modifikatorischer Anpassung im Gegensatz zum Farbpolymorphismus, der auf eine genetische Steuerung zurückgeht.

Wie verbessert die Farbanpassung die Überlebenschancen? Um diese Frage zu beantworten, setzen die beiden Forscher im Labor gezogene gelbgrüne und weiße Raupen an passenden (*Salix cinerea*) und nicht-passenden (*Populus alba*) Futterpflanzen frei. Wie stark der Räuberdruck ist, zeigt die Überlebenszeit der Raupen: Gerade einmal die Hälfte der ausgesetzten Raupen überlebt den ersten Tag, nicht einmal 5 % der Raupen überleben eine Woche. In der passenden Ruhefarbe sind die Chancen jedoch etwas besser als in der unpassenden Färbung. Wie färben sich die Raupen um? Auch diese Frage beantworten die Schmetterlingsforscher. Die Wahrnehmung der Untergrundfarbe steuert die Aufnahme von Carotinoiden (Lutein, β-Carotin, Pterobilin) und Blattgrün (Chorophyll a und Chlorophyll b) aus der Nahrung im Darm und das Mischungsverhältnis, in dem die Pigmente in das Integument eingelagert werden.

Anders verhält es sich in den Fällen, in denen Blätter Nahrungssignale für Blatt fressende Tiere aufweisen. Blattmimikry ist eine Möglichkeit, diese Signalempfänger zu täuschen. Blätter sind Blatt fressenden Tieren nur scheinbar schutzlos ausgeliefert. Nährstoffarmut, unbekömmliche oder gar giftige Inhaltsstoffe bieten einen relativ guten Schutz. Blattmimikry australischer und neuseeländischer Misteln (Loranthaceae) ist durch Untersuchungen von Bannister (1989) gut verstanden. Misteln sind Halbparasiten, die Mineralsalze und Wasser von ihren Wirtspflanzen beziehen, aber mit ihren Laubblättern durchaus Photosynthese treiben. In Neuseeland und Australien gibt es zahlreiche Mistelarten, die auf ein kleines Spektrum von Wirtspflanzen angewiesen sind. Verblüffend ist, dass manche Misteln die Blätter ihrer Wirtspflanzen genau imitieren; darunter auch lanzettförmige, nadelartige und andere ausgefallene Blattformen. Andere Mistelarten haben Blätter, die ganz eindeutig von denen ihrer Wirtspflanzen verschieden sind. Zahlreiche Blatt fressende Wirbeltiere kommen als Signalempfänger in Frage, die sich durch Blattmimikry täuschen lassen könnten. Messungen des Stickstoffgehaltes ergaben, dass Mistelblätter, deren Stickstoffgehalt den der Wirtspflanzenblätter übertraf, häufig Blattmimikry ihrer Wirtspflanzen aufweisen. Dagegen sind Mistelblätter, deren Stickstoffgehalt unter dem der Wirtspflanzenblätter liegt, anders geformt als Blätter der Wirtspflanzen. Ganz offensichtlich hat die Bevorzugung der Blattfresser (Herbivoren) für stickstoffhaltige Blattnahrung zur Evolution von Blattmimikry geführt.

Die Blüten mancher Aronstabgewächse (Araceae) zählen zu den größten der Welt. Dabei treiben die krautigen Pflanzen nur wenige Laubblätter aus, meist gar nur ein einzelnes, allerdings sehr großes Blatt, das bei den größten Arten einen mehr als armdicken Stiel besitzen kann. Die bei manchen Arten mannshohen Blätter kommen aus einer Knolle mit ihren Blattstielen direkt aus dem Boden hervor. Die Blattstiele einiger Arten sind von einander überwachsenden Flechten besetzt, wie sie sonst nur an viele Jahre alten Baumstämmen vorkommen. Der Flechtenbewuchs der nur wenige Monate alt werdenden Blätter ist natürlich nicht echt, sondern eine Imitation durch ein entsprechendes Farbmuster auf dem Blattstiel (Barthlott 1992) (Abb. 59). Der Adressat ist in diesem Falle unbekannt. Vorstellbar ist sowohl, dass durch die Vortäuschung eines mit Flechten bewachsenen Baumstammes Blattfresser vom Fressen, als auch, dass umherstreifende große Tiere vom Abknicken der Blätter erfolgreich abgehalten werden können.

Abb. 59: Imitierter Krustenflechtenbewuchs auf dem mehr als daumendicken Blattstiel von *Amorphophallus spec.*

Die Evolution von Abwehrmechanismen für Blattfresser bei Pflanzen und die Evolution von Suchbildern für geeignete Futterpflanzen haben zur Entwicklung besonderer Blattformen geführt. Einen Schmetterling von der Eiablage abzuhalten vermögen möglicherweise einige Maulbeergewächse. Der Papiermaulbeerbaum (*Broussonetia papyrifera*) und *Morus monjolica* besitzen irregulär geformte Laubblätter, die so aussehen, als ob bereits eine Raupe daran gefressen hätte (Abb. 60). Das ist nicht sehr einladend für ein eiablagebereites Schmetterlingsweibchen.

Gemusterte oder gefleckte Blätter täuschen möglicherweise durch die Flecken auf der Blattoberfläche Pilz- oder Bakterienbefall vor. Die vorgetäuschte Blattkrankheit könnte ebenfalls eiablagebereite Insekten abhalten. Der Gefleckte Aronstab (*Arum maculatum*) hat seinen Namen von den schwarzen Flecken (maculatum = gefleckt) auf den Blättern erhalten, die in mehreren Varianten ausgebildet sein können (Abb. 60). Neben Laubblättern mit großen

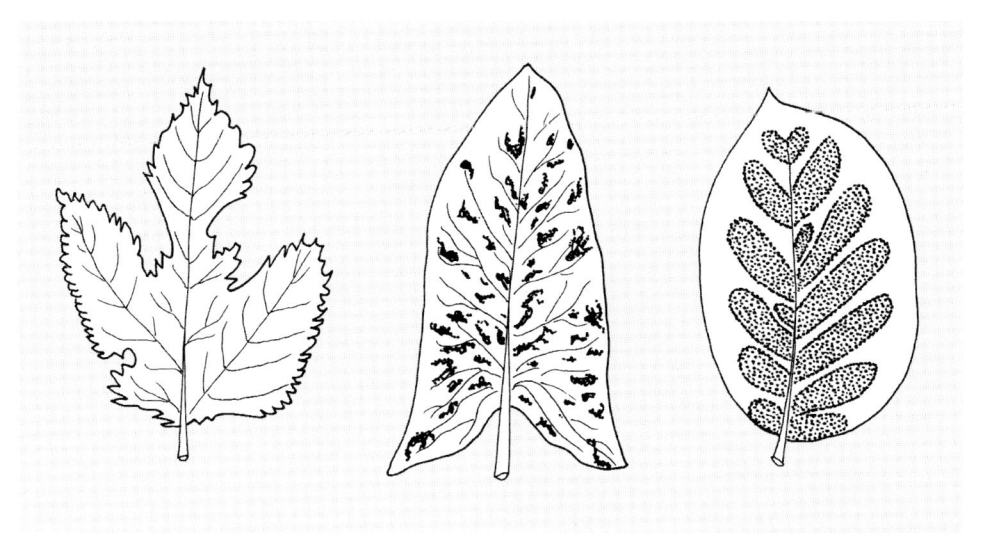

Abb. 60: Täuschung durch Blattmuster. Links: Ein Laubblatt von *Morus monjolica* imitiert Insektenfraß. Mitte: Ein geflecktes Laubblatt des Gefleckten Aronstabes (*Arum maculatum*) könnte einen Pilzbefall oder eine andere das Blatt ungenießbar machende Blattkrankheit vortäuschen. Rechts: Das Laubblatt von *Calathea wiotii* imitiert ein Fiederblatt. In diesen Fällen ist der Adressat unbekannt; denkbar ist eine Verwirrung von eierlegenden Schmetterlingen oder von Herbivoren.

Flecken gibt es solche mit kleinen Flecken, solche ohne Flecken und solche mit aufgewölbten Flecken.

Ein Blatt, das wie ein anderes Blatt aussieht: So kann man die Laubblätter der Pfeilwurzgewächse (Marantaceae) treffend beschreiben. Die langen, glattrandigen Laubblätter vieler Arten besitzen komplizierte Zeichnungsmuster in abweichendem grünen Farbton, die dadurch häufig an Fiederblätter erinnern. Ein eindrucksvolles Beispiel stellen die Laubblätter von *Calathea wiotii* dar. Das ganzrandige Blatt enthält die detailgenaue Zeichnung eines Fiederblattes. Die Funktion dieser Blattimitation ist unbekannt. Ein Blattfresser, der sich ausschließlich für Pfeilwurzgewächse interessiert, käme als Adressat in Frage (Abb. 60).

Der Ameisengast mit der Kotpresse

In einem Ameisenstaat sind meist alle Staatsbürger miteinander nahe verwandt. Das Zusammenleben der verschieden alten Generationen ist durch ein streng determiniertes Kastensystem und Arbeitsteilung geprägt. Sterile Arbeiterinnen bilden die Kasten aus Nestarbeitern, Nahrungssammlern und Soldaten. Sie alle sind Nachkommen einer Königin, manchmal mehrerer Königinnen. Männchen und junge Königinnen entstehen nur während einer kurzen Schwarmphase. Die auf dem Hochzeitsflug begatteten Königinnen gründen ihren eigenen Staat mit einem gigantischen Spermienvorrat. Die Männchen sterben.

In einem Ameisenstaat gibt es häufig so genannte Ameisengäste. Ameisengäste sind als ameisenliebend (myrmecophil) bezeichnete Mitbewohner. Einige dieser Gäste sind in den Ameisenstaaten hochwillkommen. Die Raupen einiger Bläulinge (Lycaenidae) sondern zuckerhaltige Säfte ab, die die Ameisen auflecken. Andere schädigen die Ameisen wie Silberfischchen der Gattung *Atelura*, die es verstehen mitzunaschen, wenn eine Ameise eine andere von Mund zu Mund füttert. Die Larven der Blattkäferart *Clytra quadripunctata*

Abb. 61: Das Ei des Blattkäfers *Clytra quadripunctata* ist vollständig in einer Kothülle verborgen, die das Weibchen unmittelbar nach der Eiablage in einer Kotpresse am Hinterleib aufklebt. (Verändert nach Erber 1968)

Abb. 62: Eiablage des Blattkäfers *Clytra quadripunctata* über einem Ameisennest. Die Kothülle des *Clytra*-Eis ist fertig und das Weibchen lässt das Ei in das Ameisennest fallen.

ernähren sich von Fleischabfällen im Ameisennest. Außer verpilzten Ameiseneiern, gestorbenen Larven oder Puppen und Resten von Beutetieren vergreifen sie sich auch gerne einmal an der lebenden Ameisenbrut. Ohne ihre raffinierte Tarnung würden sie wohl häufig von den Ameisen gefressen werden.

Bereits die Eier werden vom *Clytra quadripunctata*-Weibchen wie ein trojanisches Pferd für die Eroberung des Ameisennestes ausgestattet. Im warmen Sonnenschein der Sommermonate sind die Weibchen an Grashalmen über Nestern der Roten Waldameise (*Formica rufa*) bei der Eiablage zu entdecken. Das frisch gelegte Ei wird mit den Hinterbeinen in eine Kotpresse genannte Vertiefung auf der Unterseite der Hinterleibsspitze bugsiert. Aus einer speziellen Drüse tritt ein Klebsekret aus, mit dem die Eioberfläche eingeschmiert wird. Danach werden mehrere Kotballen mit den Hinterbeinen auf das Ei gedrückt und festgeklebt. Das fertige Gebilde sieht wie ein kleiner Tannenzapfen aus (Abb. 61). Die Fußspuren der Hinterbeine sind deutlich zu erkennen. Die als Kotballen getarnten Eier lässt das Weibchen sogleich in das Ameisennest fallen (Abb. 62). Die Ameisen kümmern sich nicht darum. Die nach einigen Tagen schlüpfende Käferlarve gibt den Schutz der Kothülle nicht auf. Im Gegenteil, sie erweitert das von der Mutter begonnene Werk und verbringt sogar ihre Puppenruhe in der Kothülle, ohne von den Ameisen entdeckt zu werden.

Gefahr lauert aber bereits bei der Eiablage. Die auf die *Clytra*-Eier spezialisierten Schlupfwespen der parasitischen Gattung *Telemitra* haben offenbar keine Möglichkeit, ihr Ei durch die Kothülle hindurch in das *Clytra*-Ei zu platzieren. Sie warten daher regelrecht auf dem Hinterleibsende des *Clytra*-Weibchens auf den entscheidenden Moment, denn ihnen bleiben nur die wenigen Sekunden zwischen Eiablage und Ankleben der Kothülle. Ein weiterer Vorteil der Kothülle könnte also auch in dem Schutz vor Eiparasiten liegen.

Das Prokrustes-Dilemma

Der Riese Prokrustes hauste nahe Athen in der Enge von Salamis, erzählt die griechische Sage. Er marterte die Vorbeikommenden zu Tode, indem er ihnen die Glieder streckte bzw. abhackte, bis sie in sein Bett passten. Theseus erschlug schließlich diesen Menschenquäler.

Das Prokrustes-Dilemma der Stechimmen (Aculeata, Hymenoptera) muss mit subtileren Methoden gelöst werden. Die Stechimmenweibchen können bei der Eiablage das Geschlecht ihres Nachwuchses bestimmen. Aus einem unbefruchteten Ei entwickelt sich ein Männchen, aus einem befruchteten Ei entsteht ein weiblicher Nachkomme. Das Weibchen entscheidet bei der Eiablage, ob sie zur Befruchtung Spermien aus einem Spermienvorrat zum Ei gelangen lässt. Da die Stechimmenweibchen zudem ihren Nachwuchs mit Futter verproviantieren, können sie gezielt die Körpergröße ihres Nachwuchses beeinflussen. Kleine Stechimmenmännchen stehen vor besonderen Problemen, um bei der Paarung ausreichende Körpergröße zu signalisieren: Die Männchen schummeln vielfach ein bisschen, während die Weibchen Verhaltensweisen entwickeln, um die Männchengröße zu prüfen.

Stechimmen wie Solitärbienen, Wegwespen (Pompilidae) und Grabwespen (Specidae) versorgen eine Nestzelle mit Proviant für die Larve, bevor sie ein Ei legen. Solitärbienen können entscheiden, wie viel Pollen sie vor der Eiablage eintragen. Pompiliden- und Speciden-Weibchen haben vergleichbare Möglichkeiten über die Anzahl eingetragener Spinnen, Heuschrecken oder Fliegen. Viele Stechimmen tragen für männlichen Nachwuchs weit weniger Larvenvorrat ein als für weiblichen Nachwuchs. Offensichtlich besteht ein Vorteil darin, viele kleine männliche Nachkommen zu haben statt wenige große. Die Männchen sind also Leichtgewichte. Das Prokrustesbett der Stechimmenmännchen ist die Paarung. Sie erfordert ein gewisses „Gardemaß" der Männchen. Denn meist müssen die Männchen sich bei der Paarung in der Mitte vom Weibchen festhalten. Gleichzeitig muss das Männchen mit seinen Antennen, Vorderbeinen oder Mundwerkzeugen ein aus optischen, olfaktorischen und taktilen Signalen bestehendes Paarungsvorspiel am Kopf des Weibchens absolvieren und mit seinem Hinterleibsende die Genitalöffnung des Weibchens erreichen. Kleine Männchen haben es da mit großen Weibchen schwer. Sie müssen sich richtig lang machen. Verschiedene in der Stechimmen-Morphologie realisierte Möglichkeiten führen aus dem Dilemma der Männchen: 1. Sie täuschen ein großes Männchen nur vor. Geringere Körperbreite zugunsten größerer Körperlänge schafft auch für leichtere Männchen ausreichende Körpergröße (z. B. bei Furchenbienen, Halictidae). 2. Eine teleskopartige Verlängerungsmöglichkeit des Abdomens kann auch kleinen Männchen die Paarung ermöglichen (z. B. bei Trauerbienen, *Melecta*). 3. Verlängerte Antennen (z. B. Langhornbienen, *Eucera*) oder verlängerte Mittelbeintarsen (z. B. Pelzbienen, *Anthophora*) können die Signalgebung beim Paarungsvorspiel nach vorn verlegen.

Das Prokrustesbett der Grabwespe *Lestica clypeata* wurde in einem bienen- und grabwespenfreundlich gestalteten Garten in Oberhausen entdeckt. Hier hat Bernhard Jacobi (2000) die Paarung von *Lestica*-Arten beobachtet. Die auch bei dieser Art kleineren Männchen umgreifen vor der Paarung mit den Mittelbeinen die Flügelbasis des Weibchens. Somit sind sie fixiert auf den Paarungspartner. Zum Paarungsvorspiel gehört vermutlich, so eine Rekonstruktion des Bienenforschers Jacobi, die Bewegung der Vorderbeinmetatarsen des Männchens über den Augen des Weibchens. Die Metatarsen, die ersten der fünf Fußglieder, tragen ein artspezifisches Muster aus dunklen undurchsichtigen und völlig transparenten Streifen. Hier ist kein Mogeln des Männchens mehr möglich. Das Weibchen kann am über die Augen bewegten Muster wohl nicht nur die Art des aufreitenden Männchens, sondern auch seine Körpergröße exakt bestimmen.

Automimikry 7

Abb. 63: Tüpfelhyänenweibchen in einer Begrüßungszeremonie mit erigiertem Pseudopenis. (Originalphoto: H. Hofer, Berlin)

Vorbild, Nachahmer und Signalempfänger eines Mimikrysystems gehören normalerweise drei verschiedenen Arten an. Vorbild und Nachahmer, manchmal auch noch der Signalempfänger, können jedoch auch Artgenossen sein. In diesen Mimikryfällen sprechen wir von Automimikry. Vor allem, wenn es um Partnerfindung geht, spielt sexuelle Mimikry eine große Rolle. Sexuelle Mimikry stellt einen gar nicht so seltenen Sonderfall der Automimikry dar. Sowohl die Nachahmung eines Geschlechts durch das andere kommt vor als auch die Fälschung von Signalen des eigenen Geschlechts, die einen Vorteil bei der Partnerfindung vor Konkurrenten bietet.

Täuschen ohne zu enttäuschen

Blüten besuchende Insekten suchen auf Blüten vor allem Nahrung in Form von Nektar oder Pollen. Sie bekommen auf einer einzelnen Blüte nur einen winzigen Bruchteil des Nektars, den sie für ihren Energiestoffwechsel oder des Pollens, den sie für ihren Baustoffwechsel benötigen. Sie müssen daher sehr viele Blüten besuchen, um ihren Bedarf zu decken. Aus diesem Grunde haben Insekten die Nahrungsaufnahme auf Blüten optimiert und besuchen bevorzugt Arten, die ein gutes Angebot an Nahrungsressourcen haben und deren Nektar- und Pollenressourcen sie gut ausbeuten können. Insbesondere Solitärbienen, Hummeln und die Honigbiene (Apis mellifera) haben ihre Blütenbesuchstrategie optimiert, da sie nicht nur für den Eigenbedarf sammeln, sondern auch ihre Larven mit einem Pollenvorrat versorgen müssen. Honigbienen sammeln darüber hinaus noch einen Wintervorrat an Honig. Die meisten Bienen können sehr gut lernen, welche Blüten aus dem Blütenangebot ihnen zurzeit am meisten Nahrung bieten und beschränken ihren Besuch auf die Ausbeutung dieser Blüten, die meist nur einer einzigen Pflanzenart angehören. Dieses Verhalten nennt man Blumenstetigkeit; es nutzt den Bienen beim effektiven Nahrungssammeln und den Pflanzen für die gezielte und verlustarme Pollenübertragung zur Bestäubung. Viele Blütenbesucher optimieren ihren Besuch noch weitergehend, indem sie vermeiden gerade besuchte Blüten nochmals zu besuchen, bevor die Nektarvorräte wieder aufgefüllt sind oder indem sie versuchen, die Blüten in derjenigen Blühphase zu besuchen, die am meisten Nahrung bietet.

Blütennahrungsmimikry kommt ins Spiel bei Pflanzen, deren Blüten die Blütenbesucher nur allzu deutlich ansehen könnten, ob ein Besuch lohnt. Nektar wird meist in Nektarhaltern verborgen angeboten, so dass ein Blütenbesucher schon auf einer Blüte landen und probieren muss, um festzustellen, ob Nektar auszubeuten ist. Nur selten finden sich Pflanzen wie *Cleome monophylla* (Capparidaceae), die durch Glanzkörper große Nektarmengen vortäuschen. Sehr häufig sind aber Pflanzen, deren Blüten Imitationen von Pollen, Staubbeuteln (Theken), Staubblättern (Stamina) oder einem kompletten Satz von Staubblättern (Androeceum) aufweisen. Das liegt daran, dass Blütenbesucher das Pollenangebot einer Blüte nicht nur lernen, sondern bereits ein angeborenes Vorwissen mitbringen, wie Blütenpollen aussieht und sich beim Blütenbesuch danach visuell orientieren; doch davon später. Zunächst sollen uns die Staubgefäßimitationen beschäftigen.

Durch die Arbeit des Freiburger Zoologen Günther Osche (1979), der die Blüten gleichsam aus der Perspektive der Blütenbesucher analysierte, wurde die Signalfunktion von Pollen für Blüten besuchende Insekten und ihr Ersatz durch mimetische Pollensignale aufgeklärt. Viele rezente Blütenpflanzen präsentieren ihren Pollen gut sichtbar und kontrastreich gegen die Blütenkrone abgesetzt – darunter zahlreiche Hahnenfußgewächse (Ranunculaceae), Rosengewächse (Rosaceae), aber auch Vertreter vieler weiterer Pflanzenfamilien (Tafel IX). Welche Blütenpflanzen setzen Staubgefäß- und auch Pollenimitationen ein, um Besucher anzulocken und wie setzen sie diese ein?

- Die Signalwirkung des Pollens kann durch Pollen- und Staubgefäßimitationen ergänzt und verstärkt werden, beispielsweise durch knotige Verdickungen der Filamente wie bei der Zimmerlinde (*Sparmannia africana*, Tiliaceae; Abb. 64) oder durch sterile Staubgefäße (Staminodien) wie bei *Commelina coelestis* (Commelinaceae; Tafel IX). Vor allem bei der Zimmerlinde entsteht durch die Staubgefäßimitationen sowohl ein optisches als auch ein taktiles Pollensignal.
- Tierbestäubte Pflanzen haben Vorteile, wenn sie zum Schutz des Pollens vor Überhitzung, UV-Strahlung, Auswaschung durch Regen, Austrocknung und vor Verlusten durch illegitimen Blütenbesuch den Pollen nicht exponieren. Der Pollen ist dann auch für Blütenbesucher unsichtbar in den Staubbeuteln verborgen, bis ein Blütenbesucher durch seine Bewegungen ihn aus kleinen Poren herausschüttelt. Bei Tomaten und anderen Nachtschattengewächsen (Solanaceae), beim Usambaraveilchen (*Saintpaulia*; Gesneriaceae), beim Blauen Lieschen (*Exacum affine*, Gentianaceae) und bei *Rhododendron* (Ericaceae; Tafel IX) besitzen die Antheren (Staubbeutel) solche Streueinrichtungen, die erst auf Bewegung den Pollen freigeben. Mit Ausnahme des Rhododendrons haben

Täuschen ohne zu enttäuschen

Tafel IX: Blütensignale und die Verhaltensreaktion eines Blütenbesuchers dokumentiert durch Farbaufnahme, UV-Aufnahme und Aufnahme eines Blütenbesuchs. Von oben: Scharbockskraut (*Ranunculus ficaria*) und Wollschweber (*Bombylius*); Blasenstrauch (*Colutea arborescens*) und Blattschneiderbiene (*Megachile*); Commeline (*Commelina coelestis*) und Schwebfliege (*Eristalis*); Rhododendron (*Rhododendron ponticum*) und Wiesenhummel (*Bombus pratorum*).

Abb. 64: Verschiedene Formen von Staubgefäßimitationen auf Blüten. Die vom Teller der Blütenblätter abstehenden Staubgefäße des Sonnenröschens (*Helianthemum nummularium*; links oben) bieten ein charakteristisches optisches Signal. Die Innenkrone einer Narzisse (*Narcissus pseudonarcissus*; rechts oben) imitiert die Silhouette eines Androeceums. Der Sternsteinbrech (*Saxifraga stellaris*) verliert nach der staminaten (männlichen) Blühphase (Mitte links) seine Antheren; in der pistillaten (weiblichen) Blühphase übernehmen allein Antherenimitationen die Locksignalwirkung (Mitte rechts). Die Lippenpolster der Gauklerblume (*Mimulus guttatus*) imitieren eine einzelne Anthere. Die Staubgefäße der Zimmerlinde (*Sparmannia africana*) tragen an den Filamenten den Antheren ähnliche knotige Verdickungen (unten rechts).

die Antheren nun die Signalfunktion von Pollen übernommen und sind leuchtend gelb gefärbt. Selbst leer geräumte Blüten täuschen damit durch die prallen, gelben Antheren weiterhin Pollennahrung vor.
- Der Schutz des Pollens kann noch weitergehend sein, wenn die Staubblätter völlig in der Blütenkrone verborgen und damit vor Wind und Wetter geschützt sind. Damit sind aber auch die Staubgefäße für den Blütenbesucher unsichtbar und können keinerlei optische Signalfunktion ausüben. Unabhängig voneinander evolvierten Blüten Staubgefäßimitationen, um den Verlust der visuellen Signalfunktion der Staubblätter (Stamina) zu kompensieren. Beim Blasenstrauch (*Colutea arborescens*) sind die Staubgefäße im Schiffchen (miteinander verwachsene Kronblätter) verborgen, wie bei allen Arten der Schmetterlingsblütler (Fabaceae; Tafel IX). Die formgenaue Imitation eines Staubgefäßes auf der Fahne (hinteres Blütenkronblatt) lockt stellvertretend die Blütenbesucher an. Die Spargelerbse (*Tetragonolobus siliquosus*) trägt je eine Staubblattzeichnung seitlich auf den Flügeln des Schiffchens.
- Staubgefäßimitationen markieren für den Blütenbesucher den Zugang zur Blütennahrung (Tafel IX). Der echte Pollen des Scharbockskrautes (*Ranunculus ficaria*, Ranunculaceae) wird durch den UV-Kontrast, der durch einen UV-absorbierenden Blütengrund noch verstärkt wird, erst lokalisierbar. Eine vergleichbare Signalfunktion haben Staubgefäßimitationen. Die Staminodien (sterile Staubblätter) von *Commelina coelestis* lösen Rüsselreaktionen bei der Schwebfliege *Eristalis tenax* aus. Die Staubgefäßimitationen der *Rhododendron*-Blüte sind auffälliger als die Staubgefäße selbst, die wie die Blütenkrone gefärbt sind, und führen eine Hummel zum Zugang des Nektarvorrats, der inmitten der Staubgefäßimitationen liegt. Die Staubgefäßimitation auf der Fahne des Blasenstrauches zeigt die Stelle an, auf der eine Blattschneiderbiene landen muss, um das schwergängige Schiffchen aufhebeln zu können.
- Staubgefäßimitationen kompensieren einen Geschlechtsdimorphismus. Die wenigen getrenntgeschlechtlichen Blütenpflanzen besitzen männliche und weibliche Blüten. Bei nektarlosen Arten wie den Begonien weisen lediglich die männlichen Blüten eine Pollenbelohnung auf, während die weiblichen Blüten dem Besucher nichts bieten. Bei Begonien täuschen die Narbenäste der weiblichen Blüten Staubgefäße vor (Abb. 65).

Abb. 65: Eine Honigbienenarbeiterin besucht eine staminate (männliche) Begonienblüte und sammelt Pollen. Im Hintergrund lockt eine pistillate (weibliche) Blüte mit Narbenästen, die Staubgefäße imitieren. Beim Besuch einer pistillaten Blüte geht der Bestäuber leer aus, da weder Nektar noch Pollen geboten werden.

- Staubgefäßimitationen können sichtbare Unterschiede zwischen verschiedenen Blühphasen kaschieren. Der Safrankrokus (*Crocus sativus*) besitzt zwittrige Blüten, ist jedoch vorweiblich, d. h., die Narbe ist eine Zeitlang empfängnisfähig, bevor die Staubgefäße stäuben. Im weiblichen Blühstadium schauen nur die Narbenäste als überdimensionale Staubgefäßimitation aus der Krone heraus und locken Blütenbesucher zur Landung. Auf diese Weise kommt es zu einer obligatorischen Fremdbestäubung. In der hochkonzentrierten Form erscheint das gelbrote Narbenpigment Crocin leuchtend rot. Später trocknen die Narbenäste, und die Staubgefäße in der nun ganz offenen Blüte sind attraktiver als die Narben. Aus den getrockneten und gemahlenen Narbenästen wird Safran gewonnen, der in der Küche zum Gelbfärben von Kuchenteig verwendet wird (Tafel X). Safran wird also aus einer Staubgefäßimitation hergestellt. Der Sternsteinbrech (*Saxifraga stellaris*, Saxifragaceae; Abb. 64) besitzt vormännliche Blüten. In der späteren weiblichen Blühphase ist Pollen oft gar nicht mehr vorhanden und die Staubbeutel sind manchmal sogar abgefallen. Durch ein Muster aus gelben Farbflecken wird ein während beider Blühphasen attraktives und konstantes Signal geboten.

Staubgefäßimitationen ermöglichen den Blüten ein sichtbares Pollenangebot zu präsentieren. Obwohl der Blütenbesucher stets durch das nachgeahmte Pollensignal getäuscht wird, ist er nur selten enttäuscht, da er entweder trotzdem mit Pollen belohnt wird oder sogar erst den Zugang zur Nektar- oder Pollenquelle findet, indem er auf die Staubgefäßimitationen reagiert.

Tafel X: Eine Schwebfliege besucht Blüten des Safrankrokus (*Crocus sativus*). Rechts: Am Nachmittag sind die Narbenäste vertrocknet und die Schwebfliege landet direkt auf den Staubgefäßen. Dort frisst sie Pollen und ihr Körper wird mit Pollen beladen. Links: Am nächsten Vormittag öffnen frische Blüten. Zunächst schauen nur die Narbenäste als überdimensionale Staubgefäßimitation aus der Krone heraus. Die Schwebfliege ist schon im Anflug und bestäubt die Narbe mit Pollen von gestern. Aus den getrockneten und gemahlenen Narbenästen wird Safran gewonnen, der in der Küche zum Färben von Kuchenteig verwendet wird.

In seinen Arbeiten weist Osche (1979, 1983) auf den erstaunlichen Umfang konvergenter Entwicklungen von Staubgefäßimitationen hin. Dadurch kommt es in einem hohen Maße zur Signalnormierung: Bestimmte Komponenten des Farbmusters von Blumen treten immer wieder auf. Eine zentrale gelbe UV-absorbierende Farbfläche kann eben durch den Pollen und/oder durch die Antheren (Staubbeutel) von Blüten gebildet werden, aber ebenso durch plastische Staubgefäßimitationen oder Zeichnungsmuster auf Blüten. Selbst Blütenstände wie die der Asteraceen bilden ein vergleichbares Farbmuster durch die gelben Scheibenblüten und andersfarbigen Strahlenblüten. Drei Beispiele für konvergente Entwicklungen sollen näher erläutert werden.

- Eine für den Menschen verborgene Eigenschaft von Pollen, Staubgefäßen und Staubgefäßimitationen zeigt sich auf UV-Aufnahmen. Pollen, Antheren und Staubgefäßimitationen absorbieren ultraviolettes Licht. Die UV-Absorption von Pollen und Antheren stellt neben der Schutzfunktion vor mutagener UV-Strahlung auch eine spektrale Reflexionseigenschaft dar, die von Blüten besuchenden Insekten wie Bienen, Schwebfliegen und Schmetterlingen wahrgenommen werden kann und daher Bestandteil des Pollensignals ist (s. Tafel IX, siehe auch S. 125). Nahezu alle Staubgefäßimitationen, auch die, die unabhängig in verschiedenen Entwicklungslinien entstanden sind, imitieren die UV-absorbierende gelbe Farbe.
- Plastische Staubgefäßimitationen selbst können den Verschluss der Kronröhre bewirken. Wir kennen solche Blüten als Maskenblumen. Blütenbesucher, die in der Lage sind, den Klappmechanismus der Maske zu betätigen, können an den Nektarvorrat gelangen. Beim Löwenmäulchen *Antirrhinum* lässt sich dieser Mechanismus auch durch beidseitigen Druck mit den Fingern auf die Blüte auslösen und das Mäulchen öffnet sich. Bei Leinkräutern wie *Linaria vulgaris* oder *L. alpina* sind ebenso gelbe Polster als Unterlippe ausgebildet wie in der Gattung *Utricularia*, wozu der Wasserschlauch (*Utricularia vulgaris*) gehört. Die Gattungen *Linaria* und *Utricularia* gehören zu verschiedenen Familien, den Rachenblütlern (Scrophulariaceae) und den Wasserschlauchgewächsen (Lentibulariaceae).
- In der Gattung *Iris* der Schwertliliengewächse (Iridaceae) sind bei verschiedenen Arten verschiedene Formen von Staubgefäßimitationen entwickelt. Die Bartiris (*Iris germanica*; Abb. 66) trägt einen Bart mit vielen Haaren, von denen jedes einzelne ein Staubblatt mit

Abb. 66: Eine Blume der Bartiris (*Iris germanica*) imitiert mit einem Bart weiß gestielter und gelb geknöpfter Haare ein ganzes Büschel von Staubgefäßen. Das einzige echte Staubgefäß liegt unter dem Dach der wie Kronblätter gefärbten Narbe für den anfliegenden Blütenbesucher verborgen.

weißem Filament und gelben Antheren nachahmt; die Kammiris (*Iris cristata*) trägt an gleicher Stelle einen gelben Kamm, *I. marginata* ein gelbes samtartiges Polster, *I. japonica* ein gelapptes aufgewölbtes Mal. Die Sumpfschwertlilie (*I. pseudacorus*) hat scheinbar kein derartiges Signal. Auf einer Reflexionskurve ist jedoch im Bereich der hier flächig ausgebildeten Staubgefäßimitation erkennbar, dass hier ultraviolettes Licht wie bei Antheren und Pollen eines echten Staubgefäßes absorbiert wird.

Hummeln fliegen auf Pollen

Adressat unbekannt. So enden viele Beschreibungen von Mimikrysystemen. Noch seltener können wir Auskünfte über spezifische, mit dem Mimikrysystem in Zusammenhang stehende Sinnesleistungen erwarten. Das ist nicht so im Falle der Staubgefäßimitationen. Die Besucher von Blüten mit Staubgefäßimitationen sind bekannt. Hummeln und Schwebfliegen zählen zu den häufigsten Besuchern von Blüten, die Signalkopien von Pollen, Staubbeuteln (Antheren), Staubblättern oder einem Androeceum (Gesamtheit der Staubblätter) aufweisen. Sowohl Hummeln als auch Schwebfliegen fressen Pollen. Es ist daher nicht überraschend, dass sowohl Hummeln als auch Schwebfliegen auf Pollensignale reagieren. Es ist jedoch erstaunlich, dass dieselben Signale bei ihnen ganz unterschiedliche Verhaltensweisen auslösen. Zusätzlich sind völlig unterschiedliche neurosensorische Reizfiltermechanismen bei Hummeln und Schwebfliegen realisiert, die auf bestimmte, jedoch nicht identische Signalkomponenten ansprechen.

Schwebfliegen wie die Mistbiene (*Eristalis tenax*; s. Kap. 4) sind wegen ihres kurzen Tupfrüssels auf Blüten mit leicht zugänglicher Blütennahrung angewiesen. Sie fressen auf Blüten sowohl Nektar wie auch Pollen. Berufskraut (*Erigeron*), Margerite (*Chrysanthemum leucanthemum*), Efeu (*Hedera helix*) und Sumpfherzblatt (*Parnassia palustris*) sind typische Futterpflanzen der Mistbiene. Die so genannten Rattenschwanzlarven von *Eristalis* leben in Jauche. Dort lassen sie sich leicht fangen. Bringt man gefangene Larven ins Labor und lässt sie dort schlüpfen, so hat man für Experimente blütennaive Tiere zur Verfügung, also Tiere, die noch keine Blüten kennen. Für Spontanwahlen an Blütenattrappen ist es entscheidend wichtig, solche blütennaiven Tiere zu testen. Frisch geschlüpfte *Eristalis*-Imagines reagieren ohne vorherige Dressur spezifisch auf bestimmte Farbsignale von Blütenattrappen. Sie strecken ihren Rüssel nur auf gelbe Testlichter, die im Spektralbereich von 510 bis 600 nm Wellenlänge liegen. Mischt man einem solchen gelben Licht, das die Rüsselreaktion auslöst, Licht anderer Wellenlänge hinzu, zeigt sich die hohe Farbselektivität. Bereits eine zehnprozentige Beimischung von ultraviolettem oder blauem Licht hemmt die Rüsselreaktion weitgehend. Beigemischtes Rotlicht hat keinen Effekt, da *Eristalis* für rotes Licht nicht empfindlich ist. Der Vergleich der Testlichter, die die Rüsselreaktion auslösen, mit der Reflexion von Futterpollen zeigt, wie genau der visuelle Reizfiltermechanismus auf die Pollenfarbe abgestimmt ist (Lunau und Wacht 1994).

Gelber Pollen der Sonnenblume (*Helianthus annuus*) absorbiert ultraviolettes und blaues Licht, das die Rüsselreaktion hemmt, nahezu vollständig. Gelbes Licht von Wellenlängen > 510 nm, das die Rüsselreaktion auslöst, reflektiert der gelbe Pollen dagegen zu einem hohen Prozentsatz (Lunau 2000; Abb. 67, 68). Nun sind Blütenfarbsignale einfacher verständlich. Gelber Futterpollen der Sonnenblume lädt zum Fressen ein. Die Sonnenblume muss ihn im Überschuss produzieren, damit genügend Pollen zur Bestäubung auf die Narben anderer Blütenstände gelangt. Das Sumpfherzblatt (*Parnassia palustris*, Saxifragaceae) schont seine Pollenressourcen, indem der Pollen weiß gefärbt und damit unattraktiv ist.

Staminodien (sterile Staubblätter) mit gelben Köpfchen lösen jedoch die angeborene Rüsselreaktion aus. Dabei gelangen Tarsen oder Rüsselspitze auch einmal an den Nektar am Blütenboden, der dann kontaktchemorezeptorisch erkannt und aufgenommen wird. Dadurch spart die Blüte nicht nur Pollen. Die Blüte erreicht auch, dass *Eristalis* sich auf jeder Blüte gleich verhält. Das ist entscheidend für eine erfolgreiche Bestäubung. Denn das Sumpfherzblatt ist proterandrisch (vormännlich). Zunächst stäuben die Staubgefäße; eines nach dem anderen biegt sich dazu über die noch geschlossenen Narbenäste. Erst wenn alle Staubgefäße gestäubt haben und die Antheren sogar abgefallen sind, öffnen sich die Narbenäste und werden empfängnisfähig. Nur dadurch, dass *Eristalis* sich uniform verhält und auf die Staubgefäßimitationen reagiert, bewegt sie sich in gleicher Weise unabhängig vom Blühstadium. An Blüten der männlichen Blühphase wurde *Eristalis* der Pollen genau an die Stelle der Bauchseite angeheftet, von der die Narbenäste von Blüten der weiblichen Blühphase ihn abnehmen.

Die weißen Blüten mancher Steinbrechgewächse (Saxifragaceae) besitzen viele kleine Blütenmale, die ihre Farbe von außen rot nach innen gelb ändern. Diese Farbänderung ist für *Eristalis* mit einer zunehmenden Attraktivität verknüpft, ohne die Rüsselreaktion zu hemmen. Damit führt dieses Blütenmal tatsächlich die Fliege zum zentral auf den Blüten gebotenen Nektar.

Hummeln besuchen meist senkrecht stehende Blüten mit verborgenem Nektar. Pollen sammeln sie weniger für den Eigenbedarf, sondern überwiegend für die Verproviantierung der Larven. Veranlasst man Hummelköniginnen im Labor zur Nestgründung, so erhält man Hummelvölker, in denen lauter blütennaive Arbeiterinnen schlüpfen. Auch bei Hummeln gelingt es, die Arbeiterinnen ohne vorherige Erfahrung an Blüten und ohne vorherige Dressur

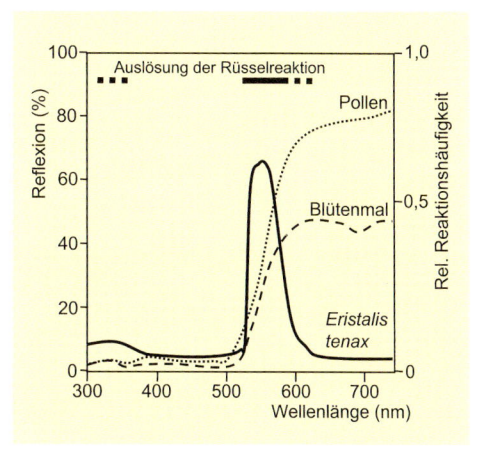

Abb. 67: Spektrale Reflexion von gelbem Pollen (Beispiel: Sonnenblume *Helianthus annuus;* gepunktete Linie) und einer gelben Staubgefäßimitation (Beispiel: Blütenmal der Sumpfschwertlilie *Iris pseudacorus;* gestrichelte Linie). Dargestellt ist die Reflexion (in Prozent) des eingestrahlten Lichtes in Abhängigkeit von der Wellenlänge. Der Wellenlängenbereich umfasst Ultraviolett (300–400 nm), Blau (400–480 nm), Grün (480–540 nm), Gelb (540–600 nm) und Rot (600–750 nm). Die Farben Grün und Gelb lösen im Experiment die Rüsselreaktion von *Eristalis* aus. Die spektrale Reizwirksamkeitskurve (durchgezogene Kurve) gibt an, wieviele der getesteten naiven und nicht dressierten Schwebfliegen (*Eristalis tenax*) auf monochromatische Testreize gleicher Intensität mit dem Vorstrecken des Rüssels reagieren: nur Testreize aus dem grüngelben Wellenlängenbereich (grau unterlegt) lösen selektiv die Rüsselreaktion aus.

Abb. 68: Eine frisch geschlüpfte und blütennaive Schwebfliege (*Eristalis tenax*) reagiert im Experiment ohne Vordressur auf eine gelbe Pollenattrappe angeborenermaßen mit dem Vorstrecken des Rüssels.

bei Spontanreaktionen an Blütenattrappen zu beobachten. Im Unterschied zu den Versuchen mit *Eristalis* werden die Blütenattrappen vertikal geboten, wie es den meisten von Hummeln besuchten Blüten entspricht. Die entscheidende Orientierungsreaktion auf Staubgefäßattrappen findet im Anflug statt. Hummeln fliegen Blütenattrappen ohne Staubgefäßattrappe meist am Rand an und suchen dort nach Futter. Eine zentral auf einer künstlichen Blüte angebotene Staubgefäßattrappe fliegen Hummeln jedoch direkt an und berühren sie mit den Antennenspitzen. Anders als bei *Eristalis* ist die Reflexion im gelben Wellenlängenbereich kein Auslöser für die Antennenreaktion bei Hummeln. Der Farbkontrast der Staubgefäßattrappe zur umgebenden Blütenattrappe und die Farbreinheit sind neben Formeigenschaften die wichtigsten Auslöser. Da beim Antennenkontakt mit dem Pollensignal chemische Signale perzipiert werden, die eine Landereaktion auslösen, fungieren die optischen Signale von Staubgefäßen bzw. Staubgefäßimitationen wie eine Landebefeuerung auf einem Flugplatz. Die Hummel landet so auf der Stelle, die für eine Pollenübertragung günstig ist und/oder die Hummel schnell und sicher zur Blütenbelohnung führt (Abb. 69). Dabei können Signalkopien von Staubgefäßen durchaus Reklame für Nektar machen. Hummeln können solche Signale nämlich außerordentlich schnell und sicher lernen. Im Extremfall reicht eine einzige Belohnung für einen 100%igen Lernerfolg aus.

Abb. 69: Test des Spontanwahlverhaltens einer blütennaiven und nicht dressierten Erdhummel (*Bombus terrestris*) an einer Blütenattrappe: Es erfolgt ein zielgerichteter Anflug mit Antennenkontakt an die gelbe Antherenattrappe (rechts), während die Pollenduftquelle (links) nicht angesteuert wird.

Sexuelle Mimikry

Auf eine ununterbrochene Erfolgsgeschichte bisexueller Fortpflanzung blickt jede Leserin und jeder Leser dieses Buches zurück: Kind seiner Eltern, Enkel seiner Großeltern, Urenkel seiner Urgroßeltern, … Diese notwendigerweise ununterbrochene Kette führt vor ca. 3000 Generationen zur Wiege der Menschheit in Afrika zurück, von wo aus vor wenig mehr als 100 000 Jahren die Besiedlung der anderen Kontinente durch den Menschen (*Homo sapiens*) begann.

Fortpflanzungserfolg des Menschen ist an erheblichen Aufwand gekoppelt, da der Nachwuchs erst nach 15 oder mehr Jahren selbständig wird. Eine wesentliche Voraussetzung für günstige Bedingungen zum Aufziehen von Kindern ist ein geeigneter Partner. Partnerwahl steht daher im Zentrum der Fortpflanzungsbiologie des Menschen. Sowohl Frauen wie auch Männer haben sehr genaue Vorstellungen von ihrem Partner, darunter ganz persönliche Vorstellungen, aber auch allgemein verbreitete Wahlkriterien, die wir beispielsweise als Schönheitsideale kennen. Soziobiologische Forschung am Menschen geht heute davon aus, dass hinter diesen Schönheitskriterien verlässliche Indikatoren der Eignung eines Partners stehen. Die wichtige Rolle dieser Indikatoren für die Partnerwahl wird auch dadurch deutlich, dass diese Signale häufig betont und manchmal in einer sexuellen Mimikry sogar nachgeahmt werden.

Die breiten Schultern des Mannes signalisieren große Muskelmassen, die zum Einsatz der Arme nötig sind, ursprünglich unerlässlich für den Erfolg bei der Jagd mit dem Speer oder mit Pfeil und Bogen. Schmale Hüften betonen noch die Schulterbreite. Kleidung mit geeignetem Zuschnitt kann zur Signalverstärkung dienen, wobei die Grenze zur Mogelei leicht überschritten werden kann. Desmond Morris (1968, 1977) hat solche Überlegungen zusammengetragen, unter anderem in seinem bekannten Werk ›Der nackte Affe‹. Ideale Körpermaße einer Frau sind durch die Proportionen von Brust-, Taillen- und Hüftumfang gegeben. In den 70er-Jahren des 20. Jahrhunderts waren die Maße der durchschnittlichen britischen Frau 94 – 70 – 99 (Brust – Taille – Hüfte). Das Mode-Ideal für Damen jener Jahre, das abgezehrte Fotomodell Twiggy, hatte die Körpermaße 77,5 – 61 – 83. Die Bewerberinnen für den Titel „Miss World", die die Wünsche der Männerwelt repräsentieren, brachten es in diesen Jahren auf 91 – 61 – 91. Diese attraktiven Körperproportionen sind nur in der Lebensspanne vom ca. 15. bis ca. 35. Lebensjahr vorhanden, die die Fortpflanzungszeit der Frau kennzeichnet. Eine schlanke Taille signalisiert Jungfräulichkeit, denn der Taillenumfang wächst nach Geburten. Darüber hinaus bedeutet eine schlanke Taille, dass keine Schwangerschaft vorliegt. Ein größerer Brust- und Hüftumfang lassen die Taille indirekt noch schlanker erscheinen. Zum natürlich breiten Hüftumfang der Frauen tragen auch die im Vergleich zu Männern breiteren Hüftknochen bei.

In seinem Buch ›Signale der Liebe. Die biologischen Gesetze der Partnerschaft‹ stellt Karl Grammer (1993) verschiedene Theorien zur sexuellen Signalfunktion von Körperformen beim Menschen vor. Die physische Attraktivität von Frauen spielt für Männer eine größere Rolle als umgekehrt. Was aber signalisieren Brüste, Taille, Hüfte und Po und wie könnte eine Signalfunktion in der Evolution entstanden sein?

- Die „Indikator-Hypothese" baut darauf, dass Körperfett direkte Effekte auf die Reproduktionsfähigkeit von Frauen hat. Die gut sichtbaren Konzentrationen von Fettreserven an Brüsten und Gesäß könnten den Ernährungsstatus der Frau gegenüber Männern anzeigen.
- Die „Täuschungs-Hypothese" nimmt an, dass die Größe der Brüste die Fähigkeit, viel und hochqualitative Milch über einen langen Zeitraum zu produzieren, anzeigt, während breite Hüften die Fähigkeit, ein Kind auszutragen und komplikationsfrei zu gebären, anzeigt. Danach wären Fettablagerungen in Brüsten und Hüften als Täuschungsmanöver anzusehen, um Männer durch vorgetäuschte Qualitäten zu überlisten. Eine schmale Taille diente dazu, die Täuschung durch die Fetteinlagerungen noch zu verstärken.

Beide Hypothesen sind umstritten. Vor allem das Wahlverhalten der Männer, die Frauen mit mittleren Körperproportionen bevorzugen, spricht gegen diese Hypothesen, die ja eine Bevorzugung von Extremwerten vorhersagen.

- Die „Aufrechter-Gang-Hypothese" geht davon aus, dass der aufrechte Gang der ausschlaggebende Selektionsdruck für die Entwicklung des sexuellen Signalsystems war. Beim vierfüßigen Gehen unserer Vorfahren könnte die Empfängnisbereitschaft der Weibchen ähnlich wie bei unseren nächsten Verwandten, den Schimpansen, aus der Schwellung der Genitalregion und einer auf die Vulva gerichtete Attraktivität abgelesen worden sein. Eine Schwellung der Genitalregion bringt für ein aufrecht gehendes Wesen mechanische Probleme mit sich und verursacht hohe Bewegungskosten. Die Entwicklung der Gesäße als haarlose Fettdeposite, die den geschwollenen Schamlippen einer sich im Östrus befindlichen Vorfahrin ähnlich sind, wäre demnach eine sexuelle Mimikry. Der Umbau von einem echten, hormonell gesteuerten Schwellungssignal zu einer permanenten Signalstruktur würde bedeuten, dass der neue sexuelle Auslöser „Gesäß" eine ständige sexuelle Empfängnisbereitschaft signalisieren würde.

Bei vielen Arten der uns nächstverwandten Affen spielt das Zeigen der Kehrseite die Rolle einer Geste zur Paarungsaufforderung. Bei Schimpansen verstärken rote Genitalschwellungen das Signal. Bei den bodenlebenden Pavianen sind diese Signale jedoch während des häufigen Sitzens am Boden gar nicht sichtbar und werden im Brustbereich kopiert, etwa beim Blutbrustpavian. Dabei spielt die Präsentation der Genitalregion oder der Signalkopie eine wichtige Rolle als innerartliches Beschwichtigungssignal, das Männchen und Weibchen einsetzen können (Wickler 1968). Eine vergleichbare Signalkopie könnte auch beim Menschen erfolgt sein. Der Anblick der durch die Entwicklung des aufrechten Ganges zu beachtlicher Größe herangewachsenen Gesäßmuskeln verschwindet, sobald sich eine Frau einem Mann zuwendet – und erscheint doch wieder in Form der halbkugeligen Brüste. Moderne Modetrends verstärken die sexuellen Signale. Frauen tragen häufig Schuhe mit hohen Absätzen. Solche hochhackigen Schuhe lassen zunächst die Beine länger erscheinen; lange Beine sind aber eigentlich ein eher männliches Kennzeichen. In hochhackigen Schuhen werden jedoch die Füße schräg zur Bodenoberfläche getragen, wodurch sich die Standfläche verkleinert. Dadurch wiederum wird der Schwerpunkt des Körpers so verlagert, dass für den sicheren Stand eine andere Köperhaltung erforderlich ist. Der Kreuzbeinabknickungswinkel wird größer, was zur Straffung der ganzen Figur führt. Der entscheidende Effekt ist offenbar nicht der Zugewinn an Körpergröße, sondern die andere Körperhaltung: Brust raus und Po raus.

Weibchenmimikry bei Bedarf

Geschlechtsspezifische Fortpflanzungsstrategien, die ihren Anfang in dem unterschiedlichen Aufwand für die Produktion von Spermien und Eizellen nahmen, haben zu einer vielfältigen Entwicklung sexualdimorpher Strukturen als Ausdruck der sexuellen Konkurrenz geführt. Der sekundäre Verlust sexualdimorpher Merkmale erscheint uns daher ungewöhnlich. Tatsächlich ist er meist an besondere Lebensbedingungen geknüpft, aber keineswegs so selten, wie man zunächst meint.

Die meisten tierbestäubten Blütenpflanzen besitzen zwittrige Blüten, was bei der Bestäubung gegenüber eingeschlechtlichen Blütenpflanzen ein Vorteil ist. Blütenbestäubung eingeschlechtlicher Blütenpflanzen setzt den Besuch von staminaten (männlichen) und pistillaten (weiblichen) Blüten in dieser Reihenfolge voraus. Die ersten Blütenbesucher der eingeschlechtlichen Blüten sind als spezialisierte Pflanzenfresser durch Pollenfressen, Verzehr der Bestäubungströpfchen oder Eiablage und Fraß an Samenanlagen vermutlich nur schädlich gewesen. Denn pollenfressende Insekten wie zum Beispiel Käfer werden ausschließlich männliche Blüten besucht haben. Dagegen werden am Bestäubungstropfen Nektar naschende Mücken und Fliegen oder an Samenanlagen eierlegende Pflanzenwespenweibchen ihren Besuch auf weibliche Blüten beschränkt haben. Kein Insekt kann bei diesem Besuchsverhalten als Bestäuber auftreten. Das wird bei der Entwicklung von Zwitterblüten schlagartig anders. Nun kann ein Blütenbesucher bei seinem Besuch gleichzeitig Pollen von anderen, vorher besuchten Blüten importieren und Pollen exportieren, der bei einem Folgebesuch zur Bestäubung gelangt. Die ehemaligen Schädlinge werden nun zu Pollenvektoren. Sekundär doch wieder getrenntgeschlechtliche Arten sind windblütig wie Gräser und viele Laubbäume oder haben schwer zu unterscheidende staminate und pistillate Blüten entwickelt, wobei die Narbenäste der weiblichen Blüten meist die Staubgefäße der männlichen Blüten so perfekt imitieren, dass eine ausreichende Zahl von Bestäubungen erfolgt. Dazu zählen die Arten der Kürbisgewächse (Cucurbitaceae) und die Begonien (*Begonia*; s. Abb. 65). Weibliche Kürbisblüten haben zwar keinen Pollen, aber immerhin noch Nektar zu bieten. Weibliche Begonienblüten sind nektarlos und für ihre Bestäubung ganz auf die Staubgefäßimitationen angewiesen. Wie Agren und Schemske (1991) in Costa Rica an *Begonia involucrata* beobachten konnten, funktioniert die Staubgefäßmimikry. Die stachellose Biene *Trigona grandipennis* lässt sich auch von weiblichen Blüten täuschen. Wie wichtig eine gute Mimikry ist, zeigen die quantitativen Daten: Männliche Begonienblüten werden siebenmal häufiger und zehnmal länger besucht. Der Fruchtansatz weiblicher Blüten betrug nur 76 % und ließ sich durch nachträgliche Bestäubung per Hand steigern. Es gibt also noch Spielraum für eine Verbesserung der mimetischen Täuschung.

Unter bestimmten ökologischen Bedingungen können sexualdimorphe Merkmale ungünstig sein, wie zahlreiche Beispiele monomorpher Vogelarten zeigen. Männchen von Buchfink, Amsel und Stockente sind leicht vom Weibchen zu unterscheiden, Männchen von Stieglitz, Zaunkönig und Graugans jedoch nicht. Eine Hypothese zur sexuellen Ununterscheidbarkeit entwickelte Burley (1981): Bei gruppenlebenden Arten könnten alle Individuen vom Verbergen ihres Geschlechts profitieren, da viele durch sexuelle Konkurrenz ausgelöste Interaktionen ausblieben und die Tiere so mehr Zeit zur Nahrungsaufnahme oder Aufmerksamkeit gegenüber Feinden hätten. Langmore und Bennett (1999) fanden eine elegante Bestätigung dieser Hypothese beim Langschwanzastrill (*Poephila acuticauda*), einen dem Zebrafinken nah verwandten Prachtfinken. Diese Art lebt in Nordaustralien in Kolonien von bis zu 30 Individuen. Viele Kolonien können sich zu Schwärmen von mehreren Tausend Vögeln zusammenschließen. Die visuell von den Weibchen ununterscheidbaren Männchen können sich durch Gesang oder Verhalten als Männchen zu erkennen geben, müssen es aber nicht. In Laborexperimenten konnten die beiden englischen Vogelforscher zeigen, dass niederrangige Männchen ihre Identität häufiger verbergen, wenn sie mit unbekannten Artgenossen zusammengesetzt werden als dominante Männchen. Genau das sagt die Hypothese von Burley voraus. Bei der Fliegenschnäpperart *Fidecula hypolena* treiben es einige Männchen auf die Spitze. Während die meisten Männchen sich durch ihr schwarzes Gefieder deutlich von den braunen Weibchen unterscheiden, sehen einige Männchen genauso wie Weibchen aus. Sie benutzen diese Weibchenmimikry wie einen Tarnanzug, um in dem für sie günstigsten Moment einen Kampf gegen ein schwarzes Männchen anzuzetteln, den sie dann fast immer gewinnen und für die Verbesserung ihrer Paarungschancen nutzen können.

Kein Reptil auf dem amerikanischen Kontinent ist weiter nördlich anzutreffen als die Rotseitige Strumpfbandnatter. Rotseitige Strumpfbandnattern (*Thamnophis sirtalis parietalis*) müssen im Winter im Westen Kanadas Temperaturen bis −40 °C überstehen. Sie überwintern in Höhlen. In solchen „Schlangengruben" können bis zu 10 000 Individuen gemeinsam mehr als neun kalte Monate verbringen.

Bei solchen Bedingungen wundert es nicht, dass die Strumpfbandnattern es mit der Fortpflanzung eilig haben. Ihnen bleiben drei Monate, um sich zu paaren, sich fortzupflanzen und wieder zu Kräften zu kommen. In den ersten warmen Frühjahrstagen findet die Paarung statt, gleich neben der Schlangengrube. Es gibt gleich viele Männchen und Weibchen. Da aber die Weibchen über einen längeren Zeitraum nach und nach ihr Winterquartier verlassen, jedoch alle Männchen früher ihr Winterquartier verlassen und auf Weibchen warten, können operationale Geschlechterverhältnisse von 1 Weibchen : 5000 Männchen entstehen. Die Männchen stürzen sich daher geradezu auf jedes Weibchen. Es bilden sich Knäuel aus bis zu hundert Männchen um ein einzelnes Weibchen. Die Männchen versuchen zunächst in dem Schlangengewirr das Weibchen zu identifizieren. Dazu züngeln sie am Körper anderer Schlangen. Auf der Zunge bleiben Weibchenpheromonmoleküle haften, die das Männchen mit dem so genannten Vomeronasalorgan identifizieren kann. Dieses Geruchsorgan liegt im Rachen der Schlangen und besitzt paarige Höhlungen, in die die Zungenspitze eingeführt wird. Hat ein Männchen ein Weibchen entdeckt, beginnt die Balz: Das Männchen presst sein Kinn auf den Rücken des Weibchens und schlängelt an dem Körper des Weibchens entlang. Mit etwas Glück kommt es schließlich in die richtige Kopulationsstellung. Crews und Mitarbeiter haben Paarungsknäuel von Strumpfbandnattern untersucht und waren überrascht, dass in 15 % der Fälle überhaupt keine weibliche Schlange im Paarungsknäuel war. In diesen Fällen warben Männchen aktiv um eine bestimmte männliche Schlange. Crews und Garstka (1983) nannten diese Tiere „Frauenmännchen". Da morphologisch Frauenmännchen nicht von normalen Männchen zu unterscheiden waren, suchten sie nach biochemischen Unterschieden. Zu ihrer Überraschung besaßen Weibchen, normale Männchen und „Frauenmännchen" sehr ähnliche Werbepheromone. Sie suchten weiter und wurden schließlich doch fündig: Normale Männchen besitzen ein männliches Erkennungspheromon mit dem Kohlenwasserstoff Squalen als Hauptkomponente. Weibchen und „Frauenmännchen" fehlt dieser Stoff. Nun setzten sie Verhaltensexperimente an, um die Funktion aufzuklären. Jeweils fünf Männchen und fünf „Frauenmännchen" setzten die Schlangenforscher in eine Arena zu einem Weibchen. In 29 gleichartigen Versuchen gelang es 20-mal einem „Frauenmännchen", zuerst mit dem Weibchen zu kopulieren. Die Vorteile der „Frauenmännchen" beruhen auf dem Verwirrprinzip. Sobald ein „Frauenmännchen" in einem Paarungsknäuel auftaucht, umwerben einige Männchen das „Frauenmännchen", da ihm das männliche Erkennungspheromon fehlt und es wie ein Weibchen duftet. In diesem Durcheinander nutzen die betrügerischen Männchen ihre Chance so gut, dass ihre Paarungswahrscheinlichkeit mehr als doppelt so hoch ist wie die normaler Männchen.

Völlig ohne Männchen sind manche Rennechsenarten wie *Cnemidophorus uniparens*. Bereits die Beschreiber dieser Art, Wright und Lowe, wussten, dass es sich um eine unisexuelle Art handelt und gab ihr den Artnamen uniparens (uni lat. = eins; parens lat. = Elter). Parthenogenetische Fortpflanzung mit einer Entwicklung unbefruchteter Eier ist unter bestimmten ökologischen Bedingungen günstiger als eine bisexuelle (zweigeschlechtliche) Fortpflanzung. Bei *Cnemidophorus uniparens* kommen die Weibchen zwar völlig ohne Männchen, jedoch nicht völlig ohne Balzverhalten aus. Weibchen schlüpfen daher in die Rolle des Männchens und simulieren ein Paarungsverhalten. Nur Weibchen, die in den Genuss dieses vorgetäuschten Männchenverhaltens gekommen sind, legen eine hohe Anzahl von Eiern (Crews und Moore 1993).

Im Golf von Kalifornien leben im Gezeitenbereich Schwämme, die von einer marinen Assel bewohnt werden. Die Weibchen von *Paracerceis sculpta* besitzen eine einheitliche

Größe. Die Männchen der Assel treten jedoch in drei sehr verschiedenen Größenklassen auf: sehr große Alpha-Männchen, Beta-Männchen in der Größe der Weibchen und kleine Gamma-Männchen (Abb. 70). Die drei Männchentypen verfolgen genetisch determinierte, komplett unterschiedliche Strategien, um sich mit den im Innenraum der Schwämme lebenden Weibchen zu verpaaren. Alpha-Männchen dulden kein anderes Männchen im Innenraum „ihres" Schwammes. Zwischen zwei Alpha-Männchen kann es zu tagelangen erbitterten Kämpfen kommen. Die winzig kleinen Gamma-Männchen haben keinerlei Chance im Kampf gegen Alpha-Männchen, halten sich versteckt und vermeiden Begegnungen mit Alpha-Männchen. Sie nutzen aber jede sich bietende Gelegenheit, sich heimlich mit einem Weibchen zu paaren. Die Beta-Männchen können sich aufgrund ihrer Körpergröße nicht vor den Alpha-Männchen verstecken. Beta-Männchen verhalten sich Alpha-Männchen gegenüber wie Weibchen und lassen sich umwerben. Bei Gelegenheit umwerben sie ihrerseits die Weibchen. Welche Strategie ist am günstigsten? Alpha-Männchen hatten nach Untersuchungen von Shuster (1992) einen größeren Fortpflanzungserfolg als Beta-Männchen, wenn die Alpha-Männchen mit nur einem Weibchen zusammenlebten, das sie ständig bewachen konnten. Sobald mehrere Weibchen zu diesem Männchen-Duo stießen, war der Anteil der Vaterschaft des Beta-Männchens an den Nachkommen größer. Die Weibchen-Imitation als Strategie der Beta-Männchen war dann der Kämpfer-Strategie der Alpha-Männchen überlegen. In zahlreichen Kombinationen des Zusammenlebens verschiedener Individuen erwies sich sogar die heimliche Strategie der Gamma-Männchen als erfolgreich. Da es keinen Sieger gibt in der Konkurrenz um Fortpflanzungserfolg, können alle drei Männchenformen nebeneinander existieren.

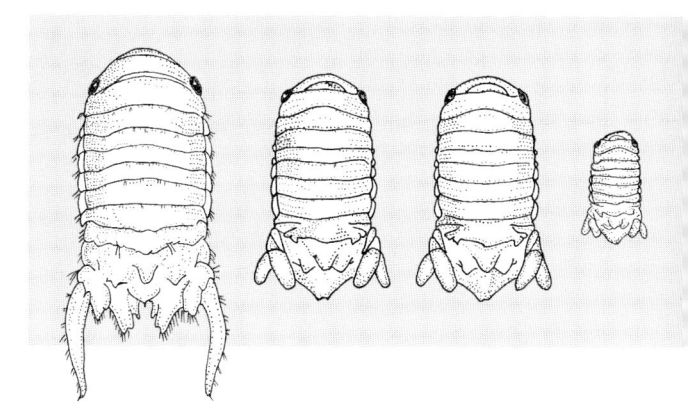

Abb. 70: Männchen der Assel *Paracerceis sculpta* treten in drei Körpergrößenklassen auf. Von links: sehr großes Alpha-Männchen, Beta-Männchen in der Größe der Weibchen, Weibchen und kleines Gamma-Männchen. (Verändert nach Shuster 1992)

Die beiden Männchenmorphen des Blaukiemen-Sonnenfisches (*Lepomis macrochirus*; Centrarchidae) haben unterschiedliche Fortpflanzungsstrategien entwickelt. Parentale Männchen werden erst mit mehreren Jahren und beträchtlicher Körpergröße geschlechtsreif. (Parental heißt, dass sie sich stets nestbauend, revierverteidigend und brutpflegend verhalten.) Ohne die Pflege parentaler Männchen können sich die Eier nicht entwickeln. Nicht-parentale Männchen bleiben kleiner und werden früher geschlechtsreif; sie beteiligen sich nicht an Nestbau, Revierverteidigung und Brutpflege. Sie sind für ihre Fortpflanzung auf parentale Männchen angewiesen und können zwischen zwei Paarungstaktiken wählen. Kleinere Individuen wählen häufiger eine Satellitentaktik, um in einem geeigneten Moment überfallartig aus einer Lauerposition ein balzendes Paar zu überfallen und blitzschnell Spermien abzugeben. Eine andere Taktik wenden bevorzugt größere nicht-parentale Männchen an. Sie imitieren Weibchen in Größe und Verhalten und versuchen als Sneaker („Schleicher") die Paarung parentaler Männchen zu stören und die Eier des Weibchens zu befruchten. Die Häufigkeit von Sneakern und territorialen Männchen ist ausbalanciert. Sneaker sind auf territoriale Männchen angewiesen, diese können jedoch ohne Sneaker auskommen. Bei größerer Häufigkeit von territorialen Männchen wird das Erschleichen von Paarungen durch die Imitation von Weibchen erfolgreicher, während umgekehrt bei größerer Häufigkeit von Sneakern die Territoriumverteidigung erfolgreicher ist (Groß 1982).

Pseudopenis der Tüpfelhyänenweibchen

Ein besonderer Fall von sexueller Mimikry stellt die verblüffende Ähnlichkeit von Männchen und Weibchen der Tüpfelhyäne dar. Es ist immer dasselbe: Wenn sich zwei Tüpfelhyänen in den Steppen Afrikas begegnen, stellen sie sich zur Begrüßung nebeneinander, heben ein Bein und beschnuppern sich gegenseitig am erigierten Penis. Diese Begrüßungszeremonie findet sowohl bei Begegnungen von Männchen, aber auch bei Begegnungen von Weibchen oder Begegnungen zwischen den Geschlechtern statt. Angesichts der Ähnlichkeit der beiden Geschlechter hatte Aristoteles ursprünglich sogar vermutet, dass es sich bei der Tüpfelhyäne (*Crocuta crocuta*) um eine zwittrige Art handelt. Die Imitation männlicher Genitalmerkmale der Weibchen der afrikanischen Tüpfelhyäne ist verblüffend. Die miteinander verwachsenen Schamlippen gleichen einem Hodensack. Die große erigible Klitoris sieht aus wie ein Penis (s. Abb. 63).

Das Präsentieren des männlichen Genitalorgans dient bei vielen Primaten zur Demonstration, dass der Betreffende im Vollbesitz seiner Kräfte ist. Da die Erektion des männlichen Glieds unter nervöser und hormoneller Kontrolle steht, stellt die Genitalpräsentation einen betrugssicheren Indikator des sozialen Status dar. Wolfgang Wickler und Uta Seibt (1998) haben zahlreiche Beispiele von Genitalpräsentationen bei Primaten analysiert. Stets werden Penispräsentationen als Dominanzsignal eingesetzt. Auch Phallus-Darstellungen in verschiedenen menschlichen Kulturen, wie beispielsweise die auffälligen Penishüllen bei Papuas oder die mittelalterliche Kleidung von Landsknechten und Edelmännern sowie phallische Darstellungen als Grenzmarkierungen von Territorien sind in diesem Kontext als Nachahmungen der Penispräsentation zu interpretieren.

Doch bei den Tüpfelhyänen ist alles ganz anders. Unter zahlreichen Tierarten mit maskulinisierten Genitalien können allein Tüpfelhyänenweibchen ihren Pseudopenis erigieren. Und nur bei Tüpfelhyänen ist die Präsentation des erigierten Penis oder Pseudopenis ein Signal der Unterwerfung (Submission). Nach zahlreichen Freilanduntersuchungen konnten Marion East, Heribert Hofer und Wolfgang Wickler (1993) weitere Funktionen des Pseudopenis der Tüpfelhyänenweibchen entdecken und verschiedene Hypothesen zur Entstehung dieses Signals prüfen. Dieses Beispiel soll im Folgenden ausführlich dargestellt werden, da es hier ausnahmsweise über einen evolutionären Umweg zur Entwicklung einer mimetischen Nachahmung gekommen ist.

Nach langjährigen Beobachtungen von Tüpfelhyänen in der Serengeti konnten Heribert Hofer und Marion East (1995) nachweisen, dass die Begrüßungszeremonie mit erigiertem Penis oder Pseudopenis das einzige Signal ist, das Rang und Rangunterschied in der Clangemeinschaft von Tüpfelhyänen verlässlich anzeigt. Niederrangige Tiere initiieren die Begrüßungszeremonie vor allem gegenüber erwachsenen Weibchen. Die Teilnehmer einer Begrüßungszeremonie heben in der Regel ein Hinterbein und legen die Analdrüsen durch Aufrichten des Schwanzes zum Beschnuppern frei (s. Abb. 63). Die Abbildung zeigt ein junges adultes Tüpfelhyänenweibchen mit ausgeschachteter Klitoris in einer Begrüßungszeremonie mit einem Jungtier. Beim Weibchen ist der erigierte Pseudopenis zu erkennen. Einen Vorteil des vergrößerten weiblichen Genitals besteht für die Weibchen auch in der Kontrolle über männliche Paarungspartner. Da die Genitalöffnung an der Spitze des Pseudopenis (Klitoris) liegt, kann die Paarung (mit nicht-erigiertem Pseudopenis) in einer für Wirbeltiere ungewöhnlichen Weise von den Weibchen kontrolliert werden; erzwungene Paarungen sind ausgeschlossen. Ein Nachteil des Pseudopenis liegt in der erhöhten Infektionsgefahr erstgebärender Weibchen, da durch die Ruptur des Pseudopenis bei der ersten Geburt eine mehrere Zentimeter lange Wunde entsteht.

Der Pseudopenis der Tüpfelhyänenweibchen ist jedoch nicht notwendigerweise im Zusammenhang mit der Begrüßungszeremonie oder der Paarungskontrolle entstanden. Im Gegenteil, die genannten Vorteile bei der Begrüßung und Paarungskontrolle haben sich möglicherweise erst dann eingestellt, als bereits ein Pseudopenis von bestimmter Größe ausgebildet war. Dann muss es eine andere Ursache für die Virilisierung (Vermännlichung) der weiblichen Genitalien geben. Es sind nicht-adaptive Prozesse als zwei Hypothesen für die Evolution des Pseudopenis vorgeschlagen worden, bei dem gewissermaßen als Beiprodukt dieser Prozesse ein Pseudopenis entstanden ist. Männliche Sexualhormone regeln nicht nur das Aggressionsverhalten, sondern steuern auch die Gonadenentwicklung: Ein hoher Gehalt an männlichen Sexualhormonen in der Embryonalentwicklung führt zu einer Virilisierung der Genitalien und zu hoher Aggressivität neugeborener Tiere. Eine Hypothese baut auf die bei Tüpfelhyänen extreme Aggressivität neugeborener Jungtiere. Als einziges Raubtier bringen Tüpfelhyänen voll entwickelte Jungtiere mit Zähnen und offenen Augen zur Welt. Die Neugeborenen sind aggressiv gegeneinander, und es kommt bei schlechter Nahrungsversorgung häufig zum Siblizid (Geschwistertötung) unter den Neugeborenen. Die lange Laktationszeit begünstigt diese extreme Aggression unter den Wurfgenossen. Die gemessenen Konzentrationen von männlichen Sexualhormonen sprechen für die Siblizidhypothese. Adulte Tüpfelhyänenweibchen haben im Vergleich zu Weibchen anderer Hyänenarten eine ganz normale Konzentration von männlichen Sexualhormonen. Adulte Tüpfelhyänenmännchen haben dagegen eine im Vergleich zu anderen Hyänen geringe Konzentration von männlichen Sexualhormonen, die mit ihrer geringen Aggressivität und niedrigen Rangstellung in Einklang steht. Föten und frisch geborene Hyänen beiderlei Geschlechts haben jedoch eine außergewöhnlich hohe Konzentration von männlichen Sexualhormonen, die ihre Aggressivität erklären kann sowie die Virilisierung der Geschlechtsorgane.

Die andere Hypothese geht von der für Säugetiere ungewöhnlichen Rangordnung der Tüpfelhyänenclans aus, in denen Weibchen dominieren. Durch die Selektion auf hohe Körpergröße und Aggressivität bei Hyänenweibchen, die ihnen einen Vorteil bei der Konkurrenz um Futter bot, entstand, gesteuert durch den Hormonhaushalt, die Virilisierung der weiblichen Genitalien als ein Nebeneffekt. Viele Beobachtungen sprechen nun dafür, dass die Evolution der Virilisierung der Genitalien weiblicher Hyänen ihren Ausgang durch die Selektion auf fakultatives Siblizid genommen hat. Penismimikry spielte erst in der späteren Evolution eine Rolle.

Der Bluff mit dem Hammer

Fangschreckenkrebse (Hoplocarida, Stomatopoda) sind ungewöhnliche Bewohner von Korallenriffen. Die meiste Zeit verbringen sie, vor Räubern geschützt, in einer Wohnröhre. Zur Jagd auf Muscheln, Schnecken und Krabben verlassen sie nur kurz ihren Wohnbau. Ihre Jagdtechnik ist berüchtigt: Mit dem hammerartig ausgebildeten zweiten von 13 Beinpaaren zertrümmern sie ihre Beute. Wie groß die Wucht dieser Beuteschläge ist, beweist die Beobachtung, dass ein 20 Zentimeter großes Individuum der Gattung *Squilla* das Sicherheitsglas seines Aquariums zerstörte. Die Fangschreckenkrebse setzen ihre Fangbeine auch bei territorialen Auseinandersetzungen um Wohnröhren ein. Gute Wohnröhren sind überlebenswichtig im Korallenriff, aber rar. Bei Kämpfen um Wohnröhren gehen die Kombattanten ein hohes Risiko ein, verletzt oder gar durch einen Schlag getötet zu werden. Die Tiere kennen ihre Nachbarn und deren Kampfkraft genau und können dadurch unnötige Risiken vermeiden. Ist allein schon die individuelle Erkennung über Duftstoffe bei Tieren dieser Organisationshöhe erstaunlich, so ist es ihr innerartliches Verhalten umso mehr. Fangschreckenkrebse häuten sich im Abstand von mehreren Wochen und sind nach der Häutung für einige Zeit verwundbar, weil der neue Kalkpanzer erst nach mehreren Tagen ausgehärtet ist. Caldwell und Dingle (1979) konnten systematische Beobachtungen an Fangschreckenkrebsen der Art *Gonodactylus bredini* und verwandten Arten machen. Die Kampfstärke dieser Tiere ist streng abhängig von ihrer Körpergröße, die sie durch Präsentieren der oft grellbunten Fangbeine demonstrieren. Kleinere Individuen wagen daher nur selten einen Kampf gegen ein größeres Tier. Außerdem hat der Besitzer einer Wohnröhre eine dreimal größere Chance, eine Auseinandersetzung zu gewinnen als der Angreifer.

Können frisch gehäutete Wohnröhrenbesitzer diesen Heimvorteil nutzen? Besonders genau untersuchten Caldwell und Dingle das Verhalten der Tiere nach einer Häutung. Greift ein Tier einen frisch gehäuteten und damit wehrlosen, gleichgroßen Wohnröhrenbesitzer an, so hat dieser die Wahl zwischen drei Taktiken: Flucht, Verstecken und Bluffen. Immerhin fliehen 15 % der frisch gehäuteten Tiere, 30 % versuchen sich zu verstecken. In etlichen Fällen war diese Taktik nicht erfolgreich. Der Angreifer übernahm nicht nur die Wohnröhre, er verspeiste auch den Vorbesitzer. 55 % der frisch gehäuteten Tiere verteidigen sich, indem sie aus ihrer Wohnröhre herauskommen und die Fangbeine drohend spreizen. Sie können in ihrem weichhäutigen Zustand natürlich nicht kämpfen, sondern nur bluffen. Die Bluffer sind in über der Hälfte der Fälle erfolgreich und behalten ihre Wohnröhre. Der Erfolg ist gut vorbereitet. Viele Tiere bluffen nur dann, wenn sie größer sind als der Angreifer, der nur ihre Körpergröße, aber nicht ihre Wehrhaftigkeit abschätzen kann. Der Verteidigungsbluff ist denn auch besonders erfolgreich gegenüber kleineren Eindringlingen. Nur ganz wenige frisch gehäutete Krebse versuchen einen Schlag mit ihren noch nicht ausgehärteten Fangbeinen. Für ausgehärtete Tiere ist Kämpfen dagegen die am häufigsten gewählte Option. Flucht, Verstecken und Drohen sind seltener ihre Verteidigungstaktiken als bei frisch gehäuteten Tieren. Kurz vor der Häutung sind die Wohnröhrenbesitzer besonders aggressiv und attackieren Angreifer häufiger und intensiver. Nach der Häutung profitieren sie von diesem Verhalten dadurch, dass die Angreifer den Wohnröhrenbesitzer wieder erkennen, sich an seine Kampfstärke erinnern und ihm eventuell einen Kampf ersparen.

Sehen und gesehen werden: Stielaugenfliegen

Stielaugenfliegen der Familie Diopsidae zählen zu den eigenartigsten Insekten der Erde. Ihre Augen sitzen auf bisweilen nahezu körperlangen Stielen, so dass diese Fliegen ein bizarres Aussehen bekommen. Da zudem die Vorderbeine wie Raubbeine ausgebildet sind, wurde zunächst ein Zusammenhang der Augenstiele bei der visuellen Wahrnehmung von Beutetieren vermutet. Nähere Beobachtungen zeigten jedoch, dass es sich bei den

Stielaugenfliegen um harmlose Pflanzenfresser handelt. Die Augenstiele verbessern nicht nur das Entfernungssehen dieser Fliegen, sie dienen auch als wichtiges Signal bei Partnerwahl und Konkurrentenkampf. Augenstiele als permanentes Droh- und Balzsignal könnten als Signalimitation der nur kurzzeitig imponierend gespreizten Vorderbeine und Flügel entstanden sein.

Ein großer Augenabstand verbessert die Entfernungsmessung durch binokulares Sehen. Je größer der Augenabstand, desto mehr unterscheiden sich die Bilder, die die beiden Augen von denselben Objekten auf die Netzhaut projizieren, desto besser kann neuronal Entfernungsinformation aus den Netzhautbildern herausgerechnet werden. Das Scherenfernrohr nutzt dieses Funktionsprinzip.

In Verhaltensbeobachtungen konnten Dietrich Burkhardt und Ingrid de la Motte (1987) an der Universität Regensburg belegen, dass Stielaugenfliegen bereits aus großen Entfernungen auf Artgenossen reagieren. Stielaugenfliegen wenden sich bereits bei einem Abstand von 80 Zentimetern einem sich nähernden Artgenossen zu. Stubenfliegen zeigen diese visuell gesteuerte Reaktion erst bei einem Abstand von 15 Zentimetern. Gutes Entfernungssehen nützt. Aber warum haben bei manchen Arten die Männchen längere Augenstiele als die Weibchen? Und warum besitzen die friedlichen Stielaugenfliegen Raubbeine?

Burkhardt und de la Motte beobachteten Stielaugenfliegen der Art *Cyrtodiopsis whitei* in ihrem natürlichen Lebensraum in den tropischen Regenwäldern Malaysias. Tagsüber begegneten sie den Fliegen meist einzeln, oft beim Fressen von Pflanzensäften. In der Abenddämmerung bildeten sich an Luftwurzeln und ähnlichen, fadenförmigen Gebilden Schlafgemeinschaften. Diese Schlafgemeinschaften bestanden meist aus einem sehr großen Männchen und bis zu 13 Weibchen. Am Morgen kopuliert das territoriale Männchen mit zahlreichen Weibchen seines Harems. Da das Geschlechterverhältnis von Weibchen : Männchen bei 2 : 1 liegt, bedeutet das, dass für jeden Harem mit 13 Weibchen ungefähr sechs Männchen ohne ein einziges Weibchen übrig bleiben. Die Männchen verteidigten ihren Harem gegen andere Männchen. In Experimenten zeigte sich die Rolle der Raubbeine und Augenstiele bei der Territorialverteidigung und bei der Balz. Die Weibchen wählen den „Schlaffaden" nach der Größe der Männchen aus, wobei die Augenstielspannweite ein günstiges Wahlkriterium ist. Bei den Kämpfen der Männchen um den Besitz des Harems spielt ebenfalls die Augenstielspannweite eine

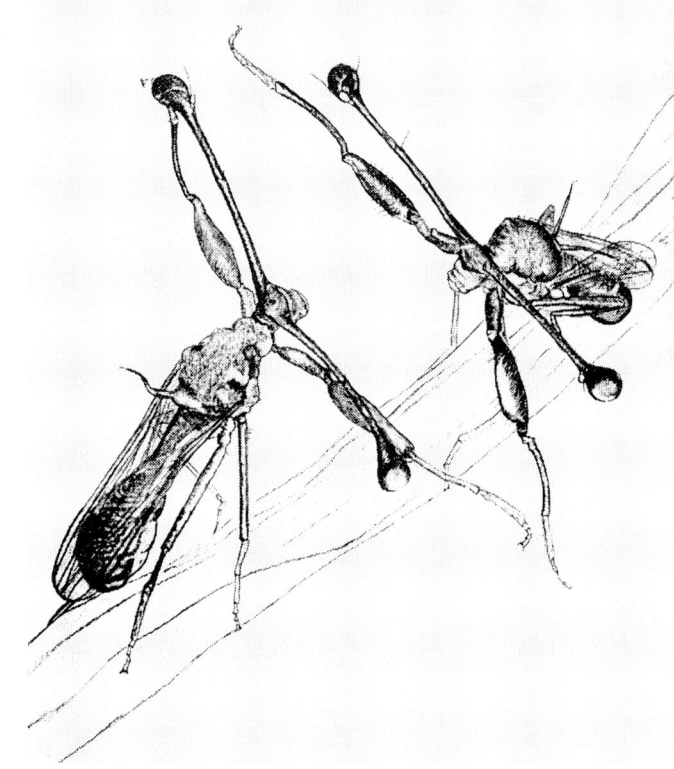

Abb. 71: Kommentkampf zwischen zwei Männchen der Stielaugenfliege *Cyrtodiopsis whitei*, die sich mit drohend erhobenen Vorderbeinen gegenüberstehen. (Original D. Burkhardt und I. de la Motte, Regensburg)

Rolle. Die Männchen stehen sich im Kampf im Abstand von wenigen Millimetern Stielauge in Stielauge gegenüber. Deutlich kleinere Männchen geben schon jetzt auf. Sind die beiden kämpfenden Männchen ähnlich groß, drohen sie einander durch Abspreizen der Flügel und Spreizen der Raubbeine, wobei Flügel, Vorderbeine und Augenstiele in einer Ebene liegen, also als ein einheitliches Signal wirken können. Durch wiederholtes Drohen kann zumeist das größere Männchen diesen ritualisierten Kommentkampf für sich entscheiden. Nur äußerst selten eskaliert der Kampf (Abb. 71). Dann schlagen die Kombattanten mit ihren Raubbeinen nach dem Gegner. Dabei können sie möglicherweise die Augenstiele ihres Gegners verletzen. Beim Drohspreizen der Vorderbeine werden die Vorderbeine parallel zu den Augenstielen ausgerichtet. Bevor ein Stielaugenfliegenmännchen zum Schlag mit den Vorderbeinen ausholt, müssen die Vorderbeine aber vor den Körper gehalten werden. Gerade in dieser entscheidenden Situation besäße das Männchen also kein Drohsignal, hätte es nicht die Augenstiele, die als permanentes Drohsignal besonders wirksam sind.

Warum besitzen Männchen längere Augenstiele als Weibchen? Und warum bevorzugen die Weibchen von *Cyrtodiopsis whitei* Männchen mit großen Augenstielen? Solche Fragen nach den Ursachen können nicht immer zufriedenstellend beantwortet werden. Im Falle von *Cyrtodiopsis whitei* haben die Weibchen unmittelbare Fortpflanzungsvorteile von ihrer Wahl. Die Arbeitsgruppe um Gerald Wilkinson (1998) fanden bei *Cyrtodiopsis whitei* einen häufigen genetischen Defekt, der zur Sterilität der männlichen Nachkommen und dem von Weibchen dominierten Geschlechterverhältnis führt. Der Besitz eines Reparaturmechanismus für diesen Defekt ist mit dem Besitz großer Augenstielspannweite genetisch gekoppelt. Mit der Wahl eines Männchens mit großer Augenstielspannweite kommen die Weibchen also mit hoher Wahrscheinlichkeit in den Besitz guter Gene für ihre Nachkommen. Denn aus Paarungen mit großen Männchen entstehen mit höherer Wahrscheinlichkeit fertile Söhne. Das ist ein signifikanter Vorteil in einer Population, die zu zwei Dritteln aus Weibchen besteht. Die Präferenz der Weibchen für Männchen mit langen Augenstielen kann zur Ausbildung sexualdimorpher Augenstiele beigetragen haben.

Winzig kleine große Kerle

Signalisieren der Körpergröße ist das Problem aller Männchen von Arten, bei denen die Weibchen ihren Partner nach der Körpergröße auswählen oder von Arten, bei denen die Körpergröße den Ausgang von territorialen Auseinandersetzungen der Männchen bestimmt. Stielaugenfliegen sind da kein Einzelfall, wie gleich geschildert wird. Aber auch in der mitteleuropäischen Fauna finden sich unter den Langbeinfliegenmännchen zahlreiche Beispiele für automimetische Signale.

Viele Fliegenweibchen haben besondere Probleme bei der Partnerwahl, wenn sie unter den Winzlingen einen großen Paarungspartner auswählen. Es wundert daher nicht, dass Stielaugen mehrfach unabhängig entstanden sind: Mehr als 20 unabhängige Entwicklungen von Stielaugen bei Fliegen nennen Grimaldi und Fenster (1989), davon allein elf konvergent entstandene Kopfverbreiterungen bei den Taufliegen der Familie Drosophilidae. Obwohl eine mehr als 20fach konvergente Entwicklung nicht auf Zufall beruhen kann, sind die Ursachen für die Evolution von Stielaugen nur wenig klar. Was könnte sich dahinter verbergen? Grimaldi und Fenster finden bei vielen Arten übereinstimmend intrasexuelle Auseinandersetzungen der Männchen zusammen mit ressourcengebundener Territorialität und ein gutes binokulares Sehen.

Die intersexuelle Selektion durch die Partnerwahl der Weibchen scheint außerdem eine Rolle zu spielen wie vergleichbare Entwicklungen in anderen Fliegenfamilien erkennen lassen, bei denen die Männchen der oft winzig kleinen Fliegen mit optischen Signalen ihre Körpergröße signalisieren. Die Langbeinfliegen (Dolichopodiden) führen es vor. Die Männchen von *Poecilobothrus nobilitatus* besitzen dunkle Flügel mit weißen Flügelspitzen. Bei gleicher Thoraxbreite besitzen sie sogar längere Flügel als die Weibchen. In der Balz stehen die Männchen den Weibchen flügelschwirrend gegenüber und präsentieren ihre Flügelspannweite mit einem kontrastreichen Signal an der Flügelspitze. Während die *Poecilobothrus nobilitatus*-Männchen durch ein kontrastreiches Mal an den Flügelenden das von den schwirrenden Flügeln erzeugte Signal verstärken, haben viele andere Arten Kopien dieses Signals an anderen Strukturen ausgebildet. Bei diesen Dolichopodidenarten tragen die Männchen endständige schwarz-weiße Signalstrukturen an Fühlern, Vorder- oder Mittelbeinen (Abb. 72, 73). Dadurch dass das Signal von den Flügeln auf einen anderen Körperanhang übertragen wird, kann es dem Weibchen oder Rivalen deutlicher – im Stand, in kurzer Distanz und mit langsamen Bewegungen – präsentiert werden, als es mit schwir-

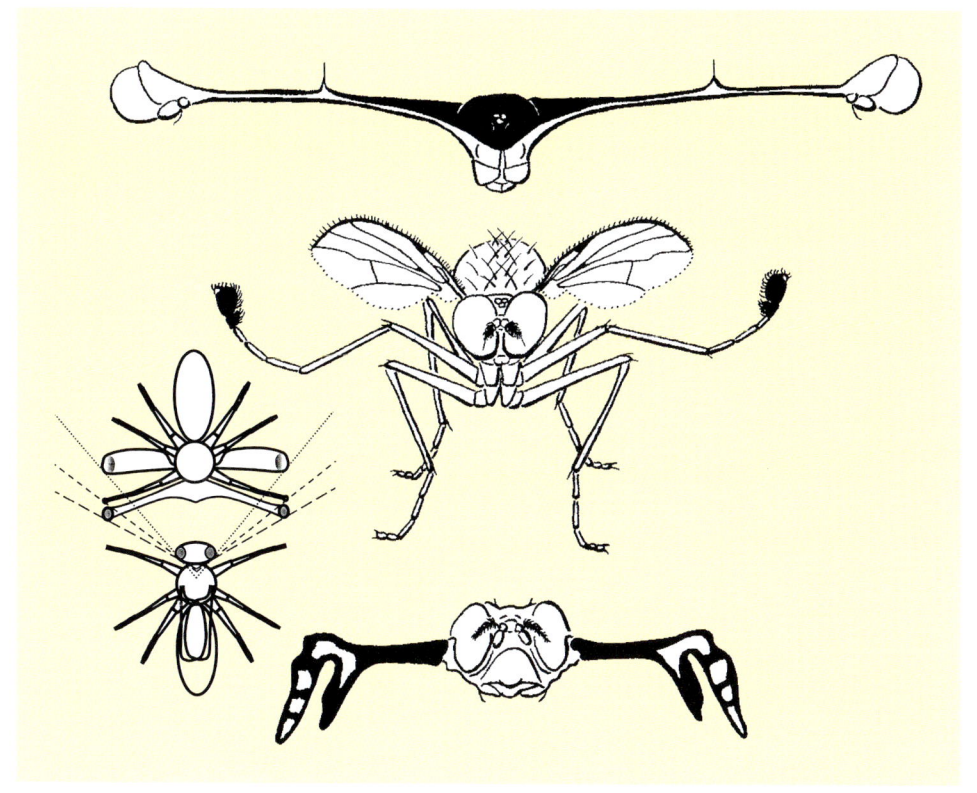

Abb. 72: Fliegenmännchen signalisieren ihre Körpergröße. Oben: Frontalansicht des Kopfes der Stielaugenfliege *Cyrtodiopsis whitei* mit Augenstielen; Mitte: die Langbeinfliege *Dolichopus brevipennis* mit präsentierten Signalflächen an den Vorderbeintarsen; unten: Frontalansicht des Kopfes der Bohrfliege *Phythalmia antilocapra* mit geweihartigen Kopfauswüchsen. Das Schema unten links zeigt für einen hypothetischen Fall, wie sich die wahrnehmbare Spannweite vergrößert, wenn gleichgroße Signalträger, hier Flügel, Vorderbeine und Augenstiele, in unterschiedlicher Entfernung vom Signalempfänger präsentiert werden.

Abb. 73: Das Männchen der Langbeinfliege *Sciapus platypterus* hat ein Weibchen entdeckt und ist aus der Blickrichtung des Weibchens fotografiert. In einem langanhaltenden Schwebeflug präsentiert es die modifizierten Mittelbeine mit leuchtend weißen Tarsengliedern dem Weibchen im Dämmerlicht des Waldes.

renden Flügeln möglich wäre. Auch für diese Arten gilt, dass die Organe mit den Signalstrukturen im Vergleich zu den entsprechenden Organen gleich großer Arten überproportional groß entwickelt sind (Lunau 1996). Warum haben die Weibchen durch ihre Präferenz für große Männchen nicht längst dafür gesorgt, dass die Männchen viel größer als die Weibchen sind? Eine mögliche Antwort ist die gleichzeitige Präferenz der Weibchen für agile und wendige Männchen. Damit hätten die Weibchen zwei Indikatoren für die Qualität der Männchen: 1. Die Körpergröße zeigt den Besitz von Genen an, die sich positiv auf die Nahrungsaufnahme und -verwertung bei den Larven auswirken, denn nach dem Schlupf aus der Puppe wachsen die Fliegen nicht mehr. 2. Energieverbrauchende Flugmanöver sind gute Indikatoren für den Gesundheits- und Ernährungsstatus der Fliegenimagines. Die Männchen führen den Weibchen spektakuläre Schauflüge vor. *Poecilobothrus nobilitatus* hält den Weltrekord mit einer Geschwindigkeit von 12,5 Körperdrehungen um die Körperhochachse pro Sekunde im Flug (Land 1993). Diese Agilität und Wendigkeit im Flug ist jedoch negativ mit der Körpergröße korreliert. Für die meisten Langbeinfliegen heißt das Erfolgsrezept: körperlich klein und wendig bleiben und durch automimetische Signale eine große Spannweite signalisieren (Lunau 1996).

8 Signalentstehung und sensorische Fallen

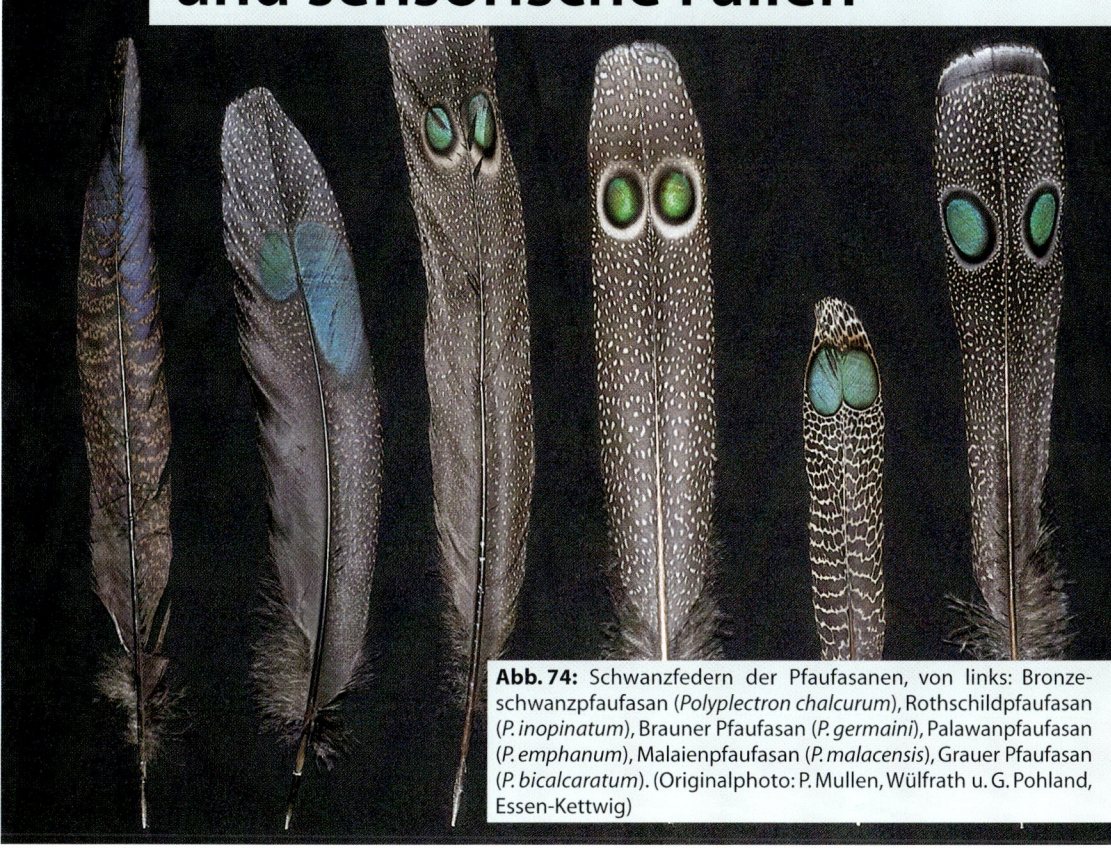

Abb. 74: Schwanzfedern der Pfaufasanen, von links: Bronzeschwanzpfaufasan (*Polyplectron chalcurum*), Rothschildpfaufasan (*P. inopinatum*), Brauner Pfaufasan (*P. germaini*), Palawanpfaufasan (*P. emphanum*), Malaienpfaufasan (*P. malacensis*), Grauer Pfaufasan (*P. bicalcaratum*). (Originalphoto: P. Mullen, Wülfrath u. G. Pohland, Essen-Kettwig)

Mit Argusaugen

Als Carl von Linné im Jahre 1766 einer Fasanenart aus den Regenwäldern von Malaysia den wissenschaftlichen Namen *Argusianus argus argus* zuwies, machte er eine Anleihe bei den griechischen Göttersagen. Die vielen runden Flecken auf den großen Armschwingen der Männchen erinnerten ihn an den von der Göttin Hera, Schwester und Gemahlin des Zeus, zum Wächter der Io bestellten hundertäugigen Wächter Argos. Hatte Linné mit dieser Namensgebung auch die Interpretation der Gefiederzeichnungen als Augenflecke vorweggenommen? In seinem 1871 erschienen Werk ›Die Abstammung des Menschen und die geschlechtliche Zuchtwahl‹ widmet Charles Darwin den Augenflecken im Gefieder von Fasanen breiten Raum. Die erzielte Detailgenauigkeit in der Gefiederfärbung, die nötig ist, um die plastische Wirkung von einer Kugel in einer Pfanne zu erzeugen, faszinierte Darwin offenbar so sehr, dass allein die Beschreibung der so genannten Ocellen (lateinisch: ocellus = Äuglein) des Argusfasanenhahnes mehrere Druckseiten in Anspruch nimmt. Eine Abbildung des komplizierten Zeichnungsmusters (Abb. 75) sowie ein Ausschnitt aus der Beschreibung Darwins zeigen, um welche feinen Details es dabei geht: „Ein Kugel-

und-Pfanne-Augenfleck ["ball and socket" im Original als „Kugel und Sockel" von V. Carus übersetzt] ... besteht aus einem intensiv schwarzen kreisförmigen Ring, welcher einen Raum umgiebt, der genau so abschattiert ist, dass er einer Kugel ähnlich wird. ... Der Ring ist nach dem linken oberen Winkel, wenn man die Feder aufrecht hält, ... immer sehr verdickt ... Unter diesem verdickten Theile findet sich auf der Oberfläche der Kugel eine schräge, beinahe rein weiße Zeichnung, welche nach abwärts in einen blassbleifarbigen Ton schattiert ist, und diese geht wieder in gelbliche und braune Färbungen über, welche nach dem unteren Theile der Kugel unmerklich dunkler und dunkler werden. Es ist gerade diese Schattierung, welche in einer so wunderbaren Weise die Wirkung hervorbringt, als scheine Licht auf eine konvexe Oberfläche ...".

Charles Darwin hat bei Vogelarten mit prächtigem Balzgefieder einen „ästhetischen Sinn" der Weibchen vermutet, der dazu beitragen sollte, dass über die Auswahl der „schönsten Männchen" zur Paarung diese Prachtgefieder der Männchen herausselektioniert werden. Demzufolge sollten auch die phantastischen kugelimitierenden Gebilde im Gefieder des Argusfasans und anderer verwandter Fasanenarten durch geschlechtliche Zuchtwahl der Weibchen entstanden sein.

Abb. 75: Ausschnitt aus einer Armschwinge eines Argusfasanhahnes mit einem Ocellus, einem komplizierten augenähnlichen Zeichnungsmuster.

Hundert Jahre nach Darwin befasste sich der Zoologe G. W. H. Davison an der Universität von Malaysia in Kuala Lumpur mit dem Balzverhalten der Pfaufasane in Malaysia. Nach seinen Anfang der 80er-Jahre des zwanzigsten Jahrhunderts publizierten Beobachtungen spielt die Präsentation des Flügel- und Schwanzgefieders sowohl bei Auseinandersetzungen der Männchen untereinander als auch bei der Balz der Männchen vor einem Weibchen die entscheidende Rolle (Davison 1982). Dabei stellen die balzenden Männchen die Federn so, dass sämtliche Augenflecken der Armschwingen in einem Halbkreis angeordnet sind, der dem Weibchen zugewandt ist (Abb. 76). Die entscheidende Phase der Annäherung an das Weibchen wird durch das Picken des Männchens nach kleinen Objekten eingeleitet, nach denen in der Folge auch das Weibchen pickt. In dem Fächer, der durch die halbkreisförmig gestellten Federn des balzenden Fasanenhahnes entsteht, hat nach den Beobachtungen Davisons auch das echte Auge, das durch die aufrechte Kopfhaltung sichtbar ist, eine Bedeutung, obwohl es mit sechs Millimeter Durchmesser wesentlich kleiner ist als die bis zu 25 Millimeter im Durchmesser großen Ocellen. Die Ähnlichkeit zwischen Ocellen und echten Augen hinsichtlich Form und Farbe ist für ihn so offensichtlich, dass er die bessere Augenmimikry der augennahen Ocellen im Vergleich zu den Ocellen auf den Federspitzen betont. Eine Art hypnotischer Wirkung auf das Weibchen soll der Effekt der Augenpräsentation sein, die das Weibchen in der Paarungsstellung verharren lässt (Davison 1983).

Damit könnten wir dieses Kapitel abschließen, gäbe es nicht zwei ältere Arbeiten über Augenflecken und Balz bei Pfaufasanen, die Davison übersehen, zumindest nicht zitiert hat. Im Jahre 1956 veröffentlichte Rudolf Schenkel eine vergleichende Untersuchung des Balzverhaltens von Fasanen und Hühnervögeln. Schenkel erinnerte daran, dass ritualisiertes Futterübergabeverhalten in der Balz von Taubenvögeln und Papageien beim so genannten „Schnäbeln" eine Rolle spielt, wobei sogar Körnerfutter aus dem Kropf hochgewürgt werden kann, und dass bei Seeschwalben eine Übergabe von Fischchen in der Balz erfolgt. Bei den Fasanenvögeln handelt es sich nach den Beobachtungen Schenkels ebenfalls um eine Ritualisierung des Futterlockens, abgeleitet von der Futterübergabe der Elternvögel an die Jungvögel. Schenkel beschreibt eine Modellreihe fortschreitender Ritualisierung an rezenten Arten, um die mögliche stammesgeschichtliche Evolution des Balzverhaltens aufzuzeigen (Abb. 77). Beim Haushuhn (*Gallus gallus domesticus*) kündigt der Hahn durch einen hellen Glucklaut das Auffinden von Futter an. Mit dem Schnabel zeigt er in ruckhaften Bewegungen auf das Futter, hebt gelegentlich ein Futterkorn hoch und lässt es wieder fallen. Auf Hennen wirkt diese echte Futtervermittlung attraktiv. Beim Jagdfasan (*Phasanus colchicus*) verläuft das Futterlocken ganz ähnlich. Bei beiden Arten kommt es während des Pickens durch die „Verbeugung" nahezu automatisch zum Aufstellen der auffälligen Schwanzfedern. Der Jagdfasan präsentiert zusätzlich das Brustgefieder. Beim Pfaufasan (*Polyplectron bicalcaratum*) ist die Futterbeschaffung und -vermittlung mit einer Zurschaustellung des Flügel- und Schwanzgefieders verbunden. Der Glanzfasanenhahn (*Lophophorus impeijanus*) zeigt lediglich ein Scheinpicken, wobei er Schwanz- und Flügelgefieder auffällig spreizt. Beim Blauen Pfau (*Pavo muticus*) spielt ebenfalls die Präsentation des Schwanzgefieders in Form des Pfauenrades eine hervorragende Rolle. Auffällig ist das Verhalten der Pfauhenne, die dem in Ekstase geschüttelten Rad des Pfaues scheinbar keine Beachtung schenkt, sondern futtersuchend auf den Boden schaut. Bei der Ritualisierung spielen sowohl Laute, die auch als Führungslaute bei der Küken-

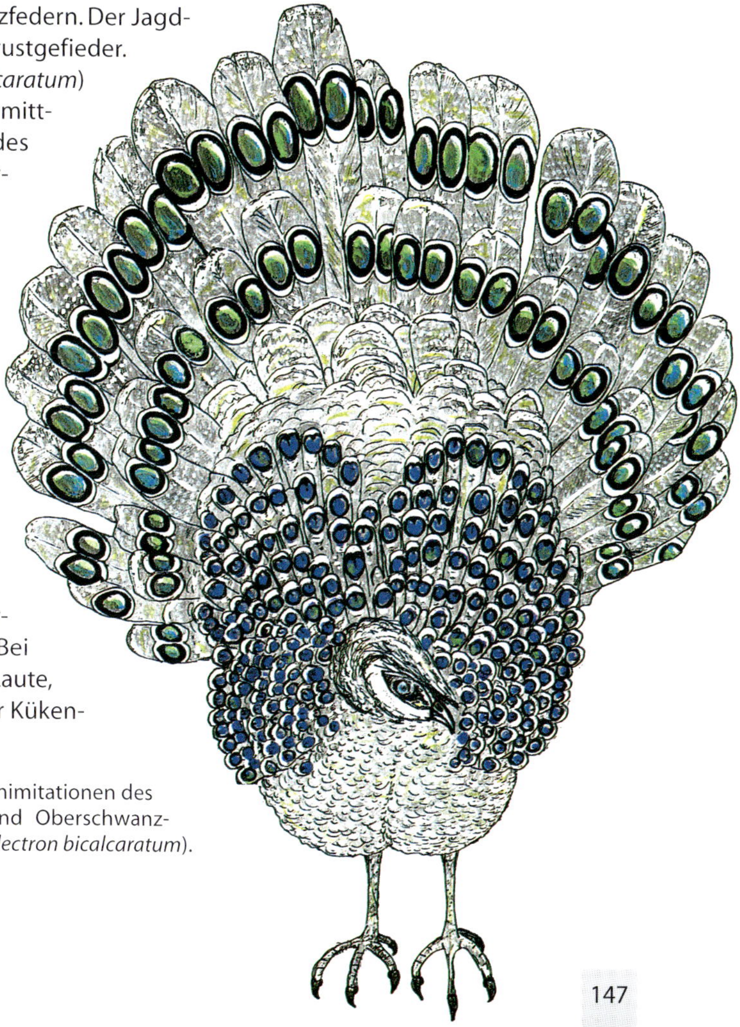

Abb. 76: Präsentationen von Futterkornimitationen des Schwanzgefieders (Schwanzfedern und Oberschwanzdecken) beim Grauen Pfaufasan (*Polyplectron bicalcaratum*). (Verändert nach Raethel 1988)

Abb. 77: Futterübergabeverhalten in der Balz von Hühnervögeln. Von links, obere Reihe: Futterlocken beim Haushuhn (*Gallus gallus domesticus*), Präsentation der Schwanzfedern beim Futterlocken des Jagdfasans (*Phasanus colchicus*), Scheinpicken beim Glanzfasanenhahn (*Lophophorus impeijanus*); untere Reihe: Futterlocken des Grauen Pfaufasans (*Polyplectron bicalcaratum*) mit Gefiederpräsentation, radschlagender Hahn des Blauen Pfaus (*Pavo muticus*). (Verändert nach Schenkel 1956)

betreuung durch die Henne eingesetzt werden, als auch Futterzeigen, Pickbewegungen und zunehmend Gefiederpräsentationen eine Rolle. Die von Schenkel dargestellte fortschreitende Ritualisierung des Futterlockens zeigt, wie sich Pickbewegungen und Gefiederpräsentation von der Futtervermittlung ableiten lassen.

Bereits Jahrzehnte zuvor hatte sich Otto zur Strassen mit dem Aspekt der Gefiedersignale in der Balz von Fasanen befasst. Im Jahre 1935 publizierte zur Strassen seine Arbeit ›Plastisch wirkende Augenflecke und die geschlechtliche Zuchtwahl‹, in der er sich vornehmlich mit der Signalwirkung der Augenflecke beim Argusfasan und beim Pfaufasan befasst. Seine akribisch genaue Analyse klärt, dass bei diesen beiden Arten die plastische Wirkung der Ocellen durch verschiedene konvergent entwickelte Mechanismen entsteht. Beim Argusfasan (*Argusianus argus*) ist es allein die Verteilung von Pigmentfarben auf der Federfahne, die den plastischen Eindruck einer Kugel in einer Pfanne hervorruft. Beim Pfaufasan (*Polyplectron bicalcaratum*) dagegen erzeugen Reflexionsmuster von Schillerfarben durch Kombination mit einer tatsächlichen Vorwölbung der Feder an der Stelle des Augenflecks und einer sich systematisch ändernden Stellung der Federästchen denselben Eindruck.

Das „Kunstverständnis", das Darwin von der Fasanenhenne gefordert hatte, um die Entstehung der Augenflecken durch geschlechtliche Zuchtwahl zu erklären, ersetzte zur Strassen durch einen bei den Pfauhennen vorhandenen Auslösemechanismus, der auf Signalkomponenten von Körnerfutter anspricht. Damit deutete er die Augenflecken als Körnerimitationen, eine Interpretation, die durch die nachfolgenden Untersuchungen Rudolf Schenkels, der die Arbeiten zur Strassens nicht kannte, eine verblüffende Bestätigung erfuhren. Diese Zusammenhänge wurden erst im Jahre 1983 durch den Freiburger Zoologen Günther Osche aufgedeckt und beschrieben. Weder Darwin noch zur Strassen haben wohl je einen Argusfasan bei der Balz beobachten können. Sie gelangen zu unterschiedlichen Auffassungen über die Lage der imitierten Glanzlichter in den Körnerimitationen (Abb. 78): Darwin vermutete, dass bei der Gefiederpräsentation alle Glanzflecken genau nach oben zeigen. Zur Strassen dokumentierte präzise die Lage der Glanzflecken auf den Federn und fand, dass der Glanzfleck bei allen Körnerattrappen in gleicher Position zum Federschaft lag und die Position der Glanzflecke bei der Gefiederpräsentation abhängig von der Federstellung sei. Die Analyse eines Fotos von einem balzenden Argusfasan zeigt, dass beide Recht hatten. Die Gefiederpräsentation erfolgt nicht einfach halbkreisförmig, zudem werden die Federn bei der Präsentation so verdreht, dass die Lage der Glanzflecken überwiegend oben in den Ocellen ist (Abb. 78). *Polyplectron*-Hähne drehen in der Balz die aufgefächerten Gefiederpartien mit den Fruchtimitationen ständig zur Henne, wobei das echte Glanzlicht der vorgewölbten Fruchtimitationen in Abhängigkeit vom Lichteinfall stets in die richtige Position wandert. Die Bedeutung der Position des Glanzfleckes ist im Zusammenhang mit der seitlichen Lage der Augen bei den Hühnervögeln verständlich. Das binokulare Gesichtsfeld ist auf Grund der Position der Augen im Kopf sehr klein und das räumliche Sehvermögen daher begrenzt. Vögel fixieren Objekte häufig monokular und müssen sich bei der Wahrnehmung plastischer Objekte viel mehr auf die Information der Glanzlichter verlassen und können durch imitierte Glanzlichter getäuscht werden. Die Futteraufnahme spielt ja eine zunehmend geringere Rolle. Vielmehr „pickt" sich die Fasanenhenne das Männchen ihrer Wahl anhand imitierter Futterkörner heraus.

Ist die hier dargestellte Hypothese richtig, dass es sich bei den so genannten Augenflecken der Pfaufasane um Körnerimitationen handelt, die als Futtersignal in der Balz

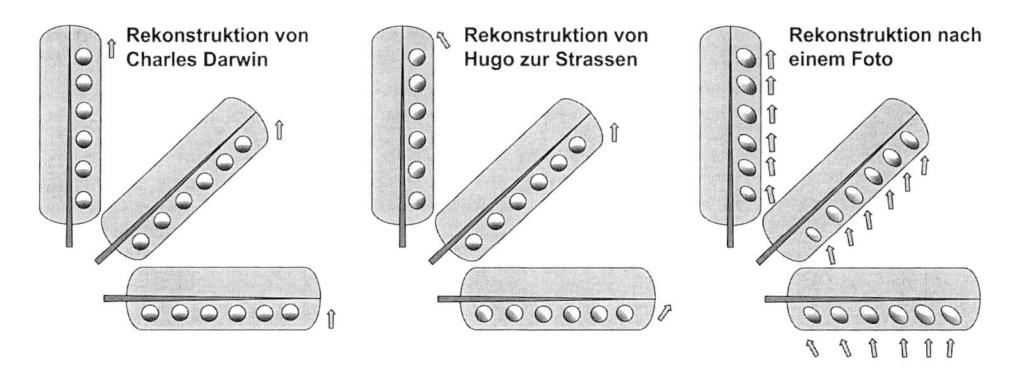

Abb. 78: Gegenüberstellung der Hypothesen zur Position der Glanzflecke im Gefieder des Argusfasanenhahnes von Charles Darwin (links), Hugo zur Strassen (Mitte) und tatsächliche Form der Körnerimitationen und Position der Glanzflecke nach dem Foto eines balzenden Argusfasanenhahnes aus Raethel (1988) (rechts). Pfeile markieren die Lage des Glanzlichtes.

entwickelt wurden, ergeben sich anschließende, meines Wissen bislang unbearbeitete Fragestellungen. Zum Beispiel geht keiner der genannten Autoren auf die Hauben auf dem Kopf vieler Fasanen wie dem Blauen Pfau oder dem Glanzfasan (s. Abb. 77) ein, die aus wenigen einzelnen Federn mit kugeligen Spitzen bestehen und sich ebenfalls hervorragend als Körnerimitationen im futterorientierten Balzverhalten verstehen lassen. Naheliegend ist auch die Vermutung, dass bei anderen Vogelarten mit anderen Nahrungspräferenzen ähnliche evolutive Prozesse abgelaufen sein könnten. Verblüffend sind die im folgenden Kapitel besprochenen Hypothesen, die erklären sollen, wie eine Futterkornfälschung auf dem Gefieder ein ehrlicher Anzeiger des Ernährungszustandes seines Trägers sein kann.

Ehrliche Signale: gefälscht!

Die Frage, warum plastisch wirkende Kugelflecke im Gefieder des Argusfasan- und des Spiegelpfauhahnes auf die Hennen attraktiv wirken, beantwortete zur Strassen im Jahre 1935 verblüffend einfach: „Ich halte meinerseits für gewiß, daß die verlangten Fähigkeiten der *Argus-* und *Polyplectron*-Henne, die von dem Hahn gezeigten Kugelbilder auf ihre plastische Wirkung zu prüfen ... überhaupt nicht oder nur zum kleinsten Teil neu angeschafft zu werden brauchten. Sie waren in allem wesentlichen schon vorher da ... (und) ... zwar ... als ganz spezielle Empfänglichkeit, für Bilder kleiner runder Gegenstände, ... als nüchterne Reizbarkeit für das natürliche Vorbild, das rundliche Gebilde selbst. Dieser Reizbarkeit bedurften die Tiere als Körnerfresser beim Nahrungserwerb." An anderer Stelle formuliert zur Strassen die Problematik noch prägnanter als rhetorische Frage: „Wer weiß, an welche oft gesehene Lieblingsspeise die Hennen sich dabei erinnern?" Kürzer kann das Wirkungsprinzip dieser Körnerimitationen nicht geschildert werden.

Mit seinen Untersuchungen weist Dawkins (1968) experimentell nach, dass Hühnerküken auf plastisch wirkende Kugelflecken stärker reagieren als auf flache Scheiben. Junge ungefütterte Küken picken häufiger nach der Fotografie einer einseitig beleuchteten dreidimensionalen Halbkugel als nach der Fotografie einer Scheibe, vorausgesetzt, dass die Fotografie der Halbkugel richtig, d. h. mit der hellen Seite nach oben, orientiert ist. Hühnerküken haben demnach die angeborene Fähigkeit, Oberflächenschattierungen als visuelle Reizparameter beim Erkennen dreidimensionaler Objekte zu nutzen (Abb. 79). Das ist genau diejenige Fähigkeit, die Charles Darwin und zur Strassen als Ansatz für ihre Interpretation der „Glanzlichter" als plastisch wirkende Kugelflecke forderten.

Dass evolutiv neue Signale häufig aus mimetischen Vorbildern entstehen, zeigte Wickler (1965). Die konvergent entwickelten Kugelflecken, deren plastische Wirkung beim Argusfasan allein durch die Pigmentverteilung und beim Spiegelpfau vornehmlich durch die Vorwölbung der Feder und Stellung der Federästchen und ihrer Struktur erzeugt wird, lassen nach Osche (1983) den Schluss zu, dass bei den beteiligten Arten ein gleichartiger Selektionsdruck wirksam war, wie wir ihn in der dargestellten angeborenen Präferenz für plastisch wirkende Kugelflecken und der Übernahme von Verhaltenselementen aus dem Fütterverhalten in der Balz kennen gelernt haben. Diese Eigenschaften muss bereits der gemeinsame Vorfahre der beiden Arten gehabt und an seine Nachkommen weitergegeben haben. Die *Polyplectron*-Arten führen uns diese Evolution gewissermaßen vor, wenn wir die Schwanzfedern und Oberschwanzdeckfedern betrachten (s. Abb. 74). Aus einem wenig begrenzten Spitzenbereich der Federn mit schillernden Strukturfarben, wird zunächst ein diffus abgegrenzter Bereich mit Schillerfarben, bevor klar strukturierte und abgegrenzte Glanzflecke als auffällige Körnerimitationen entstehen. Möglicherweise haben aber auch Spezialisierungen in der Nahrungswahl zur unterschiedlichen farblichen Gestaltung der Ocellen beigetragen. Während Argusfasane Körnerfresser sind und gerne große Samen von Leguminosen verzehren (Davison 1981), sind Pfaufasane eher Fruchtfresser (Raethel 1988); die braune, bzw. grünblaue Grundfarbe der Ocellen passt zu der dargestellten Nahrungsspezialisierung.

Es ist nicht erstaunlich, dass vergleichbare Evolutionsvorgänge auch in anderen Vogelfamilien stattgefunden haben. Bei verschiedenen Vogelarten treten aus dem Fütterverhalten übernommene Verhaltenselemente in der Balz auf. Bei manchen Arten übergibt das Männchen wirklich Futter an das Weibchen, bei anderen Arten wird nur „geschnäbelt." Osche (1983) nennt als weitere Beispiele Fruchttauben (Treronidae) und den Königsgeier (*Sarcoramphus papa*). Viele Arten der Fruchttauben tragen farbige Auswüchse am Schnabelansatz. Bereits Heinroth (1902) stellt einen Zusammenhang mit den als Nahrung dienenden Früchten her: „Wundervoll macht sich der rote Höcker an der Wurzel des Oberschnabels am frischen Vogel, er gleicht wie bei *Ptilopus insolitus* täuschend einer Beere, nur ist er bei der *Carpophaga* weich … bei *Ptinopus* dagegen hart und durch eine Auftreibung des Knochens verursacht. Beim Öffnen des Magens findet man bei beiden Arten sehr häufig Früchte von derselben Farbe und Größe, und mir hat sich sofort der Gedanke aufgedrängt: die Vögel tragen ihre Lieblingsnahrung als decoratives Moment auf der Nase. … So ein Pärchen … *P. insolitus* ist sich also wirklich gegenseitig ‚zum Anbeissen' oder nach ihren Gebräuchen ‚zum Abpflücken'." Da bei Fruchttaubenmännchen Scheinfüttern während der Balz beschrieben ist, liegt es nahe, in den Schnabelauswüchsen Signalkopien ihrer Nahrungsfrüchte zu sehen.

Eindrucksvoll ist auch Köpckes (1974) Beschreibung eines männlichen Königsgeiers, der mit der Geschlechtsreife an Schnabel, Kopf und Hals fleischige Bildungen entwickelt, die „… in Farbe und Form sehr an die Innereien der Leiche eines geöffneten Wirbeltieres erinnern. Erstaunlich sind besonders die luftröhrenartige Bildung auf dem Hinterhals, die darmähnlichen Halsseiten und die Fettgewebe imitierenden Anhänge an der Wachshaut." Der geöffnete Kadaver eines Wirbeltieres als spezifische Nahrung diente hier zweifelsohne als Vorbild für die Entwicklung körpereigener Auslöser (Osche 1983). Liebe geht eben doch nicht nur durch den Magen, sondern auch über die Augen.

In der aktuellen Diskussion um sexuelle Selektion und Paarungspartnerwahl ist das Phänomen der Signalentstehung aus mimetischen Vorbildern neu aufgegriffen worden und

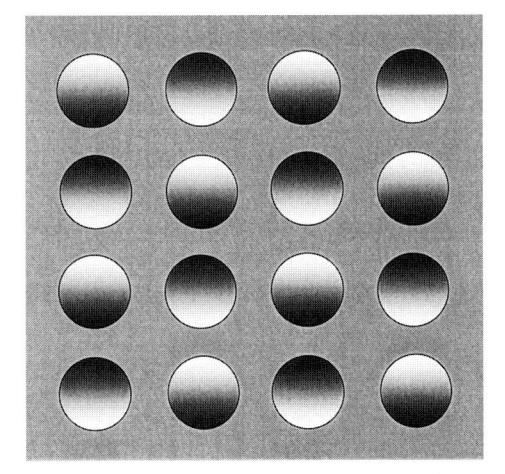

Abb. 79: Erzeugung einer plastischen Wirkung durch Glanzlicht und Schattierung, die hier einfach durch einen kontinuierlichen Helligkeitsverlauf erzeugt wurden. Nur diejenigen Kreise erscheinen als halbplastische Vorwölbung, deren hellere Seite dem oberen Rand der Buchseite zuzeigt. Drehen Sie das Buch auf den Kopf, so erscheinen die anderen Kreise halbplastisch vorgewölbt. (Um es deutlich zu erkennen, blinzeln Sie evtl. etwas mit den Augen.)

von Christy (1995) als „sensorische Ausnutzung" (sensory exploitation) beschrieben worden. Wenn dabei die Signale aus einem anderen Kontext stammen, wie es bei den Futterkörnerimitationen im Balzgefieder von Fasanen der Fall ist, spricht Christy von einer „sensorischen Falle" (sensory trap). Durch Futtersignale werden Weibchen in Balzstimmung wie in eine Falle gelockt, da Futtervermittlung in der Balz von Hühnervögeln stets eine Rolle gespielt hat und Weibchen in Balzstimmung mit niedriger Schwelle auf Futtersignale reagieren.

Warum ist der Pfau so stolz?

Der Pfauhahn mit seinen überlangen Oberschwanzdeckfedern, die er in der Balz als Rad vor der Pfauhenne schlägt, ist so etwas wie ein Symboltier der sexuellen Selektion. Unter sexueller Selektion verstehen wir unterschiedlichen Fortpflanzungserfolg aufgrund von Partnerwahl. Charles Darwin schrieb in seinem Beitrag über die geschlechtliche Zuchtwahl bei Vögeln über den „Augenfleck" der Schwanzdeckfedern des Pfaues (Abb. 80), dass er „sicherlich eines der schönsten Objekte der Welt ist." Ein Pfauhahn, der in einem Fuß einen Spiegel hält, in dem er sich eitel selbst betrachtet, ziert die Titelseite eines Buches des Wissenschaftsautors Matt Ridley, der 1993 die Geschichte der Erforschung der sexuellen Selektion unter dem Titel ›The Red Queen. Sex and Evolution of Human Nature‹ zusammenfasste.

Bemerkenswert dabei ist, dass die Signalwirkung des Pfauenrades (Abb. 80) keineswegs völlig aufgeklärt ist. Natürlich ist die Partnerwahl bei Arten mit extrem sexualdimorphen und spektakulär gestalteten Balzsignalen wie dem Pfau besonders beeindruckend. Bei solchen Arten sind meist die Weibchen das wählende Geschlecht, während den Männchen die Werbung um die Weibchen bei der Partnerwahl zukommt. Mehrere, einander nicht unbedingt ausschließende Theorien zur sexuellen Selektion versuchen die ultimate Frage nach dem „Warum" der Entstehung solcher auffälligen Signale bei der Partnerwahl zu beantworten (Andersson 1994).

Die von Fisher 1930 formulierte Selbstläuferhypothese nimmt an, dass eine zufällig durch Mutation entstandene Präferenz der Weibchen, z. B. für längere Schwänze der Männchen bei genetischer Kopplung der Gene für die Weibchenpräferenz und der Gene für die Schwanzlänge der Männchen einen so genannten Selbstläuferprozess startet. Bei Nachkommen von Paaren, bei denen das Weibchen eine Präferenz für längere Schwänze und das Männchen einen längeren Schwanz besitzt, werden Töchter längere Schwänze der Männchen vorziehen und Söhne solch begehrte lange Schwanzfedern haben. Computersimulationen zeigten schlüssig, dass durch das Zusammenwirken der beiden genetisch gekoppelten Komponenten die Entwicklung von Weibchen mit einer Vorliebe für immer längere Schwanzfedern ihrer Partner und zur Entstehung von Männchen mit immer längerem Schwanzgefieder sich aufschaukeln und dass diese Entwicklung erst durch extreme Nachteile für Männchen mit solchen Merkmalen gestoppt wird. Ein Blick auf die in Frage kommenden Fälle spricht gegen die Selbstläuferhypothese. Da es sich nach dieser Theorie um zufällig entstandene Vorlieben handelt, sollten ebenso häufig Präferenzen für größere wie für kleinere Merkmale, in unserem Fall für längere wie für kürzere Schwanzfedern, entstehen. Für den letzteren Fall finden sich jedoch nur sehr wenige Beispiele; ein Hinweis, dass das Wirken anderer Prozesse wahrscheinlicher ist.

Nach einer von Zahavi im Jahre 1975 publizierten Hypothese könnten gerade die mit einem auffälligen Balzmerkmal verbundenen Nachteile zum entscheidenden Indikator für

Warum ist der Pfau so stolz?

Abb. 80: Balzender Pfauhahn stellt ein Rad aus Oberschwanzdeckfedern. Jeder einzelne Augenfleck ähnelt in seinem Farbmuster dem radschlagenden Pfau.

die Weibchenwahl werden. Hintergrund dieser Überlegung ist die Tatsache, dass ein auffälliges Merkmal wie der Pfauenschwanz für seinen Träger auch ein Handikap darstellt. Pfauhähne sind sicher durch die auffällige Färbung und Größe ihrer Schwänze für Räuber leichter zu entdecken und bei der Flucht vor Raubfeinden behindert. Daher vermutete Zahavi, dass das Tragen eines großen Handikaps kompensiert werden müsste durch den Besitz von guten Genen, die dem Pfauhahn trotz seines Handikaps ein Überleben ermöglichen. Nach der Handikaphypothese sollten Pfauhähne mit besonders großen Schwanzdeckfedern demnach Träger besonders guter Gene sein, die die durch das Handikap entstehenden Nachteile ausgleichen. Weibchen, die sich mit solchen Männchen paaren, haben mit höherer Wahrscheinlichkeit Nachkommen, die ebenfalls Träger dieser günstigen Eigenschaften sind.

Neuere Überlegungen gehen davon aus, dass es sich bei sexualdimorphen auffälligen Balzsignalen der Männchen um Indikatoren handelt, deren Ausprägung eng mit bestimmten anderen Faktoren, beispielsweise dem Parasitenstatus, korreliert ist (Hamilton und Zuk 1982). Parasitenbefall kann sich direkt oder indirekt auf das Gefieder auswirken. Gefiederparasiten wie die Federlinge (Mallophaga) zerstören die Federn durch Benagen. Schwächung und Nahrungsentzug durch Blut saugende Ektoparasiten wie den Lausfliegen (Hippoboscidae) oder Darmparasiten schwächen ein Tier derart, dass es mehr Zeit für die Nahrungsaufnahme aufwenden muss und weniger Zeit für die Gefiederpflege aufwenden kann. Für viele Vogelarten konnte tatsächlich nachgewiesen werden, dass nur parasitenfreie Individuen lange und glänzende Schmuckfedern ausbilden, sei es, weil Gefiederparasiten direkt das Gefieder schädigen, weil sie mehr Energie in die Gefiederbildung investieren können oder weil sie mehr Zeit für die Gefiederpflege aufwenden können. Solche kostenintensiven Signale zeigen also sehr sensibel den Stand eines evolutiven Wettrennens zwischen einem oder mehreren Parasiten, die immer neue Anpassungen erwerben, um ihre Wirte besser zu nutzen und dem Wirt, der immer neue Anpassungen entwickelt, um sich seiner Parasiten zu entledigen. Entscheidend ist, dass das Weibchen anhand der Gefiedereigenschaften einen Partner wählen kann, der mit hoher Wahrscheinlichkeit Eigenschaften an seine Nachkommen vererbt, die zu einer reduzierten Parasitenbelastung führen.

Es könnte auch von Bedeutung sein, dass der Pfau zu den so genannten Arenabalzvögeln zählt, bei denen mehrere Männchen Plätze in einer größeren Balzarena einnehmen und die Weibchen vergleichend unter den Männchen wählen können. Einen extrem unterschiedlichen Paarungserfolg wie bei Arenabalzvögeln üblich, konnten auch Marion Petrie und Mitarbeiter 1991 bei einer großen Pfauenpopulation im Wipsnade Park in Bedfordshire in Großbritannien nachweisen. In einer 10 Männchen umfassenden Balzarena war ein einzelnes Männchen an 12 von 33 beobachteten Paarungen beteiligt, während zwei andere Hähne jeweils sieben und sieben Hähne keine, eine oder maximal zwei Paarungen hatten. Wichtigstes Kriterium bei der Weibchenwahl war die Anzahl der Augenflecken auf dem Schwanzgefieder der Hähne. Das Prachtgefieder der Männchen und seine Zurschaustellung dient als Indikator für Eigenschaften, die mit der Fitness korrelieren. Die intensiven Kosten für Gefiederentwicklung und -präsentation steigern die Verlässlichkeit dieses Signals.

Diese Hypothesen können zwar erklären, warum bestimmte Signale bei der Partnerwahl als Indikation der Qualität des Partners geeignet sind, sie können jedoch nicht erklären, warum gerade diese und nicht andere Signale von den wählenden Partnern als attraktiv empfunden werden. Einige Beispiele sollen die Hintergründe bei der Signalevolution aufzeigen. Nach einer Untersuchung von Manning und Hartley (1991) in Nordengland spielen möglicherweise auch die Symmetrieeigenschaften des balzenden Pfauhahnes bei der Partnerwahl der Weibchen eine Rolle. Die beiden Liverpooler Forscher konnten anhand von Fotografien balzender Pfauhähne nachweisen, dass die Anzahl der Ocellen positiv mit der symmetrischen Verteilung der Ocellen auf die beiden Seiten des Pfauenrades korreliert war: Männchen mit vielen Augenflecken im Schwanzgefieder schlugen ein Rad, bei dem die nahezu 200 Ocellen sich völlig gleichmäßig auf die beiden Körperseiten verteilten. Männchen mit wenig Ocellen schlugen dagegen ein Rad, bei dem eine Körperseite signifikant mehr Ocellen besaß als die andere bis hin zu einer Ungleichverteilung von 50 zu 67 Augenflecken. Die flukturierende Asymmetrie, gemeint sind kleine Abweichungen in der normalerweise symmetrischen Ausbildung von Organen, gilt als guter Indikator für Stress während der Individualentwicklung. Solcher Stress führt zur asymmetrischen Entwicklung dieser Organe. Das gilt nicht nur für das Schwanzgefieder des Pfaus, sondern ebenso für die Flügellänge mancher Insekten oder Merkmale im Gesicht des Menschen. Eine symmetrische Ausbildung des Pfauenrades könnte also den Weibchen als Indikator für eine genetische Anlage dienen, die eine stressarme Jugendentwicklung und Mauser ermöglicht.

Möglicherweise sind bei vielen Arten die Weibchen auch irgendwann einmal in eine sensorische Falle gelaufen. Kernpunkt einer solchen sensorischen Falle sind ja Signale, die ursprünglich in einem ganz anderen Verhaltenskontext für das Weibchen interessant waren (vergleiche S. 152). Wie wir bei den Fasanen kennen gelernt haben, reagieren körnerfressende Vögel naturgemäß auf runde, kugelige Gebilde, die Körner darstellen oder Signalinformationen von Futterkörnern enthalten. Erscheinen jetzt im Gefieder von unauffälligen Männchen durch Mutation Merkmale, die Signalkomponenten von Futterkörnern enthalten, so sind diese Männchen unter Umständen für die Weibchen attraktiver, zumal wenn echte Futterkörner in der Balz bereits eine Rolle spielten.

Wenden wir uns jetzt noch einmal den Augenflecken an den Spitzen der Schwanzfedern des Pfaues zu. Die nahe Verwandtschaft des Pfaus mit den Pfaufasanen und die ihnen gemeinsame Ausprägung von Augenflecken auf den Oberschwanzdecken legt die Vermutung nahe, dass bereits ihr gemeinsamer Vorfahre Augenflecken auf den Oberschwanzdecken entwickelt hatte. Doch die Augenflecken des Pfaus sind ganz besonders gestaltet. Durch die besondere Größe und Färbung dieser Farbmuster auf den Schwanzfedern ist es unwahrscheinlich, dass es sich um Signale handelt, die Körner oder die Augen des Pfaues selbst imitieren. Eine alternative Hypothese bieten James L. Gould und Carol Grant Gould in ihrem 1990 erschienenen Buch ›Partnerwahl im Tierreich. Sexualität als Evolutionsfaktor‹ an. Nach ihrer Meinung könnte jedes Auge eines Pfauenrades jeweils einen Pfauhahn imitieren. Das Weibchen, dem ein Pfauhahn sein Rad imponierend präsentiert, kann nun scheinbar ein Männchen unter vielen auswählen. Da in der Arenabalzsituation die Anzahl der konkurrierenden Hähne durchaus in die Wahlentscheidung des Weibchens einfließen könnte, erscheint die Imitation zusätzlicher Konkurrenten ein plausibler Ansatz für eine derartige sensorische Falle. Auch die Beobachtung, dass nah verwandte Pfauhähne sich nah zusammenstehend den Weibchen der Balzarena präsentieren, zeigt die Bedeutung einer scheinbaren Konkurrenzsituation bei der Partnerwahl der Weibchen.

Ein Bild aus Lewis Carrolls Buch ›Alice hinter den Spiegeln‹ (1871) kann den Beitrag der sexuellen Selektion im Wettlauf der Arten gegen die ständig wechselnden Herausforderungen durch sich ändernde Umweltbedingungen verständlich machen. Alice wundert sich nach einem atemlosen Lauf an der Hand der Roten Königin darüber, dass die Bäume und die Dinge um sie herum ihren Platz überhaupt nicht ändern und sie gar nicht vorankommt. „In *unserem* Land", sagt Alice, „kommt man meist irgendwo anders hin, wenn man eine Zeit lang sehr schnell gelaufen ist, so wie wir." „Ein langsames Land!" sagte die Rote Königin. „Siehst du, *hier* muss man so schnell laufen wie *du* kannst, um an Ort und Stelle zu bleiben. Willst du woanders hin, musst du mindestens doppelt so schnell laufen!" Die „Rote-Königin-Hypothese" kann die Geschwindigkeit des evolutiven Wettlaufes erklären: In einer sich verändernden Umwelt entwickeln Arten immer neue Anpassungen, um mit den neuen Umweltbedingungen klarzukommen. Individuen, die ausschließlich auf ungeschlechtliche Fortpflanzung setzen, werden durch den evolutiven Stillstand langfristig keinen Fortpflanzungserfolg haben. Selbst bei sexueller Fortpflanzung sorgt die natürliche Auslese nur für ein Schritthalten mit der sich ändernden Umwelt über den höheren Fortpflanzungserfolg der besser angepassten Individuen. Durch sexuelle Selektion kann gegenüber anderen Individuen ein Fitnessvorsprung erzielt werden, wenn durch Partnerauswahl Nachkommen entstehen, die günstige Eigenschaften beider Eltern kombinieren.

Schleiertanz

An Sommertagen fällt oft helles Licht zwischen den Baumkronen eines Waldes auf den Boden. Nur in den dünnen Korridoren der ungefiltert durch das Blätterdach dringenden Lichtstrahlenbündel sieht der Waldspaziergänger Spinnenfäden glitzern und kleine Fluginsekten huschen. Manchmal sieht er beides gleichzeitig in Form von Tausenden von weißen Lichtblitzen, die von Tanzfliegen (Empididae) erzeugt werden (Abb. 81, 82). Diese nur wenige Millimeter großen Fliegen tragen ein zwischen ihren Vorderbeinen aufgespanntes dichtes, selbst gesponnenes Fadennetz, das in der Sonne stark reflektiert. Was bringt diese Tanzfliegen aus der Gattung *Hilara* dazu, diese Schleiertänze im Sonnenschein aufzuführen? Die Antwort liegt in der Evolution dieses Verhaltens, das durch den Vergleich mit dem Verhalten anderer rezenter Arten erschlossen werden kann. Cumming (1994) publizierte einen Artikel über die Evolution von Tanzfliegenpaarungssystemen, in der er ursprüngliches und abgeleitetes Verhalten erklärt.

Wie ihre nächsten Verwandten, die Langbeinfliegen (Dolichopodidae), waren die Tanzfliegen ursprünglich räuberische Fliegen, die kleine Insekten und andere Tiere fingen und verzehrten. In einer Teilgruppe der Empididae, der Unterfamilie Empidinae, entwickelte sich ein auffälliges Paarungsverhalten. Die Männchen bilden über bestimmten Landmarken Schwärme. Die Männchen tragen im Fluge deutlich sichtbar an den Beinen hängende Hochzeitsgeschenke in Form gefangener Insekten. Die Weibchen

Abb. 81: Aufnahme eines Schwarmes von Tanzfliegenmännchen der Art *Hilara sartor* in einem Sonnenflecken. Jedes Männchen hält ein mit den Vorderbeinen selbstgesponnenes, drei mal fünf Millimeter großes Netz. Während der Belichtungszeit von $1/30$ Sekunde werden die Tanzbewegungen festgehalten.

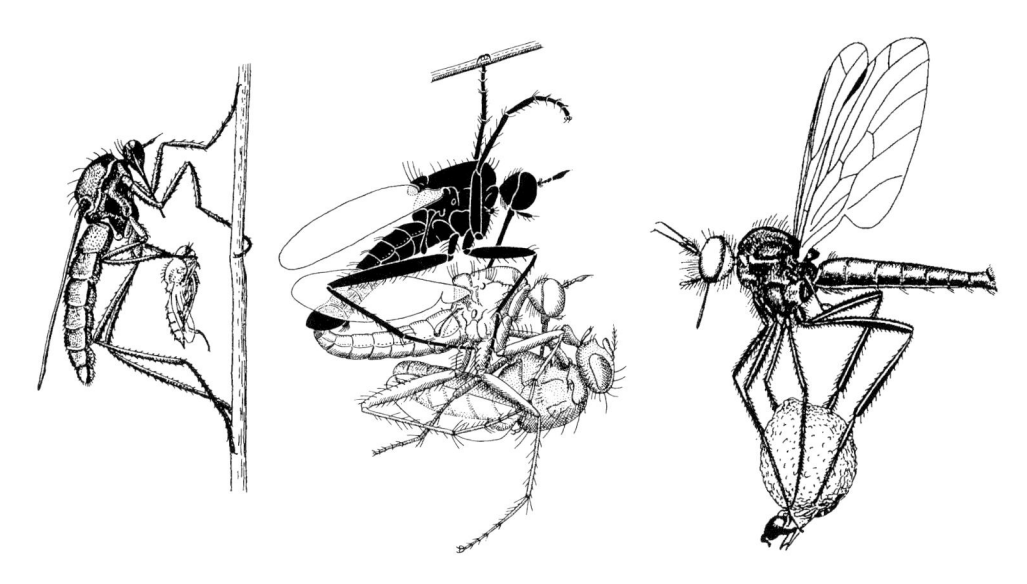

Abb. 82: Balz und Paarung bei Tanzfliegen. Von links: *Empis*-Männchen mit Beute; Kopula von *Empis opaca* mit dem Männchen (oben, dunkel), dem Weibchen und einer Fliege als Hochzeitsgabe; fliegendes *Empimorpha geneatis*-Männchen mit selbstgesponnenem Ballon als Hochzeitsgeschenk. (Verändert nach Jacobs u. Renner 1988)

suchen solche Schwärme auf, um sich mit einem Männchen zu paaren. Sie ziehen bei der Auswahl des Bräutigams nicht nur Körpermerkmale der Männchen, sondern auch die Größe des Brautgeschenkes in Betracht. Gelegentlich findet man dann ein Drei-Fliegen-System, bestehend aus einem Tanzfliegenmännchen, dass sich mit einem Mittelbein in der Vegetation und mit den anderen Beinen seine Kopulationspartnerin festhält, dem Tanzfliegenweibchen, das ihrerseits das Hochzeitsgeschenk festhält, und dem Hochzeitsgeschenk, das eine vom Männchen gefangene Fliege ist (Abb. 82). Bei *Empis opaca* werden gelegentlich betrügerische Männchen beobachtet, die etwa einen haarigen Flugsamen statt eines Beutetieres anbieten: Hochzeitsgeschenkmimikry. Sobald die Weibchen den Bluff bemerken, beenden sie die Kopulation.

Die risikoreiche Jagd zur eigenen Ernährung haben die Weibchen bei einigen Arten ganz aufgegeben. Sie ernähren sich ausschließlich von Brautgeschenken, indem sie sich oft mehrfach hintereinander paaren – jedes Mal gegen Übergabe und Verzehr eines Brautgeschenkes. Dadurch ändert sich das Verhalten bei der Partnerwahl. Bei den meisten Tieren sind die Weibchen wählerisch bei der Partnersuche, um einen geeigneten Vater zur Befruchtung ihrer wenigen, mit hohem Energieaufwand produzierten nährstoffreichen Eier zu finden. Wegen der vergleichsweise sehr geringen Produktionskosten von Spermien ist es für Männchen eine günstigere Strategie, sich wahllos möglichst oft zu paaren, um den Fortpflanzungserfolg zu verbessern. Wenn die Männchen einen überwiegenden Teil der Produktionskosten für die Eier übernehmen, indem sie Beutetiere fangen und den Weibchen als Brautgeschenk übergeben, werden sie wählerisch. Da das Geschlecht mit der größeren elterlichen Investition in die Nachkommen wählerisch sein darf, findet quasi ein Geschlechterrollentausch statt, der auch im Verhalten sichtbar wird. Weibchen sind mit sekundären Geschlechtsmerkmalen ausgestattet, bilden Schwärme und werben um

Männchen. Männchen dagegen, die mit gefangenen Beutetieren einen Schwarm aufsuchen, sind nun wählerisch bei der Brautschau und paaren sich bevorzugt mit dicken Weibchen im Tausch gegen das Hochzeitsgeschenk. Ein dicker Hinterleib ist für die Männchen der beste Indikator für eine hohe Eilegebereitschaft und bietet daher mit hoher Wahrscheinlichkeit die Chance zur Vaterschaft.

Die Weibchen dieser Arten mit Geschlechterrollentausch sehen durch den Besitz der sekundären Geschlechtsmerkmale aus wie sonst nur Männchen: *Rhamphomyia marginata*-Weibchen besitzen vergrößerte, optisch markierte Flügel, die bei der Partnerwerbung eingesetzt werden. Bei *Rhamphomyia longicauda* in Kanada tragen nur die Weibchen stark behaarte Beine und einen durch seitliche Aussackungen aufgeblähten Hinterleib. Sie pusten sich regelrecht auf, indem sie Luft in den Darm schlucken, bis das Abdomen massiv aufquillt und luftgefüllte Darmdivertikel zwischen den Hinterleibsringen seitlich austreten. Zudem halten sie im Flug die stark behaarten Beine seitlich vom Abdomen, so dass ihre Silhouette insgesamt noch mehr vergrößert erscheint (Abb. 83). Die Männchen fliegen von unten an, können somit nach der Silhouette ihre Wahlentscheidung treffen und bevorzugen eindeutig größere Weibchen auch in Versuchen mit Weibchenattrappen. Da die Abdomengröße einen Indikator für Anzahl und Reifegrad der Eier darstellt, halten es Funk und Tallamy (2000) für möglich, dass *Rhamphomyia longicauda*-Weibchen durch den vergrößerten Hinterleib eine hohe Eilegebereitschaft vortäuschen.

Die Weibchen der Arten aus der Gattung *Hilara* haben die Rolle als aktiv wählendes Geschlecht nicht aufgegeben. Sie sind autogen geworden, nehmen keine Proteinnahrung als Imagines auf und produzieren die Eier ausschließlich aus Reservestoffen, die schon in der Larvalzeit angelegt wurden. *Hilara*-Weibchen bestehen jedoch weiterhin auf Brautgeschenken. Bei einigen *Hilara*-Arten fangen die Männchen Beutetiere, behalten das Brautgeschenk nach der Kopulation jedoch für weitere Paarungen. Bei anderen Arten fangen die Männchen ein kleines Beutetier mit einem selbstgesponnenen Netz und bieten es dem Weibchen als Brautgeschenk in dem als Kokon dienenden Netz an. Wieder andere Arten werben mit dem leeren Gespinst – zum Beispiel die Fliegen mit dem Schleierchen *Hilara sartor*.

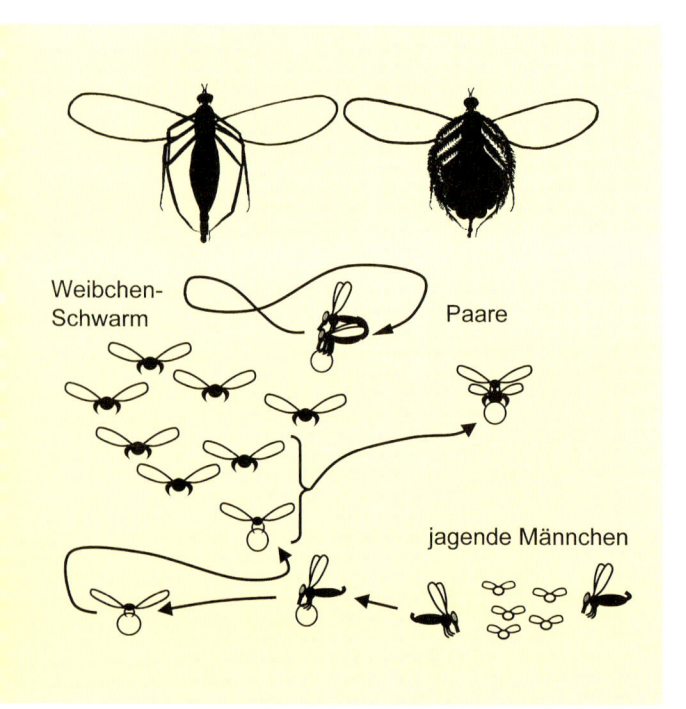

Abb. 83: Phasen des Paarungsverhaltens von *Rhamphomyia longicauda*: Männchen jagen nach Beutetieren; Männchen mit Beute suchen einen Weibchenschwarm auf; Übergabe der Beute als Hochzeitsgeschenk; Paarung, während das Weibchen das Hochzeitsgeschenk verspeist. Oben: Silhouette eines Weibchens von *Rhamphomyia longicauda* mit aufgeblasenem Hinterleib und beborsteten Beinen aus der Perspektive eines von unten anfliegenden Männchens (rechts) sowie Rekonstruktion eines Weibchens ohne diese sexualdimorphen Signale (links). (Verändert nach Funk und Tallamy 2000)

Die Signalfunktion leerer Verpackungen untersuchten Jennifer Sadowski und Mitarbeiter (1999) an der Tanzfliege *Empis snoddyi*, die statt eines Schleiers einen Ballon aus Hunderten von Seidenkügelchen bildet. Die Annahme, dass die Ballons als Indikator der Kondition der Männchen, die sie tragen, fungieren, konnte nicht bestätigt werden. Der Ausgang von Luftkämpfen zwischen zwei Männchen war nicht abhängig von der Ballongröße. Den größten Erfolg bei den Weibchen besaßen überraschenderweise große Männchen mit mittelgroßen Ballons. Bei der Anlockung von Weibchen aus einiger Entfernung sind große Ballons offenbar günstig, da sie ein gut detektierbares Signal bieten. Für den Zugriff auf das Weibchen in einem viele Männchen umfassenden Schwarm sind kleinere Ballons offenbar günstiger, weil sie ihrem Träger eine größere Manövrierfähigkeit im Flug erlauben.

Gefälschte Signale im Wettstreit

Das Johanniswürmchen ist uns als mitteleuropäischer Leuchtkäfer bekannt. An späten Sommerabenden fliegen die Männchen gleichmäßig leuchtend über die Vegetation. Sie sind auf der Suche nach Weibchen. Die flügellosen Weibchen sitzen auf dem Boden und leuchten ebenfalls. In Mitteleuropa kommen im Wesentlichen zwei Arten vor, das Kleine Johanniswürmchen (*Lamprohiza splendidula*) und das Große Johanneswürmchen (*Lampyris noctiluca*), die zu der weltweit ca. 2000 Arten umfassenden Familie der Leuchtkäfer (Lampyridae) zählen. Bei beiden Arten leuchten die flügellosen Weibchen als „Glühwürmchen" am Boden, während nur die Männchen des Kleinen Johanniswürmchens auch im Flug leuchten. Die Leuchtfläche auf der Unterseite des Hinterleibs, den die Weibchen werbend über den Rücken biegen, unterscheidet sich bei den beiden Arten. Die Männchen fliegen zielgenau ihr artspezifisches Muster an und die Paarung kann beginnen. Eine Verwechslung bei beiden zeitgleich am selben Ort aktiven Arten findet so gut wie nie statt.

In Nordamerika, wo sehr viele Leuchtkäferarten in einem Habitat vorkommen können, ist die Verwechslungsgefahr der Arten größer. Daher ist die Kommunikation der Geschlechter schwieriger. Die Männchen der verschiedenen Arten senden entweder Einzellichtblitze in bestimmtem Abstand, Serien von einigen Einzelblitzen oder flackernde Lichtblitze mit bis zu 30 Helligkeitsspitzen aus. Auch die Dauer der Lichtblitze variiert zwischen 40 Millisekunden und fünf Sekunden. In der Regel antworten die Weibchen dann, wenn sie ein arteigenes Männchen erkannt haben. Die Weibchen antworten mit einem einzelnen Lichtblitz auf das Männchensignal. Bei jeder Art blitzen die Weibchen allerdings erst nach einer arttypischen Pause. Durch die Kombination vom Leuchtsignalmuster der Männchen und der verzögerten Blitz-Antwort der Weibchen entsteht ein artspezifischer Code aus Leuchtsignalen.

James Lloyd (1981) hat über Jahre Leuchtkäfer beobachtet. Seine Bilanz für die Art *Photinus collustrans* ist aufschlussreich. Nur für 20 Minuten nach Sonnenuntergang ist Brautschau; vorher ist es zu hell für die Leuchtreklame, nachher ist eine verwandte Art aktiv. Ein Weibchen muss durchschnittlich nur sechs Minuten, inklusive einer Paarungsdauer von 1,5 Minuten, warten, bis es am Ziel seiner Wünsche ist. Ein Männchen muss dagegen durchschnittlich mehr als sieben Abende suchen, bis es ein passendes Weibchen findet. Das entspricht sieben Kilometer Flug oder 42 300 Lichtblitzen. Die Männchen gehen dabei ein großes Risiko ein, gefressen zu werden.

Die besonderen Gefahren bei der Brautschau sind bei der Art *Photinus macdermotti* besonders gut untersucht (Abb. 84). Die Männchen senden regelmäßig ihr Signal, einen Doppelblitz mit zwei Sekunden Abstand zwischen den Einzelblitzen, aus. Auf ihre Licht-

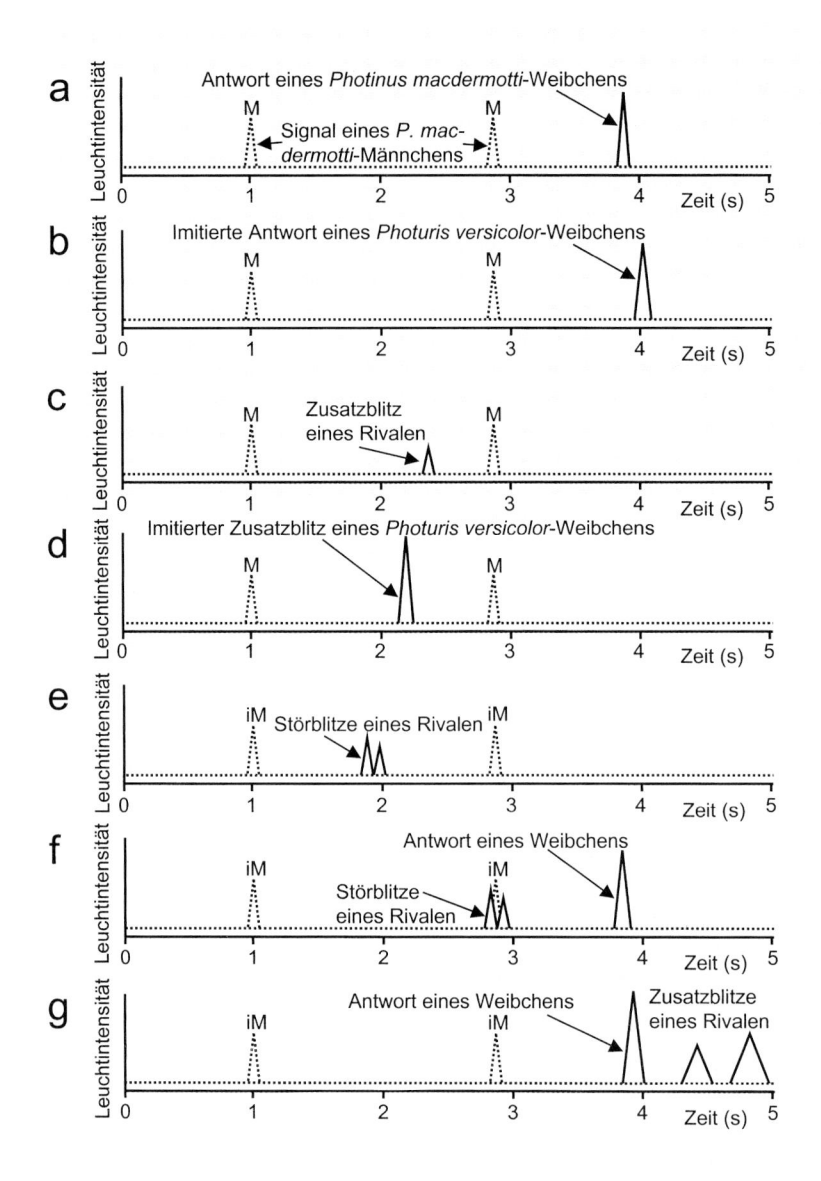

Abb. 84: Verräterische Leuchtspuren zweier Leuchtkäferarten, die mit einer empfindlichen Photozelle registriert wurden (nach Lloyd 1981): Alle Leuchtspuren zeigen das aus zwei Lichtblitzen bestehende Locksignal eines *Photinus macdermotti*-Männchens (mit M markiert; a–d) oder das vom Versuchsleiter mit einer Taschenlampe imitierte Locksignal (mit iM markiert; e–g) sowie eine Reaktion auf diese Signale: a) die normale Antwort eines arteigenen Weibchens im artspezifischen Zeitabstand; b) die imitierte Antwort eines räuberischen *Photuris versicolor*-Weibchens; c) der Zusatzblitz eines rivalisierenden *P. macdermotti*-Männchens; d) der von einem *Photuris versicolor*-Weibchen imitierte Zusatzblitz eines männlichen Rivalen; e) die Störblitze eines rivalisierenden *Photinus macdermotti*-Männchens zwischen den vom Versuchsleiter mit einer Taschenlampe generierten Lichtblitzen; f) die Störblitze eines Rivalen synchron mit dem zweiten künstlichen Lichtblitz sowie die nachfolgende Antwort eines Weibchens; g) zwei lang dauernde Störblitze nach der Antwort des Weibchens.

signale antworten nicht nur arteigene Weibchen, sondern auch Weibchen von mindestens drei *Photuris*-Arten. Die *Photuris*-Weibchen imitieren dabei das Signal der *Photinus macdermotti*-Weibchen und antworten im Abstand von einer Sekunde mit einem Einzelblitz auf den letzten Blitz des Männchens. *Photuris*-Weibchen haben sich auf das Imitieren von artfremden Signalen spezialisiert, denn sie ernähren sich von fehlgeleiteten Männchen anderer Arten. *Photuris versicolor*-Weibchen haben den Code von mindestens fünf Leuchtkäferarten geknackt und können den Männchen artgerecht hineinfunken. Die Objekte der Begierde, die *Photinus macdermotti*-Männchen, müssen also vorsichtig sein. Oft warten mehrere Männchen minutenlang in der Nähe eines Weibchens der eigenen Art, bis sie sich trauen. Manchmal verrät sich das räuberische *Photuris*-Weibchen, indem es schon auf den ersten Blitz des Doppelblitzes antwortet. Das wiederum eröffnet auch den *Photinus macdermotti*-Männchen eine neue Taktik. Sie funken in den Doppelblitz eines Rivalen hinein und imitieren so einen „Fehlblitz" des *Photuris*-Weibchens (Abb. 84). Durch den Misserfolg des Rivalen steigen die eigenen Paarungschancen. Eine andere Taktik besteht im Synchronblitzen mit einem anderen Bewerber, den es auszuschalten gilt. Eine wiederum andere Taktik des *Photinus macdermotti*-Männchens besteht darin, weibliche Antwortblitze zu imitieren, um Sieger in diesem Verwirrspiel zu werden.

Ausblick 9

Abb. 85: Die riesige Blüte von *Rafflesia gigantea* imitiert optisch und olfaktorisch einen verwesenden Kadaver. (Originalphoto: P. Mullen, Wülfrath)

Mimikryforschung

Mimikrysysteme bauen auf bereits existierende Biokommunikation. Vorbild und Nachahmer als Signalsender sowie Signalempfänger interagieren nicht nur über den Austausch von Signalen. Sie stehen auch in evolutiver Wechselwirkung miteinander. Dabei stellt der Nachahmer nicht nur eine einfache Erweiterung des existierenden Kommunikationssystems dar; es entstehen Rückkopplungen, so dass die Fitness aller drei interagierenden Partner beeinflusst werden kann. In den vorgestellten Mimikrysystemen stand meist entweder der Signalaustauschaspekt oder die Konsequenzen für die Fitness der einzelnen Partner oder die Signalevolution im Vordergrund. Mimikrysysteme können darüber hinaus Einblick in die Reizverarbeitung geben. Beim Signalempfänger laufen die relevanten Informationen ein; mit seinen subjektiven Sinnesleistungen analysiert er Signalstrukturen von Vorbild und Nachahmer und reagiert. Mit seinen Augen, Ohren, mit seiner Nase und Zunge müssen letztlich die Signalfälschungen interpretiert werden. Auch die Sinnesphysiologie kann daher durch die Analyse von Mimikrysystemen mehr über die Sinnesleistungen von Tieren lernen. Wie chemisch ähnlich müssen zwei Duftgemische sein, dass ein Tier sie unterscheiden kann? Wie wirken übernormale Reize in Mimikrysystemen? Welche Kompromisse kann ein Signalsender eingehen, um verschiedene Signalempfänger mit unterschiedlichen Sinnesleistungen anzusprechen, beispielsweise Blütenfarbmuster, die von Blüten besuchenden Bienen und Schwebfliegen mit völlig verschiedenen Sehsystemen interpretiert werden? Wie werden angeborene neurosensorische Reizfilter für komplexe Signale kodiert; also woran erkennt beispielsweise eine Hummel angeborenermaßen eine Blüte und wie sieht die genetische Information aus, die das kodiert? Mimikryforschung wirft weitere Fragen auf und kann vorläufige Antworten auf solche Fragen geben.

Mimikryfallstudien

Die wenigsten Mimese- und Mimikrysysteme sind experimentell überprüft, manchmal bestehen zwingende Evidenzen, oft nur plausible Überlegungen, gelegentlich hat sich der Beobachter getäuscht. Ohne zusätzliche Informationen ist schwer zu entscheiden, ob ein Bussard das Flugbild eines Geiers imitiert, eine Laternenzikade ein junges Krokodil nachahmt, ein Nasling mit seiner Nase eine Blüte nachahmt und damit Blütenbesucher fängt, eine Sumpfwurzorchidee Läuse imitiert und damit Schwebfliegen anlockt, Bienen eine Blütensilhouette als Nesteingang bauen, eine Eidechse durch Laufkäfermimikry geschützt ist, eine einzige Blüte wie ein Säugetierkadaver aussehen und duften kann, mehrere Hundert Käferlarven gemeinsam ein Bienenweibchen imitieren, ein Hirschweibchen mit falschen Eckzähnen herumläuft, eine Schmetterlingspuppe einen Wassertropfen imitieren kann, eine Süßwassermuschel einen Fortsatz am Mantelrand besitzt, der einem Fisch täuschend ähnelt, der Hinterleib einer Pflanzenlaus wie eine Nachbildung eines Ameisenkopfes wirkt? Es gibt eine Reihe von Mimikrybeispielen, die als nahezu unglaubliche Fälle täuschender Nachahmung erscheinen.

Eine Szene wie in einem Western: Eine Gruppe von Truthahngeiern (*Carthartes aura*) segelt über der Prärie. An ihren schmalen Geierflügeln, die im Flug wie ein „U" gehalten werden, dem langen Stoß, dem dunklen Gefieder und dem Segelflug ohne Flügelschlag sind sie zu erkennen. Das bedeutet Entwarnung für zahlreiche kleine Tiere, denen Geier nicht gefährlich werden. Sie lassen sich bald nicht mehr stören von der Geiergruppe. Plötzlich löst sich ein Vogel aus der Gruppe und stößt auf seine überraschte Beute. Der nordamerikanische Bussard (*Buteo albonotatus*) zeigt weder die bussardtypische Färbung noch den Rüttelflug. Angriffsmimikry in ihrer Wortbedeutung: zwar nicht als Wolf im Schafspelz, doch als Bussard im Geierflug kommt er daher (nach Wickler 1968).

Die südamerikanischen Leuchtzikaden (Fulgoridae) der Gattung *Fulgora* standen im Verdacht, mit ihrem mehr als zwei Zentimeter langen Kopffortsatz einen Alligatorkopf nachzuahmen. Unterschiedliche Versionen dieser Vermutung finden sich in zahlreichen Lehrbüchern. Wie kam es zur Entstehung der Alligatorkopf-Mimikryhypothese? „Jacaranaboia" heißt im brasilianischen Regenwald diese Zikade. Das leitet sich ab vom indianischen „Jequi-ti-rana-boia" und bedeutet „wie ein Alligator". „Nicht berühren", „mit einem Stock zu Boden schlagen" sind Ratschläge zum Umgang mit diesen Tieren, denen nachgesagt wird, ihr augenloser, riesiger Kopf sei mit Gift gefüllt und ein Zusammenstoß mit einem fliegenden Tier führe binnen 20 Minuten zum Tod. Diesen Bericht publizierte Prof. Poulton (1932) in den Berichten der Londoner Entomologischen Gesellschaft über die neotropische Laternenträgerzikade (*Fulgora laternaria*; Fulguridae). Der fast körpergroße Kopffortsatz erinnert jedoch tatsächlich an die Nachbildung eines Alligatorkopfes. Die imitierten Nasenöffnungen und Augen sowie die seitlichen Zahnreihen des Kopffortsatzes sehen tatsächlich einem miniaturisierten Alligatorbabykopf ähnlich. Zudem kommen ausgewachsene Laternenträgerzikaden und Alligatorennachwuchs zusammen im Uferbereich neotropischer Urwaldflüsse vor. Doch die Gefährlichkeit oder Giftigkeit dieser Laternenträgerzikade besteht nachweislich nicht. Versuche in Zoos, die Giftigkeit von Laternenträgerzikaden zu prüfen, ergaben, dass Affen diese Zikaden sogar gerne fressen. Im Namen „Laternenträger" hat sich die inzwischen als falsch herausgestellte Vermutung, beim Kopffortsatz handle es sich um ein Leuchtorgan, verewigt. Die Funktion des Kopffortsatzes, den alle Fulguriden besitzen, ist vielmehr in der Verdauung dieser spezialisierten Pflanzensaftsauger zu suchen, denn er enthält einen Abschnitt des Mitteldarmes.

Kann eine Orchideenblüte Läuse imitieren? In dem israelischen Orchideenschutzgebiet Horshat Tal studierten Yariv Ivri und Amots Dafni (1977) die Bestäubungsbiologie der Sumpfwurzart *Epipactis consimilis* (Orchidaceae). Die rotbraunen Blüten besitzen eine kompliziert gebaute Lippe (Labellum). Der zungenförmige äußere Teil der Lippe heißt Epichilium. Der zentrale, rinnenförmige Teil produziert Nektar. Diese Orchidee ist obligatorisch auf Blütenbesuch angewiesen, damit es zur Bestäubung, Befruchtung und Entwicklung der Samen kommt. Im Gegensatz zu vielen anderen Sumpfwurzarten fanden die beiden Blütenbiologen nur selten Bienen und Wespen, sondern überwiegend Schwebfliegen als Blütenbesucher von *Epipactis consimilis*. Das Epichilium dient als Landeplatz. Es biegt sich bereits unter dem geringen Gewicht einer gelandeten Schwebfliege ein wenig nach unten. Auf dem Weg der Schwebfliege zum Nektar schnellt das Epichilium in die Ausgangslage zurück und presst die Fliege gegen den oberen Teil der Blüte (Rostellum), so dass ihr die Pollinien auf den Rücken geklebt werden. Trägt die Fliege bereits Pollinien, so werden diese in die klebrige Narbengrube gedrückt, so dass die Fliege einige Zeit benötigt, um sich zu befreien. Die Männchen der Schwebfliege *Sphaerophoria ruepellii* verteidigen einige *Epipactis*-Pflanzen gegen andere Männchen und paaren sich dort mit Weibchen. Beide Geschlechter treten als Blütenbesucher und Bestäuber der Orchideen auf. Stutzig wurden die beiden Forscher, als sie beobachteten, dass die Schwebfliegenweibchen auch Eier an den Blüten ablegten. Alle Schwebfliegenarten, die *Epipactis consimilis* besuchen, zählen zu den aphidophagen Schwebfliegen, das heißt, dass sich deren Larven von Pflanzenläusen ernähren. Die Weibchen treiben Brutfürsorge und platzieren die Eier in der Regel in die Nähe von Kolonien von Pflanzenläusen. Aber viele *Epipactis*-Pflanzen, die den Schwebfliegen als Eiablagesubstrat dienten, waren läusefrei, die Blüten sogar regelmäßig ohne Läuse. Was veranlasste wohl die Schwebfliegen, dennoch Eier an den Blüten abzulegen? Kleine dunkle Schwellungen am Epichilium brachten die Lösung. Diese Anschwellungen locken, so vermuten die Autoren, bereits im Fluge eiablagebereite Schwebfliegen an. Ihre Ähnlichkeit in Form und Farbe mit Pflanzenläusen wirkt dabei verhaltensauslösend. Selbst der Duft dieser Anschwellungen täuscht den Schwebfliegen Läuse vor. Sogar der letzten taktilen Prüfung mit dem Eilegeapparat halten die Strukturen stand. Die aphidophagen Schwebfliegenweibchen legen ihre Eier in eine vermeintliche Läusekolonie.

Einen außergewöhnlichen Fall stellt die stachellose Biene *Melipona pseudocentris pseudocentris* dar. Die Völker dieser Bienen legen ihr Nest in hohlen Baumstämmen an. Den Nesteingang markieren sie durch eine aus Harz selbst gebaute, blütenähnliche Struktur. Andere Arten fügen ihrem blütenähnlichen Nesteingang noch Staubgefäße und Pflanzenmaterial hinzu, so dass Blütenduft und -farbe präzise nachgemacht werden. Wie eine echte Blüte könnte der Nesteingang das Landeverhalten der Nestgenossen auslösen (Lunau 1992) (Abb. 86). Experimentelle Untersuchungen zu diesem Phänomen fehlen.

Jugendstadien brauchen besonderen Schutz und haben wegen ihrer geringen Körpergröße andere Möglichkeiten als Adulte. Die im südlichen Afrika verbreitete Eidechse *Eremias lugubris* wird bis zu 20 Zentimeter groß. Die adulten Eidechsen sind auf den wenig bewachsenen Savannenböden durch ihre Färbung gut getarnt. Färbungs- und Zeichnungsmuster, Gestalt und Bewegungsweise entsprechen dem typischen Erscheinungsbild einer Eidechse. Die Jungtiere weichen auffällig von diesem Erscheinungsbild ab. Die Schwanzfärbung der Jungtiere kann hellgelb oder rotbraun sein und entspricht dabei der Färbung der Sandböden in den jeweiligen geographischen Regionen. Der Körper ist jedoch tiefschwarz und besitzt ein auffälliges Muster von weißen Punkten und Strichen. Die bis fünf Zentimeter langen Jungtiere werden durch ihre Art zu laufen noch auffälliger. Der Schwanz ist flach an den Boden gedrückt, der Körper jedoch zu einem Bogen durchgedrückt. Der Gang ist steif und es fehlt ihnen die für Eidechsen normale Schlängelbewegung des Körpers. Huey und Pianka (1977) vermuten, dass die juvenilen Eidechsen gleich große, drei bis fünf Zentimeter lange Laufkäfer der Gattungen *Anthia* und *Thermophilum* imitieren. Erscheinungsbild und Laufverhalten von den jungen Eidechsen und den Käfern stimmen gut überein. Sowohl Vögel (z. B. Sekretär), Säugetiere (z. B. Wüstenfuchs) und Schlangen jagen häufig diese Eidechsen. Als Evidenz für ihre Hypothese führen die Autoren an, dass juvenile *Eremias lugubris* die geringste Häufigkeit abgebrochener Schwanzspitzen aller Eidechsen der Kalahari aufwiesen. Die Häufigkeit verlorener Schwanzspitzen gilt dabei als Indikator der Prädationshäufigkeit, denn durch den Abwurf des Schwanzes können sich Eidechsen vielfach retten.

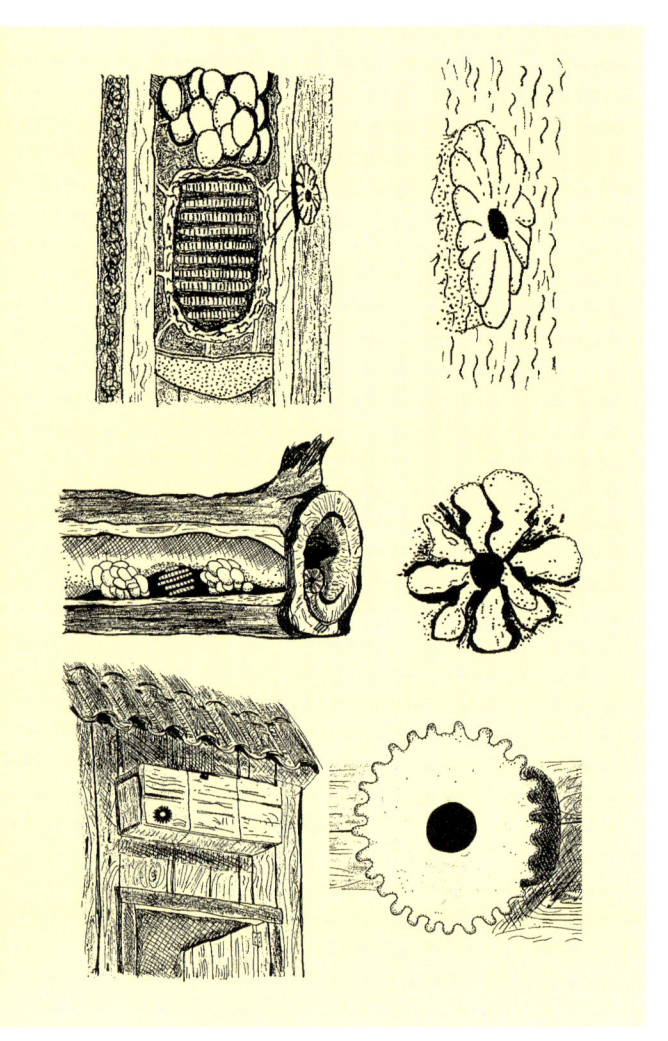

Abb. 86: Nestanlagen (links) und Nesteingänge (rechts; größerer Maßstab) stacheloser Bienen aus der Gattung *Melipona*. Die Nesteingänge sehen wie Zeichnungen von Blüten verschiedener stacheloser Bienen aus: Oben: *Melipona pseudocentris pseudocentris*; Mitte: *Melipona marginata amazonica*; unten: *Melipona seminigra merillae*. (Verändert nach Kerr et al. 1967)

Eine einzelne Blüte, die einen kompletten Säugetierkadaver imitiert, könnte eine Lockstrategie von Riesenblüten sein. Eine Vielzahl von Tieren hat sich auf Leichennahrung spezialisiert. Geier sind die bekanntesten Aasspezialisten. Unter den Insekten gehören Aaskäfer und Totengräber, Aas- und Schmeißfliegen dazu. Sie nutzen Aas für die Brutfürsorge oder Brutpflege. Charakteristisch für sie ist, dass sie das Aas geruchlich lokalisieren. Vor der Eiablage unterziehen sie es einer gründlichen Inspektion. Blüten, die einen Tierkadaver imitieren, um Aaskäfer und Aasfliegen als Bestäuber anzulocken, locken die Tiere in aller Regel in einen tödlichen Irrtum. Während Aasfliegen und Aaskäfer nach dem Blütenbesuch lebend davonkommen, oft genug nach längerer Gefangenschaft in der Blüte, können die Larven aus den auf der Blüte abgelegten Eiern sich nicht entwickeln und sterben. Nur noch gründlichere Inspektion des vermeintlichen Kadavers schützt vor Fehlentscheidungen bei der Eiablage. Noch bessere Aasmimikry lockt die Aasfliegen und -käfer weiter in die Falle. Manche Aasfliegenblumen entfalten eine immense, für den Menschen äußerst unangenehme Geruchsbildung. Temperaturentwicklung wie bei den Aronstabgewächsen fördert die Duftemission. Ebenso schaffen große Oberflächen Platz für die Abgabe von Duftstoffen. Fleischrote Blütenfarbe mit weißgrauen Mustern, die wie Pilz- und Bakterienrasen aussehen, erzeugen eine perfekte Illusion von verwesendem Aas verschiedener Größe. *Caralumma bartholdi* (Asclepidiaceae) ist mit ihren zentimetergroßen Blüten ein Winzling gegen die 1,5 Meter im Durchmesser großen, mehrere Kilogramm schweren Blüten von *Rafflesia gigantea* (Rafflesiaceae) (s. Abb. 85). Ein Aufenthalt in der Nähe der Blüten von *Rafflesia gigantea* kann Brechreiz auslösen.

Ein aufregendes Leben, in dem jedes Entwicklungsstadium besondere Anpassungen an einen bestimmten Lebensabschnitt aufweist, führen Ölkäfer (Meloidae) der Gattung *Meloe*. Die Eier werden in Erdhöhlen abgelegt. Die schlüpfenden, nur zwei Millimeter großen Larven heißen Dreiklauer (Triungulinus) nach den Bildungen am letzten Fußglied. Die Klauen ermöglichen es ihnen, auf Pflanzen zu klettern. Auf den Blüten warten sie, um sich an einer Blüten besuchenden Biene festzuklammern. Der Dreiklauer nutzt die Biene als Trägerwirt, um sich von ihr in ihr Nest tragen zu lassen. Nachdem er das Ei der Wirtsbiene gefressen hat, häutet er sich. Die nach der Häutung schlüpfende zweite Larve sieht wie aufgeblasen aus. Sie schwimmt auf dem Nektar-Pollen-Gemisch der Wirtsbiene und frisst den Larvenvorrat der Biene auf. Die dritte Larve ist viel größer, aber wiederum mobil gebaut und verlässt das Bienennest. Die Puppe überwintert im Erdboden. Die Imagines paaren sich und das Weibchen legt mehrere Tausend Eier. Die Triungulinuslarve übernimmt eine risikoreiche Lebensphase. Als winzige Larve wartet sie auf einer Blüte auf einen Besucher. Viele Larven sterben, bevor die Blüte besucht wird. Noch mehr klammern sich an einem falschen Blütenbesucher fest. Nur Weibchen bestimmter Solitärbienenarten tragen den Dreiklauer ans Ziel. Die in der kalifornischen Mojavewüste lebende Ölkäferart *Meloe franciscanus* hat eine besonders trickreiche Methode entwickelt, gezielt ein geeignetes Wirtsnest zu finden. Zu Hunderten erklettern die orangefarbenen Triungulinuslarven einen Grashalm und bilden an der Spitze ein dicht gedrängtes Knäuel. Die aus manchmal über 2500 Dreiklauern bestehende Ansammlung harrt mehr als zwei Wochen an der Pflanze aus. Die Dreiklaueraggregation ähnelt offenbar geruchlich und visuell einem Weibchen der Einsiedlerbiene *Habropoda pallida*. Männchen dieser Einsiedlerbiene auf dem Suchflug nach paarungsbereiten Weibchen lassen sich von dem Dreiklauerknäuel anlocken. Knapp die Hälfte der Larven aus einem Knäuel kann bei dem Paarungsversuch des Männchens auf das Männchen klettern. Bei der Paarung dieses Männchens mit einem echten Weibchen steigen die Triungulinuslarven nochmals um. Das Weibchen wird sie in ihr Nest bringen. 22-mal konnten John Hafernik und Leslie Saul-Gershenz (2000) das Schicksal eines Dreiklauerknäuels aufklären: bei sieben starben die Dreiklauer in ungünstiger Witterung, neun wurden nicht von einem Bienenmännchen angeflogen, eines fraß eine Spinne. Immerhin gelang es fünf Dreiklauer-Aggregationen, ein Bienenmännchen anzulocken. Ein Teil der Dreiklauer wird per Anhalter ins Bienennest transportiert worden sein. Der scheinbar so risikoreiche Transport ins Bienennest mit zweimaligem Umsteigen kann sich auszahlen, da der Transporteur artspezifisch angelockt wird. Fast ausschließlich *Habropoda pallida* fungiert als Transportwirt, Fehltransporte sind selten.

Geweihe sind nicht für alle Hirscharten charakteristisch. Hirsche haben eine bemerkenswerte Evolution hinter sich. Unter den Echten Hirschen (Cervidae) gibt es eine als ursprünglich angesehene Art, das Wasserreh (*Hydropotes inermis*), die (noch) kein Geweih entwickelt hat. Die Männchen liefern sich in der Brunftzeit erbitterte Kämpfe, bei denen sie sich mit dolchartig verlängerten Eckzähnen im Oberkiefer klaffende Wunden beibringen. Muntjaks (*Muntiacus muntjak*) haben bereits ein kleines unverzweigtes Geweih entwickelt, besitzen aber auch noch große Eckzähne im Unterkiefer. Die Männchen kämpfen untereinander mit den Eckzähnen, die als Waffen eingesetzt werden. Rothirsche (*Cervus elaphus*) besitzen nur noch verkümmerte Eckzähne (Hirschgrandeln), aber große verzweigte Geweihe, die bei weitgehend ungefährlichen Schiebekämpfen der Männchen eingesetzt werden. Guthrie und Petocz (1970) beschrieben für verschiedene horn- und geweihtragende Huftiere Fellzeichnungsmuster im Kopfbereich, die die Signalwirkung von Hörnern oder Geweihen verbessern. Beim bereits erwähnten chinesischen Wasserreh entwickeln ältere Kühe ein langes weißes Haarbüschel am Mundwinkel, das die bei den Männchen stets sichtbaren weißen Eckzähne imitiert (Abb. 87). Die Funktion der „falschen Zähne" der Wasserrehe bei der innerartlichen Kommunikation ist in diesem Falle nicht bekannt.

Abb. 87: Männchen (links) und Weibchen (rechts) des Chinesischen Wasserrehs (*Hydropotes inermis*). Die geweihlosen Böcke besitzen auffällige, stets sichtbare Eckzähne im Oberkiefer, die sie in Kämpfen mit anderen Böcken als Waffe einsetzen. Ältere Hirschkühe tragen am Mundwinkel ein Büschel weißer Haare, das die optische Signalwirkung der Eckzähne von Böcken ersetzt. (Verändert nach Guthrie und Petocz 1970)

Ein fiktiver Mimikryfall soll abschließend beschrieben werden. Die beteiligten Arten sind angeblich ausgestorben, die Mimikry ist didaktisch wertvoll, alle Zitate sind echt: Von den Naslingen (*Rhinogradientia*) der untergegangenen Südseeinsel Hi-Jay sind zwei blütenimitierende Arten beschrieben (Stümpke 1981). Die mausgroßen Säugetiere besitzen erstaunlich entwickelte Nasen. Bei *Ranuculonasus pulcher* sind alle sechs Nasenlappen zu Fangarmen differenziert. Jeder Fangarm endet in einem vierlappigen Fangapparat, der in Fangstellung in Form und Färbung einer Hahnenfußblüte gleicht. In Blumenwiesen kann *Ranuculonasus pulcher* die Fangarme unabhängig voneinander in Höhe der Blüten in Fangstellung platzieren. Ein spürbarer Buttermilchgeruch lockt Blüten besuchende Insekten an, von denen sich das Tier ernährt. Die sechs Nasenlappen von *Corbulonasus longicauda* sind viel kürzer und imitieren in Fangstellung nur eine einzelne Blüte. Je zwei Staubgefäßimitationen pro Nasenlappen imitieren insgesamt ein komplettes Androeceum (Gesamtheit der Staubblätter) aus insgesamt 12 Staubgefäßen. Jungtiere erklettern Pflanzenstängel, beißen die Blütenknospen ab und entfalten ihren Nasarium genannten Lock- und Fangapparat. Schließlich wächst der Schwanz so weit aus, dass die Schwanzspitze im Boden verankert werden kann und das Tier frei steht. Paarungen der quasisessilen geschlechtsreifen Tiere können nur bei starkem Wind stattfinden, wenn die Männchen das Weibchen, in dessen Nähe sie geschaukelt wurden, festhalten. Freddurista und Perischerzi beschrieben bereits 1948 den Farbwechsel dieser beiden Arten. Die gelbe Grundfärbung, die auf ein subepitheliales Fettgewebe zurückgeht, kann durch Kapillarenerweiterungen nach blutrot und durch kontraktile Melanophoren nach blau umschlagen.

Literatur

Agren, J. u. Schemske, D. W. (1991): Pollination by deceit in a neotropical monoecious herb, *Begonia involucrata*. Biotropica 23: 235–241.

Alcock, J. (1999): Animal Behaviour. An evolutionary approach. 6. Aufl., Sinauer Associates, Sunderland.

Andersson, M. (1994): Sexual Selection. Princeton University Press, Princeton.

Ayasse, M., W. Engels, G. Lübke, T. Taghizadeh u. W. Francke (1999): Mating expenditure reduced via female sex pheromone modulation in the primitively eusocial halictine bee, *Lasioglossum* (*Evylaeus*) *malachurum* (Hymenoptera: Halictidae). Behav. Ecol. Sociobiol. 45: 95–106.

Bannister, P. (1989): Nitrogen concentration and mimicry in some New Zealand mistletoes. Oecologia 79: 128–132.

Barthlott, W. (1992): Mimikry: Nachahmung und Täuschung im Pflanzenreich. Bonner Universitätsblätter, Sonderdruck. Gesellschaft von Freunden und Förderern der Rheinischen Friedrich-Wilhelms-Universität zu Bonn e.V., 49–62.

Bates, H. W. (1862): Contributions to an insect fauna of the Amazon valley. Lepidoptera: Heliconidae. Trans. Linn. Soc. London 23: 495–566.

Bateson, P., W. Lotwick u. D. K. Scott (1980): Similarities between the faces of parents and offspring in Bewick's swan and the differences between mates. J. Zool. Lond. 191: 61–74.

Batra, L. R. u. S. W. Batra (1985): Floral mimicry induced by mummy-berry fungus exploits host's pollinators as vectors. Science 228: 1011–1013.

Beccaloni, G. W. (1997): Vertical stratification of ithomiine butterfly (Nymphalidae: Ithomiinae) mimicry complexes: the relationship between adult flight height and larval host-plant height. Biol. J. Linn. Soc. 62: 313–341.

Berube, C. (1991): The Bee-Riddled Carcass. Griffith Observer: Journal of the Griffith Observatory.

Blackledge, T. A. (1998): Signal conflict in spider webs driven by predators and prey. Proc. R. Soc. London B 265: 1191–1196.

Blackledge, T. A. u. J. W. Wenzel (2001): Silk mediated defence by an orb web spider against predatory mud-dauber wasps. Behaviour 138: 155–171.

Blest, A. D. (1957): The function of eyespot patterns in the Lepidoptera. Behaviour 11: 209–255.

Brower, J. V. (1958): Experimental studies of mimicry in some North American butterflies. I. The Monarch, *Danaus plexippus*, and Viceroy, *Limenitis archippus archippus*. Evolution 12: 32–47.

Burkhardt, D. u. I. de la Motte (1987): Physiological, behavioural, and morphometric data elucidate the evolutive significance of stalked eyes in Diopsidae (Diptera). Entomologica generalis 12: 221–233.

Burley, N. (1981): The evolution of sexual indistinguishability. In: Alexander, R. D. u. Tinkle, D. W. (Hrsg.): Natural selection and social behaviour: recent research and new theory, Chiron Press Inc., New York, 121–137.

Caldwell, R. L. u. H. Dingle (1979): Stomatopods. Scientific American 234: 80–89.
Carroll, L. (1871): Through the Looking Glass and What Alice Found There, Macmillan, London.
Christy, J. H. (1995): Mimicry, mate choice, and the sensory trap hypothesis. Am. Nat. 146: 171–181.
Cipollini, M. L. u. D. J. Levy (1991): Why some fruits are green when they are ripe: carbon balance in flashy fruits. Oecologia 88: 371–377.
Clarke, C. A. u. P. M. Sheppard (1960): Super-genes and mimicry. Heridity 14: 175–185.
Clarke, C. A. u. P. M. Sheppard (1963): Interactions between major genes and polygenes in the determination of the mimetic patterns of *Papilio dardanus*. Evolution 17: 404–413.
Clarke, C. A., G. S. Mani u. G. Wynne (1985): Evolution in reverse: clean air and the peppered moth. Biol. J. Linn. Soc. 26: 189–199.
Cockburn, A. (1995): Evolutionsökologie. G. Fischer, Stuttgart.
Cook, S. E., J. G. Vernon, M. Bateson u. T. Guilford (1994): Mate choice in the polymorphic African swallowtail butterfly, *Papilio dardanus:* male-like females may avoid sexual harassment. Anim. Behav. 47: 389–397.
Cott, H. B: (1940): Adaptive coloration in animals. Methuen, London.
Craig, C. L. u. G. D. Bernard (1990): Insect attraction to ultraviolet-reflecting spider webs and web decorations. Ecology 71: 616–623.
Craig, C. L. u. K. Ebert (1994): Colour and pattern in predator-prey interactions: the bright body colours and patterns of a tropical orb-spinning spider attract flower-seeking prey. Functional Ecology 8: 616–620.
Crews, D. u. W. R. Garstka (1983): Der Lockstoff der Rotseitigen Strumpfbandnatter. Spektrum der Wissenschaft 1/1983: 86–96.
Crews, D. u. M. C. Moore (1993): Psychobiology of reproduction of unisexual whiptail lizards. In: Biology of Whiptail Lizards (Genus *Cnemidophorus*). In: Wright, J. W. u. Vitt, L. J. (Hrsg.), University of Oklahoma Press. 257–282.
Cumming, J. M. (1994): Sexual selection and the evolution of dance fly mating systems (Diptera: Empididae; Empidinae). The Canadian Entomologist 126: 907–920.
Cuthill, I. C. u. A. T. D. Bennett (1993): Mimicry and the eye of the beholder. Proc. R. Soc. Lond. B 253: 203–204.

Dafni, A. u. M. Giurfa (1998): Nectar guides and insect pattern recognition – a reconsideration. Anais do Encontro sobre Abelhas 3: 55–66.
Darwin, C. (1859): On the Origin of Species by Means of Natural Selection, or the Preservation of Favoured Races in the Struggle for Life. John Murray, London.
Darwin, C. (1871): Die Abstammung des Menschen. (Übersetzung von J. Viktor Carus, 2. Auflage, 1992). Fourier Verlag GmbH, Wiesbaden.
Davies, N. B. u. M. Brooke (1996): Die Koevolution des Kuckucks und seiner Wirte. In: König, B. u. Linsenmair, E.: Biologische Vielfalt. Spektrum Akademischer Verlag, Heidelberg: 48–55.
Davison, G. W. H. (1981): Diet and dispersion of the Great Argus. Ibis 123: 485–494.
Davison, G. W. H. (1982): Sexual displays of the great argus pheasant *Argusianus argus*. Z. Tierpsychol. 58: 185–202.

Davison, G. W. H. (1983): The eyes have it: ocelli in a rainforest pheasant. Anim. Behav. 31: 1037–1042.
Dawkins, R. (1968): The ontogeny of a pecking preference in domestic chicks. Z. Tierpsychol. 25: 170–186.
De Haas, W. u. F. Knorr (1990): Was lebt im Meer an Europas Küsten? Müller, Rüschlikon.
Dittrich, W., F. Gilbert, P. Green, P. McGregor u. D. Grewcock (1993): Imperfect mimicry: a pigeon's perspective. Proc. R. Soc. Lond. B 251: 195–200.
Drees, O. (1953): Untersuchungen über die angeborenen Verhaltensweisen bei Springspinnen (Salticidae). Z. Tierpsychol. 9: 169–207.
Dusenbery, D. B. (1992): Sensory ecology. W. H. Freeman and Company, New York.

East, M. L., H. Hofer u. W. Wickler (1993): The erect 'penis' is a flag of submission in a female-dominated society: greetings in Serengeti spotted hyenas. Behav. Ecol. Sociobiol. 33: 355–370.
Eberhard, W. G. (1980): The natural history and behaviour of the bolas spider *Mastophora dizzydeani* sp. n. (Araneidae). Psyche 87: 143–169.
Edmunds, M. (1981): On defining 'mimicry'. Biol. J. Linn. Soc. 16: 9–10.
Edmunds, M. (1993): Does mimicry of ants reduce predation by wasps on salticid spiders? Memoirs of the Queensland Museum 33: 507–512.
Edmunds, M. u. J. Grayson (1991): Camouflage and selective predation in caterpillars of the poplar and the eyed hawkmoths (*Laothoe popoli* and *Smerinthus ocellata*). Biol. J. Linn. Soc. 42: 467–480.
Eibl-Eibesfeldt, I. (1959): Der Fisch *Aspidontus taeniatus* als Nachahmer des Putzers *Labroides dimidiatus*. Z. Tierpsychol. 16: 19–25.
Eibl-Eibesfeldt, I. (1964): Im Reich der tausend Atolle. Piper, München.
Eisner, T. u. S. Nowicki (1983): Spider web protection through visual advertisement: role of the stabilimentum. Science 219: 185–186.
Endler, J. A. (1991): Variation in the appearance of guppy color patterns to guppies and their predators under different visual conditions. Vision Res. 31: 587–608.
Erber, D. (1968): Bau, Funktion und Bildung der Kotpresse mitteleuropäischer Clytrinen und Cryptocephalinen (Coleoptera, Chrysomelidae). Z. Morph. Tiere 62: 245–306.

Fisher, R. A. (1930): The Genetical Theory of Natural Selection, Clarendon Press, Oxford.
Fisher, J. u. R. A. Hinde (1949): The opening of milk bottles by birds. British Birds 42: 347–357.
Fogden, M. u. P. Fogden (1975): Farbe und Verhalten im Tierreich. Herder, Freiburg.
Freddurista, P. u. N. Perischerzi (1948): Il cambiamento dicolore fisiologica nei mammiferi, specialemente nei generi *Hexanthus* e *Cephalanthus* (Polyrrhina, Rhinogradientia). Arch. di fisiol. comp. ed. irr. 34: 222.
Funk, D. H. u. D. W. Tallamy (2000): Courtship role reversal and deceptive signals in the long-tailed dance fly, *Rhamphomyia longicauda*. Anim. Behav. 59: 411–421.

Garnett, W. B., R. D. Akre u. G. Sehlke (1985): Cocoon mimicry and predation by myrmecophilous Diptera (Diptera: Syrphidae). Florida Entomologist 68: 615–621.
Gilbert, L. E. (1982): Koevolution: Wie ein Falter seine Wirtspflanzen formt. Spektrum der Wissenschaft 10/1982: 72–82.
Gould, J. L. u. C. G. Gould (1990): Partnerwahl im Tierreich. Sexualität als Evolutionsfaktor. Spektrum Akademischer Verlag, Heidelberg.

Grammer, K. (1993): Signale der Liebe. Die biologischen Gesetze der Partnerschaft. dtv, München.

Greene, H. W. u. R. W. McDiarmid (1981): Coral snake mimicry: Does it occur? Science 213: 1207–1212.

Grimaldi, D. u. G. Fenster (1989): Evolution of extreme sexual size dimorphisms: structural and behavioral convergence among broad-headed male Drosophilidae (Diptera). Amer. Museum Novitates 2939: 1–25.

Groß, M. R. (1982): Sneakers, satellites, and parentals: Polymorphic mating strategies in North American sunfishes. Z. Tierpsychol. 60: 1–36.

Gumbert, A., J. Kunze u. L. Chittka (1999): Floral color diversity in plant communities, bee colour space, and a null model. Proc. R. Soc. London B 266: 1–6.

Gumbert, A. u. J. Kunze (2001): Colour similarity to rewarding model plants affects pollination in a food deceptive orchid, *Orchis boryi*. Biol. J. Linn. Soc. 72: 419–433.

Gumprecht, R. (1977): Seltsame Bestäubungsvorgänge bei Orchideen. – Die Orchidee 3: 5–23.

Guthrie, R. D. u. R. G. Petocz (1970): Weapon automimicry among mammals. Am. Nat. 104: 585–588.

Hafernik, J. u. L. Saul-Gershenz (2000): Beetle larvae cooperate to mimic bees. Nature 405: 35–36.

Hamilton, W. D. u. M. Zuk (1982): Heritable true fitness and bright birds: a role for parasites? Science 218: 384–387.

Heikertinger, F. (1954): Das Rätsel der Mimikry und seine Lösung. Gustav Fischer Verlag, Jena.

Heinroth, O. (1902): Ornithologische Ergebnisse der „I. Deutschen Südsee Expedition von Br. Mencke." J. f. Ornith. 50: 390–457.

Helfman, G. S., B. B. Colette u. D. E. Facey (1997): The diversity of fishes. Blackwell Science, Malden.

Herberstein, M. E., C. L. Craig, J. A. Coddington u. M. A. Elgar (2000): The functional significance of silk decorations of orb-web spiders: a critical review of the empirical evidence. Biol. Rev. 75: 649–669.

Hert, E. (1989): The function of egg-spots in an African mouth-brooding cichlid fish. Anim. Behav. 37: 726–732.

Hills, H. G. u. C. H. Dodson (1972): Floral fragrances and isolating mechanisms in the genus *Catasetum* (Orchidaceae). Biotropica 4: 61–76.

Hofer, H. u. M. East (1995): Virilized sexual genitalia as adaptations of female spotted hyaenas. Revue Suisse de Zoologie 102: 895–906.

Horwarth, B., C. Clee u. M. Edmunds (2000): The mimicry between British Syrphidae (Diptera) and aculeate Hymenoptera. Br. J. Ent. Nat. Hist. 13: 1–39.

Howard, R. D. (1974): The influence of sexual selection and interspecific competition on mockingbird song. Evolution 28: 428–438.

Howse, P. E. u. J. A. Allen (1994): Satyric mimicry: the evolution of apparent imperfection. Proc. R. Soc. Lond. B 257: 111–114.

Huey, R. B. u. E. R. Pianka (1977): Natural selection for juvenile lizards mimicking noxious beetles. Science 195: 201–202.

Ivri, Y. u. A. Dafni (1977): The pollination ecology of *Epipactis consimilis* Don (Orchidaceae) in Israel. New Phytol. 79: 173–177.

Jackson, R. R. u. R. S. Wilcox (1993): Spider flexibly chooses aggressive mimicry signals for different prey by trial and error. Behaviour 127: 21–36.

Jacobs, W. u. M. Renner (1988): Biologie und Ökologie der Insekten. G. Fischer, Stuttgart.
Jacobi, B. (2000): Paarungsverhalten und Anatomie von *Lestica*-Arten (Hymenoptera, Sphecidae, Crabroninae). Verh. Westdt. Entomol. Tag 1999: 139–146.
Johnson, S. D. u. J. J. Midgley (1997): Fly pollination of *Gorteria diffusa* (Asteraceae), and a possible mimetic function for dark spots on the capitulum. Am. J. Bot. 84: 429–436.

Kapan, D. D. (2001): Three-butterfly system provides a field test of müllerian mimicry. Nature 409: 338–340.
Kerr, W. E., S. F. Sakagami, R. Zucchi, V. de Portugal Araujo u. J. M. F. de Camargo (1967): Observacoes sobre a arquitetura dos ninhos e comportamento de alguma especies de abelhas sem ferrao das vizinhances de Manaus, Amazona (Hymenoptera, Apoidea). Atlas do simposio sobre a biota Amazonica 5: 255–309.
Kettlewell, H. B. D. (1973): The evolution of melanism. Oxford University Press, Oxford.
Köpcke, H. W. (1974): Die Lebensformen. Bd. II. Goecke und Evers, Krefeld.
Körber-Grohne, U. (1987): Nutzpflanzen in Deutschland. Konrad Theiß, Stuttgart.
Krebs, J. R. u. N. B. Davies (1993): An introduction to behavioural ecology. 3. Aufl., Blackwell, Oxford.
Kunze, J. u. A. Gumbert (2001): The combined effect of color and odor on flower choice behavior of bumble bees in flower mimicry systems. Behav. Ecol. 12: 447–456.
Kullmann, E. u. H. Stern (1981): Leben am seidenen Faden. Kindler, München.

Langmore, N. E. u. A. T. D. Bennett (1999): Strategic concealment of sexual identity in an estrildid finch. Proc. R. Soc. Lond. B 266: 543–550.
Lanners, E. (1973): Illusionen. C. J. Bucher, München.
Linné, C. (1753): Species plantarum I + II. 1200 S., Stockholm.
Lively, C. M. (1987): Evidence from a New Zealand snail for the maintenance of sex by parasitism. Nature 328: 519–521.
Lloyd, J. E. (1981): Gefälschte Signale – die Verstellungskunst der Glühwürmchen. Spektrum der Wissenschaft 9/1981: 106–117.
Land, M. F. (1993): The visual control of courtship behaviour in the fly *Poecilobothrus nobilitatus*. J. Comp. Physiol. A 173: 595–603.
Lunau, K. (1992): Evolutionary aspects of perfume collection in male euglossine bees (Hymenoptera) and of nest deception in bee-pollinated flowers. Chemoecology 3: 65–73.
Lunau, K. (1996): Das Balzverhalten von Langbeinfliegen (Dolichopodidae, Diptera). Acta Albertina Ratisbonensia 50 Heft 1 Biologie/Ökologie: 49–73.
Lunau, K. (2000): Ecology and evolution of visual pollen signals. Plant Syst. Evol. 222: 89–111.
Lunau, K. u. S. Wacht (1994): Optical releasers of the innate proboscis extension in the hoverfly *Eristalis tenax* L. (Syrphidae, Diptera). J. Comp. Physiol. A 174: 574–579.

Mallet, J. u. L. E. Gilbert (1995): Why are there so many mimicry rings? Correlations between habitat, behaviour and mimicry in *Heliconius* butterflies. Biol. J. Linn. Soc. 55: 159–180.
Manning, J. T. u. M. Hartley (1991): Symmetry and ornamentation are correlated in the peacock's train. Anim. Behav. 42: 1020–1021.
Marshall, N. J. (2000): Communication and camouflage with the same 'bright' colours in reef fishes. Phil. Trans. R. Soc. Lond. B 355: 1243–1248.
Marshall, N. J. u. J. B. Messenger (1996): Colour-blind camouflage. Nature 382: 408–409.

Mather, M. H. u. B. D. Roitberg (1987): A sheep in wolf's clothing: tephritid flies mimic spider predators. Science 236: 308–310.
McFarland, D. (1999): Die Biologie des Verhaltens: Evolution, Physiologie, Psychologie. Spektrum Akademischer Verlag, Heidelberg.
Mertens, R. (1956): Das Problem der Mimikry bei Korallenschlangen. Zool. Jb. Syst. 84: 541–576.
Morris, D. (1968): Der nackte Affe. Droemer, München.
Morris, D. (1977): Bodywatching. A field guide to human behavior. H. N. Abrams/New York, Jonathan Cape/London/Elsevier, Lausanne.
Mostler, G. (1935): Beobachtungen zur Frage der Wespenmimikry. Zeitschr. Morph. Ökol. Tiere 29: 381–454.
Müller, F. (1879): *Ituna* and *Thyridia;* a remarkable case of mimicry in butterflies. Trans. Entomol. Soc. Lond. xx-xxix.

Nicolai, J. (1959): Familientradition in der Gesangsentwicklung des Gimpels (*Pyrrhula pyrrhula* L.). J. Ornith. 100: 39–47.
Nicolai, J. (1964): Der Brutparasitismus der Viduinae als ethologisches Problem. Prägungsphänomene als Faktoren der Rassen- und Artbildung. Z. Tierpsychol. 21: 129–204.
Nicolai, J. (1978): Der Brutparasitismus der Witwenvögel. In: H. v. Ditfurth (Hrsg.): Evolution II. Ein Querschnitt der Forschung. Hoffmann und Campe, Hamburg.
Nilsson, L. A. (1979): Anthecological studies on the Lady's Slipper, *Cypripedium calceolus* (Orchidaceae). Bot. Notiser 132: 329–347.

Oliveira, P. S. u. I. Sazima (1984): The adaptive basis of ant-mimicry in a neotropical aphantochilid spider (Araneae: Aphantochilidae). Biol. J. Linn. Soc. 22: 145–155.
Osche, G. (1966): Die Welt der Parasiten. Verständliche Wissenschaft Bd. 87. Springer, Berlin.
Osche, G. (1979): Zur Evolution optischer Signale bei Blütenpflanzen. Biologie in unserer Zeit 9: 161–170.
Osche, G. (1983): Zur Evolution optischer Signale bei Pflanze, Tier und Mensch. Ernst-Haeckel-Vorlesung an der Friedrich-Schiller-Universität Jena, 1–35.
Osten-Sacken, C. R. (1894): On the oxen-born bees of the ancients (Bugonia), and their relation to *Eristalis tenax,* a two-winged insect. Heidelberg.
Owen, D. (1980): Camouflage and mimicry. University of Chicago Press, Chicago.

Pasteur, G. (1982): A classificatory review of mimicry systems. Ann. Rev. Ecol. Syst. 13: 169–199.
Paulus, H. F. u. C. Gack (1990): Pollinators as prepollinating isolation factors: Evolution and speciation in *Ophrys* (Orchidaceae). Israel J. Botany 39: 43–79.
Paulus, H. F. u. C. Gack (1993): Schlafplatzmimikry bei der mediterranen Orchidee *Ophrys helenae.* Verh. dtsch. Zool. Ges. 86.1: 267.
Paulus, H. F. u. C. Gack (1999): Bestäubungsbiologische Untersuchungen an der Gattung *Ophrys* in der Provence (SO-Frankreich, Ligurien und Toscana, NW-Italien). J. Eur. Orch. 31: 347–422.
Peckham, E. G. (1889): Protective resemblances in spiders. Occ. Pap. Wis. nat. Hist. Soc. 1: 61–113.
Petrie, M., T. Halliday u. C. Sanders (1991): Peahens prefer peacocks with elaborate trains. Anim. Behav. 41: 323–331.
Pfennig, D. W.; W. R. Harcombe u. K. S. Pfennig (2001): Frequency-dependent Batesian mimicry. Nature 410: 323.
Pietsch, T. W. u. D. B. Grobecker (1990): Fühlerfische – getarnte Angler. Spektrum der Wissenschaft 8/1990: 74–82.

Poulton, E. B. (1932): The alligator-like head and thorax of the tropical American *Laternaria laternaria*, L. (Fulgoridae, Homoptera). Proc. Ent. Soc. Lond. Vol. VI: 68–70.

Raethel, H. S. (1988): Die Hühnervögel der Welt. Neudamm-Neudamm, Melsungen.
Rensch, B. (1924): Zur Entstehung der Mimikry der Kuckuckseier. J. Ornith. 72: 461–472.
Ridley, M. (1993): The Red Queen, Sex and the Evolution of Human Nature. Penguin Books, Harmondsworth.
Robbins, R. K. (1981): The "false head" hypothesis: Predation and wing pattern variation of Lycaenid butterflies. Am. Nat. 118: 770–775.
Romero, G. A. u. C. E. Nelson (1986): Sexual dimorphism in *Catasetum* orchids: forcible pollen emplacement and male flower competition. Science 232: 1538–1540.
Roy, B. A. u. R. A. Raguso (1997): Olfactory versus visual cues in a floral mimicry system. Oecologia 109: 414–426.
Roy, B. A. u. A. Widmer (1999): Floral mimicry: a fascinating yet poorly understood phenomenon. Trends in Plant Science 4: 325–330.
Rupp, L. (1989): Die mitteleuropäischen Arten der Gattung *Volucella* (Diptera, Syrphidae) als Kommensalen und Parasitoide in den Nestern von Hummeln und sozialen Wespen. Dissertation, Universität Freiburg.
Ryan, M. J. u. A. S. Rand (1993): Sexual selection and signal evolution: the ghost of biases past. Phil. Trans. R. Soc. Lond. B 340: 187–195.

Sadowski, J. A., A. J. Moore u. E. D. Brodie III (1999): The evolution of empty nuptial gifts in a dance fly, *Empis snoddyi* (Diptera: Empididae): bigger isn't always better. Behav. Ecol. Sociobiol. 45: 161–166.
Sbordoni, V. u. S. Forestiero (1984): Weltenzyklopädie der Schmetterlinge. Südwest Verlag, München.
Schenkel, R. (1956): Zur Deutung der Balzleistungen einiger Phasianiden und Tetraoniden. Der Ornithologische Beobachter 53: 182–201.
Schiestl, F. P. u. M. Ayasse (2001): Post-pollination emission of a repellent compound in a sexually deceptive orchid: a new mechanism for maximising reproductive success? Oecologia 126: 531–534.
Schiestl, F. P., M. Ayasse, H. F. Paulus, C. Löfstedt, B. Hansson, F. Ibarra u. F. Wittko (1999): Orchid pollination by sexual swindle. Nature 399: 421–422.
Schlupp, I. u. M. J. Ryan (1996): Mixed-species shoals and the maintenance of a sexual-asexual mating system in mollies. Anim. Behav. 52: 885–890.
Schmid, U. (1996): Auf gläsernen Schwingen: Schwebfliegen. Stuttgarter Beiträge zur Naturkunde, Serie C 40: 1–81.
Schmidt, K. H. A. u. N. Magin (1997): Mohrenblüten und dunkle Zentralmale in Umbelliferendolden (Umbelliferae/Apiaceae). Der Palmengarten 61: 85–93.
Seah, W. K. u. D. Li (2001): Stabilimenta attract unwelcome predators to orbwebs. Proc. R. Soc. Lond. B 268: 1553–1558.
Sekimura, T., A. Madzvamuse, A. J. Wathen u. P. K. Maini (2000): A model for colour pattern formation in the butterfly wing of *Papilio dardanus*. Proc. R. Soc. Lond. B 267: 851–859.
Sheppard, P. M., J. R. G. Turner, K. S. Brown, W. W. Benson u. M. C. Singer (1985): Genetics and the evolution of muellerian mimicry in *Heliconius* butterflies. Phil. Trans. R. Soc. London B 308: 433–613.

Shuster, S. M. (1992): The reproductive behaviour of alpha-, beta-, and gamma-male morphs in *Paracerceis sculpta,* a marine isopod crustacean. Behaviour 121: 231–258.
Smart, P. (1987): Kosmos-Enzyklopädie der Schmetterlinge. Kosmos, Stuttgart.
Smith, S. M. (1977): Coral-snake pattern recognition and stimulus generalisation by naive great kiskadees (Aves: Tyrannidae). Nature 265: 535–536.
Speed, M. P. (1993): When is mimicry good for predators? Anim. Behav. 46: 1246–1248.
Steiner, K. E. (1998): Beetle pollination of peacock Moraeas (Iridaceae) in South Africa. Plant Syst. Evol. 209: 47–65.
Strassen, zur, O. (1935): Plastisch wirkende Augenflecke und die „Geschlechtliche Zuchtwahl". Gustav Fischer Verlag, Jena, 1–48.
Stümpke, H. (1981): Bau und Leben der Rhinogradientia. G. Fischer, Stuttgart.
Sword, G. A., S. J. Simpson, O. T. M. El Hadi u. H. Wilps (2000): Density-dependent aposematism in the desert locust. Proc. R. Soc. London B 267: 63–68.

Tengö, J. u. G. Bergström (1977): Cleptoparasitism and odor mimetism in bees: do *Nomada* males imitate the odor of *Andrena* females? Science 196: 1117–1119.
Thaler, E. (1997): „Schau mir in die Augen, Kleines!" Biologie in unserer Zeit 27: 17–25.

Vogel, S. (1978): Pilzmückenblumen als Pilzmimeten. Flora 167, 329–398.

Waldbauer, G. P. (1985): Asynchrony between Batesian mimics and their models. In: Brower, L. P. (Hrsg.): Mimicry and the evolutionary process. University Chicago Press, Chicago, pp 103–121.
Wallace, A. R. (1867): Proc. Entomol. Soc. Lond., 4 March 1867, Lxxx-Lxxxi.
Weigel, G. (1942): Färbung und Farbwechsel der Krabbenspinne *Misumena vatia* (L.). Z. vergl. Physiol. 29: 195–248.
Whitman, D. W., L. Orsak u. E. Greene (1988): Spider mimicry in fruit flies (Diptera: Tephritidae): further experiments on the deterrence of jumping spiders Araneae: Salticidae) by *Zonosemata vittigera* (Coquillett). Ann. Entomol. Soc. Am. 81: 532–536.
Wickler, W. (1962): Ei-Attrappen und Maulbrüten bei afrikanischen Cichliden. Z. Tierpsychol. 19: 129–164.
Wickler, W. (1963): Zum Problem der Signalbildung, am Beispiel der Verhaltensmimikry zwischen *Aspidontus* und *Labroides* (Pisces, Acanthopterygii). Z. Tierpsychol. 20: 657–679.
Wickler, W. (1965): Mimicry and the evolution of animal communication. Nature 208: 519–521.
Wickler, W. (1968): Mimicry in plants and animals. McGraw-Hill, New York.
Wickler, W. (1971): Mimikry. Nachahmung und Täuschung in der Natur. Kindler, München.
Wickler, W. u. U. Seibt (1998): Kalenderwurm und Perlenpost: Biologen entschlüsseln ungeschriebene Botschaften. Spektrum Akademischer Verlag, Heidelberg.
Wiklund, C. u. B. Sillén-Tullberg (1985): Why distasteful butterflies have aposematic larvae and adults, but cryptic pupae: evidence from predation experiments on the monarch and the European swallowtail. Evolution 39: 1155–1158.
Wilkinson, G. S., D. C. Presgraves u. L. Crymes (1998): Male eye span in stalk-eyed flies indicates genetic quality by meiotic drive suppression. Nature 391: 276–279.
Williams, K. S. u. L. E. Gilbert (1981): Insects as selective agents on plant vegetative morphology: egg mimicry reduces egg laying by butterflies. Nature 212: 467–469.

Zahavi, A. (1975): Mate selection – a selection for a handicap. J. Theor. Biol. 53: 205–214.

Register

Seitenverweise auf Abbildungen bestimmter Arten sind kursiv gesetzt.

Asmimikry 167
Aegeria apiformis 44
Aeria eurimedea negricola 17
aggressive Mimikry 13, 56, 81
Amazonas-Molly *110 f.*
Ameisenspringspinne 18 f.
Amorphophallus 118
Amphicoma 92
Andrena haemorrhoa 106
Anglerfisch 34 f.
Angriffsmimikry 164
Antennarius commersoni 34
Antennarius maculatus 35
Antennarius multiocellatus 34
Antennarius pictus 35
Anthidium manicatum 42
Aphantochilus rogersi 19 f., 20
Apis mellifera 41, 61 f., *124, 127*
Aposematische Färbung 12, 38
Arabis 103
Arctophila bombiformis 63
Arenabalz 109, 154
Argiope argentata 53 f., *54*
Argiope florida 52
Argiope versicolor 54
Argusianus argus 145 ff.
Aristolochia arborea 100
Arum maculatum 119

Aspidontus taeniatus 85, *86 f.*
Astatotilapia elegans 22 f.
Augenfleck 20, *64* f., 67, *69* f., 145 ff.
Augenimitation *64* f., *67* f.
Augenmimikry 64 ff., 146
Automimikry 12 f., 20 ff., 123, 142

Bartiris *129*
Bates, Henry 12, 14 f.
Bates'sche Mimikry 12 f., 47, 74, 79, 80
Baumfrosch *109,* 116
Begonia 127, 135
Bernsteinschnecke *101*
Birkenspanner 115
Birkhuhn 109
Biston betularia 115
Blasenstrauch *125,* 127
Blattgifte 71 f.
Blattmimese 69, *109,* 116 ff.
Blattmimikry 72 f., 116 ff.
Blattschmetterling 69
Blaukiemen-Sonnenfisch *137* f.
Bläuling 66 f., *119*
Blennius ocellaris 69
Blumenstetigkeit 124
Blütenmal 92 f., 124 ff., 131
Blütenmimikry 90 f., 101 ff., 103, 105
Blütennahrungsmimikry 124
Bolaspinne 52
Bombus lapidarius 58
Bombus pratorum 125
Bombus pyrenaeus 58

Bombus terrestris 57 f., *58, 132*
Bombylius 125
Branta bernicla 26
Brutfürsorge 57, 99, 165, 167
Bufo typhonius 116
Buntbarsch 20 ff., 87
Buteo albonotatus 164

Calathea wiotii *119*
Caligo 64 f.
Caligo eurilochus 65
Calloplesiops altivelis 70
Caltha palustris 51
Calystegia sepium 51
Catasetum 88 f.
Catasetum sanguineum 89
Charaxes 67
Chemische Mimikry 59
Choeradodis rhomboidea 116
Cichlidae 22
Clytra quadripunctata 119 f., *120*
Clytus arietis 42
Cnemidophorus uniparens 136
Colutea arborescens 125, 127
Commelina coelestis 125, 127
Conops flavipes 42
Corbulonasus longicauda 169
Corematodus shiranus 87
Crocus sativus 128
Crocuta crocuta 123, *138* f.
Cuculus canorum 81 ff.
Cycloptera 116
Cyclosa mutmeimensis 52

Cycnus phaleros 67
Cygnus columbianus 30
Cypripedium calceolus 105 f., 106
Cyrtodiopsis whitei 141 f., 143

Danaus chrysippus 11, 16, 77
Danaus plexippus 46
Darwin, Charles 14
Daucus carota 93
Deilephila elpenor 66
Deutsche Wespe 42
Dickkopffliege 42
Diopsidae 140 f.
Dismorphia theucharila 17
Dolichopodidae 143 f.
Dolichopus brevipennis 143
Dracula vampira 100

Eiimitation 21 f., 73, 83
Eimimikry 82
Elysia viridis 36
Empididae 156 ff.
Empimorpha geneatis 157
Empis opaca 157
Empusa pennata 32
Entenmuschel 26
Epipactis consimilis 165
Episyrphus balteatus 7
Erdhummel 57 ff., 132
Eremias lugubris 166
Eresus niger 50
Eristalis 125
Eristalis tenax 41, 61 f., 130 f., 131
Estrildidae 84
Eucera barbiventris 95
Euglossa variabilis 89
Euglossinae 89, 114
Eulenfalter 64
Eumenes unguiculata 44
Europäischer Kuckuck 81 ff.

Faltenwespe 41, 43, 44, 56
Fangschreckenkrebs 139
Farbpolymorphismus 15, 37, 57, 59, 117

Farbpolyphänismus 117
Farbwechsel 34, 71, 86, 169
Fitness 29
Flechtenmimese 115 f.
Flechtenmimikry 118
Fortpflanzung 28 f., 102, 136
Fortpflanzungsstrategie 81, 88, 134, 137, 157
Frauenschuh 105 f.
Fruchtimitation 104, 139, 151
Fruchttaube 151
Fühlerfisch 34 f.
Fulgora laternaria 164 f.
Fungivoridae 99

Gallische Feldwespe 42
Gallus gallus 147, 148
Gänsekresse 103
Gauklerblume 126
Gegenschattierung 33
Geierschildkröte 35
genetische Variabilität 29
Geschlechterrollentausch 158
Gimpel 111 f.
Glanzlicht 65 ff., 92 f., 149 ff.
Glaucilla marginata 36
Glaucus atlanticus 36
Gonodactylus bredini 140
Gorteria diffusa 93
Gottesanbeterin 32
Granatina ianthinogaster 84
Guppy 36 ff.
Gymnothorax meleagis 70

Haplochromis burtoni 21, 22
Haplochromis microdon 22
Haplochromis schubotzi 22
Helianthemum nummularium 126
Helianthus annuus 130, 131
Heliconiinae 48 f., 71 ff.
Heliconius charitonia 48
Heliconius cydno 18, 73
Heliconius doris 48
Heliconius erato 48
Heliconius hecale 48

Heliconius hewitsoni 48
Heliconius ismenius 48
Heliconius melpomene 48
Heliconius numata 17
Heliconius pachinus 48
Heliconius sara 48
Hilara 156 f.
Honigbiene 41, 61 f., 124, 127
Hornisse 44
Hornissenglasflügler 44
Hornissenschwebfliege 44, 57
Hummel-Waldschwebfliege 57 f.
Hydropotes inermis 168
Hyla calcarata 109, 116
Hypochera chalybeata 84
Hypochera purpurascens 84
Hypolimnas misippus 11, 16
Hyposcada illinissa 17
Hypothyris anastasia 17

Industriemelanismus 115
intraspezifische Signale 32
Iris germanica 129
Iris pseudacorus 131
Isolationsmechanismus 88, 94
Itaballia pisonis 17
Ithomia 14 f.
Ithomiinae 16 f.

Kallima 68, 69, 116
Kallima paralekta 116
Klatschmohn 92
Kleptocnide 36
Klon 28
Kohlmeise 65, 113
Königsgeier 151
Konvergenz 22, 27
Korallenschlange 74 f.
Körnerimitationen 149, 155
Krabbenaugengrundel 70
Krabbenspinne 50 f., 106
Krypsis 32
Kryptische Färbung 12

Labroides dimidiatus 85 ff.
Lagonosticta rhodopareia 84
Lagonosticta senegala 84
Lagopus mutus 33
Lampropeltis triangulum 76
Lampyridae 159
Langbeinfliege 143 f.
Laothoe populi 117
Laternenträgerzikade 164
Lepas anatifera 26
Lepomis macrochirus 137 f.
Leptalis 14 f.
Lestica clypeata 121
Leuchtkäfer 159 ff.
Leucochloridium macrostomum 100 f., 101
Limenitis archippus 46
Litomastix truncatellus 28
Lockmimikry 13, 81 ff.
Locksignal 50
Lophophorus impeijanus 147, 148
Loranthaceae 117 f.
Lycaenidae 66 f., 119

Macroclemys temminckii 35
Mastophora dizzydeani 52
Mate Copy 109 f.
Maulbrüter 21 f.
Megachile 125
Melinaea maelus 17
Melinaea marsaeus 17
Melinaea scylax 48
Melipona marginata 166
Melipona pseudocentris 165, 166
Melipona seminigra 166
Meloe franciscanus 167
Mertens'sche Mimikry 74 ff.
Methona curvifascia 17
Microdon 59
Micrurus 32, 74, 75
Mimese 12, 32, 115 f.
Mimet 18
Mimikry 12, 27
Mimikrykomplex 12, 17, 18

Mimikryring 12, 47 ff.
Mimikrysystem 12, 16 f., 47, 74, 76 f., 91, 163
Mimulus guttatus 126
Mimus polyglottos 114
Mirakelbarsch 70
Mistbiene 62
Misteln 117 f.
Misumena vatia 50 f., 51
Mittlerer Weinschwärmer 66
Mohrenblüte 93
Monarchfalter 46
Monocirrhus polyacanthus 116
Moraea 81, 92
Moraea villosa 81
Morphe 15, 45 f., 51, 57 ff., 76, 79 f., 105, 115, 135
Morus monjolica 119
Müller'sche Mimikry 12 f., 16 ff., 36, 47, 74
Mutation 8, 20, 28, 29, 45, 77, 79, 152, 155
Mutterkorn 40
Myosotis palustris 7
Myrmarachne formicaria 18 f., 19

Nachahmer 12, 18, 43, 86, 90, 163
Nachahmung 111 f., 138
Nahrungstäuschblume 105
Napeogenes sylphis 17
Narcissus pseudonarcissus 126
natürliche Selektion 15, 27, 29
Nesselkapseln 36
Nestmimikry 89, 105, 166
Nomada-Bienen 106 f.

Ocellus 64, 145
Oecophylla 19
oligolektisch 94
Ophrys 94 f., 97 f.
Ophrys mammosa 97

Ophrys scolopax 95
Ophtalmotilapia 22
Orchis boryi 90 f., 91
Oreochromis squamipinnis 87

Paarungstaktik 111, 137, 161
Papaver rhoeas 92
Papilio dardanus 76 ff., 78
Pappelschwärmer 117
Paracerceis sculpta 137
Paratilapia angusticeps 22
Paravespula germanica 42
Parnassia palustris 130 f.
Parthenogenese 29
Partnerwahl 79, 132, 20, 30, 37, 63, 110, 132, 141 ff., 152 ff., 157
Passiflora 72 f.
Passiflora helleri 73
Passionsblumen 71 f.
Passionsblumenfalter 71 ff.
Patia orise 17
Pavo 152 ff.
Pavo muticus 148
Peckham'sche Mimikry 12 f., 18 ff., 81 f., 91
Perlenmuräne 70
Peritricha rufotibialis 81, 92
Pfau 148, 152 ff., 153
Pfaufasan 146 f., 147
Phallus impudicus 101 f., 102
Phasanus colchicus 147, 148
Pheromon 94 f., 98, 106, 136
Photinus collustrans 159
Photinus macdermotti 159 ff., 160
Photuris versicolor 159 f., 160
Phyllium crurifolium 116
Phythalmia antilocapra 143
Pilzmimikry 99
Pilzmücken 99
Pison xanthopus 19
Pitanjus sulpharates 75 f.
Platax vespertilio 116

Plusia gamma 28
Poecilia formosa 110 f.
Poecilia latipinna 110 f.
Poecilia reticulata 36 ff.
Poecilobothrus nobilitatus 143 f.
Polistes dominulus 42
Pollinium 88, 94
Polymorphismus 15, 18, 37, 57 f., 76 f., 79, 82, 105, 117, 127, 137
Polyplectron bicalcaratum 145, 147, 148
Polyplectron chalcurum 145
Polyplectron emphanum 145
Polyplectron germaini 145
Polyplectron inopinatum 145
Polyplectron malacensis 145
Polyura 67 f.
Polyura nepenthes 68
Portia fimbriata 54 f.
Potamopyrgus antipodarum 29
Prachtbiene 89, 114
Prachtfink 84
Prädator 16, 45 f., 80, 166
Prädisposition 20, 22, 25
Prägung 113
Prinzipkonvergenz 23
Pseudokopulation 94 f., 97 f.
Pseudopenis 123
Pseudoscada timna 17
Ptilonorhynchidae 114
Puccinia monoica 102 f., 103
Putzerlippfisch 85 ff.
Pyrrhula pyrrhula 111 f.
Pytilia melba 84

*R*afflesia gigantea* 163, 167
Ragwurz 94 f., 97
Ranuculonasus pulcher 168
Ranunculus ficaria 125, 127
Raupenmimikry 67 f.
Rennechse 136
Rhagoletis zephyra 56
Rhamphomyia 157 f., 158
Rhododendron 125, 127

Riesentöpferwespe 44
Ringelgans 26
Roggen 38 f.
Röhrenspinne 50
Rostpilz 102 f.
Rote-Königin-Hypothese 155 f.
Rotseitige Strumpfbandnatter 135 f.

Säbelzahnschleimfisch 86 f.
Safrankrokus 128
Salticus scenius 55, 56
Sarcoramphus papa 151
Satyrmimikry 62 ff.
Saxifraga stellaris 126, 128
Scaeva pyrastri 63
Scharbockskraut 125, 127
Scheinblüte 102
Scheinfrucht 104
Schistocerca gregaria 45
Schlangenmimikry 64, 74 ff.
Schmetterlingsmimikry 76 ff.
Schneehuhn 25, 33
Schrecksignal 50
Schubotzia eduardiana 22
Schutzmimikry 7, 13, 62
Schwalbenschwanz 77
Schwebfliege 7, 56 f., 60 f., 63, 125
Sciapus platypterus 144
Secale montanum 39
Segelflossenmolly 110 f.
sensorische Falle 20, 107, 145, 152, 155
Sepia officinalis 35 f., 71
Sexualdimorphismus 135, 141, 152
Sexualtäuschblume 95 f.
Sexuelle Mimikry 123, 132 ff., 138
Signalempfänger 12, 76, 163
Signalentstehung 20
Signalfälschung 76, 105, 163

Signalkopie 9, 25, 76, 130, 132, 134, 151
Signalnormierung 13, 42 f., 129
Signalsender 7, 12, 32, 163, 164
Signigobius biocellatus 70
Sneaker 137 f.
Solitärbiene 94
Sonnenröschen 126
Sparmannia africana 124, 126
Spinnenmimikry 49 ff.
Spinnenwespe 19
Spinus spinus 30
Spottdrossel 114
Spottgesang 114
Springspinne 54 ff.
Stabiliment 52 ff.
Staminodium 127
Staubgefäßimitation 124 ff., 135
Steganura paradisaea 84
Sternsteinbrech 126, 128
Stielaugenfliege 140 f., 143
Stinkmorchel 101 f.
Strumpfbandnatter 135 f.
Succinea 101
Suchbild 105, 116, 118
Sumpfherzblatt 130 f.
Sumpfwurz 165
Systella rafflesii 116

Taktik 55
Tanzfliege 156 ff.
Tarnung 32, 50, 115
Täuschblumen 90, 95, 104 f.
Tetraenura fischeri 84
Tetrao tetrix 109
Thamnophis sirtalis 135 f.
Tilapia kafuensis 22
Tilapia rukwaensis 22
Tilapia sparrmani 22
Timandra amata 116
Tintenfisch 35 f., 71
Tithorea tarricina 48
Tradierung 112

Treronidae 151
Tüpfelhyäne *123,* 138 f.

Variabilität 15, 29, 96 f., 114
Vergissmeinnicht 7
Vespa crabro 44
Viduinae 84, 114 f.
Volucella bombylans 57 f., *58*
Volucella inanis 42, 57 f.
Volucella zonaria 44, 57 f.
Vorbild 12, 43, 62 f., 74, 79, 86, 90, 163

Waldschwebfliege 42, 57
Warnfarbe 16, 36, 45 ff., 69, 76
Warnfärbung 12, 18, 38, 43
Warnsignal 7, 12 f., 16, 32, 45 f., 50, 74
Wasserreh 168
Weibchenmimikry 94 ff., 134 ff.
Weißdorn-Segelflosser 70
Wespenmimikry 7, 41 ff.
Wespenspinne 52
Wespentracht 43
Wickler, Wolfgang 12 f., 150
Widderbock 42
Wilde Möhre *93*
Witwenvögel 84, 114 f.
Wollbiene 42
Wüstenheuschrecke 45

X*ynias christalla 17*

Z*acrytocerus pusillus* 19 f., *20*
Zebrasoma scopas 70
Zimmerlinde *126*
Zonosemata vittigeria 56
Zwergschwan 30
Zygaenidae 47

Abbildungsnachweis

Die Abbildungen stammen, wenn nicht anders angegeben, vom Autor. Die Zeichnungen wurden nach den angegebenen Vorlagen von Frau M. Lessens (Abb. 5, 6, 7, 8, 9, 11, 14, 15, 16, 18, 19, 26, 35, 36, 37, 38, 43, 44, 45, 58, 60, 64, 70, 76, 77, 83, 86, 87) und von Frau B. Lentes (Abb. 27, 28, 29, 72) umgearbeitet.